한국 민주주의의 도전과 극복

한국 민주주의의 도전과 극복

장훈 외 지음

인간사랑

"이 저술은 2009년도 정부(교육과학기술부)의 재원으로 한국연구재단의 지원을 받아 수행된 기초연구지원 인문사회 연구사업의 결과임(과제번호 B00007)"

목차

서문

이 책은 민주화, 세계화, 탈안보화라는 새로운 도전에 처한 한국 민주주의에 대한 인식, 그리고 이를 극복하기 위한 대안의 필요성을 공유한 학자들이 내놓는 두 번째 성과물이다. 한국 민주주의의 발전은 대내외적인 환경의 변화에 따라 새로운 도전에 직면해 있다. 1장은 민주화 이후 한국 민주주의가 한국적 정의의 실현이라는 대내적 과제에 어떤 영향을 미쳐왔고, 앞으로 성숙한 민주적 환경 안에서 한국 사회가 지향해야 할 한국적 정의의 모델을 모색하고 있다. 2장과 3장은 한국 민주주의의 발전을 배경으로 한국이 선택해야 할 바람직한 대외 관계에 대해 고찰한다. 2장은 한국 민주주의 발전과 세계화라는 환경 속에서 분별있는 대외정책을 선택할 수 있는 삼자 간의 선순환을 모색하고 있으며, 3장은 노무현 정부의 대미외교에 주목하며 민주화 이후 정파적, 이념적 편향을 초월할 수 있는 교훈의 발견을 시도하고 있다. 4장은 한국의 대외관계의 한 축을 이루고 있는 남북관계, 그리고 한반도 안보 상황에 직접적인 영향을 주고 있는 한미 관계에 대한 분석이다. 4장은 특히 탈냉전, 탈안보 상황에서 한반도 평화체제를 구축하기 위해 한국이 취해야 할 대외정책의 기본 방향을 제시한다.

한국 민주주의의 발전과 이와 맞물려 전개되고 있는 세계화는 한국의 경제적 조건을 크게 바꿔놓고 있다. 5장, 6장, 7장은 민주화 이후 전개되고 있는 한국의 정치경제적 상황 변화에 주목한다. 5장은 세계화와 민주화의 조건 하에서 한국이 선택할 수 있는 새로운 자본주의 모형을 모색하고 있다. 특히 기존의 시장중심 자본주의에서 "사람 및 고용중심 자본주의", 즉 자본주의 4.0으로의 패러다임 전환이 핵심이라는 주장을 전개한다. 6장은 한미 FTA 사례를 중심으로 민주화와 세계화의 조건 하에서 한국 사회가 처한 정치경제적 상황을 조명한다. 특히 경제적 쟁점으로만 이해되었던 한미FTA 문제가 한국적 맥락에서 어떻게 정치화되는 성향을 보이고 있고, 나아가 안보 논리가 개입되는 안보화의 경향을 보이고 있는지를 설명한다. 7장은 거시적인 맥락에서 세계 경제에 편입되고 있는 한국 사회가 선택해야 할 바람직한 한국적 거버넌스를 모색한다. 특히 IMF 구조조정 이후 본격화된 신자유주의 정책들이 한국 민주주의를 배경으로 어떤 거버넌스를 만들어 냈는지에 주목하며, 향후 한국 사회가 구축해야 할 거버넌스 모델을 제시한다. 마지막으로 8장은 세계화라는 전세계적 조류와 함께 전개되고 있는 한국의 기여외교가 처한 현실과 바람직한 방향을 모색한다.

이 책이 한국 민주주의 발전 과정에서 처하게 된 우리의 과제가 무엇이고, 이에 대한 대안을 모색하기 위한 노력의 밑거름이 되기를 바란다.

2013년 2월 저자 일동

1장

민주화 이후 한국적 정의론의 모색

박성우 (중앙대학교)

I. 서론

2011년 정부가 조사한 여론조사에 의하면 국민의 70% 이상이 우리 사회가 공정하지 않다고 대답했다.[1] 비슷한 시기 마이클 샌델의 『정

1 이 여론조사는 2011년 9월 11일 전국 16개 시도에 거주하는 19세 이상 성인 남녀 1000명을 대상으로 실시한 것이다. '별로 공정하지 않다'는 응답이 57.6%, '전혀 공정하지 않다'는 응답이 14.9%로 조사됐다. 20~30대는 75% 이상이 '공정하지 않다'는 대답을 해서, 젊은 층일수록 우리 사회의 공정성에 대해 부정적임을 알 수 있다.(http://www.yonhapnews.co.kr/bulletin/2011/10/12/0200000000AKR201110 12145400001.HTML) (검색일 : 2012. 9.21))

의란 무엇인가』라는 저서는 미국의 학부생들을 대상으로 하는 비교적 교과서에 가까운 내용임에도 가히 폭발적인 판매부수를 기록한 바 있다. 우리 사회에 팽배해 있는 정의에 대한 갈증, 정의 결핍 현상을 반증하는 것이다. 1980년대를 전후로 시작된 민주화 운동 그리고 이후 사반세기를 이어온 민주주의의 공고화 과정을 거치면서, 우리는 민주화의 결실이 공정하고 정의로운 사회로 이어지기를 기대했었다. 과거 권위주의 시대에 비해 오늘날 우리 사회는 어느 정도 공정하고 정의로운 사회로 전환되었다고 할 수 있다. 그러나 앞서 소개한 여론조사에서 나타나는 것처럼 한국적 정의에 대한 국민적 체감은 여전히 낮은 수준이다. 피상적인 경험적 관찰만으로도 한국에서 정의는 공동체에서 담당해야 할 고유한 역할을 제대로 수행하고 있다고 보기 어렵다.

사실 정의는 공동체 구성원 간의 신뢰와 이를 바탕으로 한 공동체의 연대감을 유지하는 데 필수 요소이다. 정의는 또한 개인이 각자 정한 좋은 삶을 추구하는 데 기본 전제가 되어야 하는 조건이기도 하다. 그렇지만 한국 사회에서 정의는 정치공동체의 연대성이나 구성원 간의 상호 신뢰에 기여하기보다 흔히 사회적 불신과 분열을 초래하는 요인으로 기능한다. 예를 들어 사법부는 사적 관계나 공적 영역에서 발생되는 부정의를 일차적으로 해소해야 하는 주체임에도 불구하고, 한국 사회 부정의의 배양지로 비난받거나[2] 사회 갈등의 원천지로

2 유전무죄, 사법부 개혁, 정치검찰, 법무비리, 검찰비리 등의 문제는 과거 권위주의 시대나 민주화 시대를 막론하고 여전히 존속된다. 민주화 이후에도 권력비리에 대한 부정적 체감은 여전히 높은 수준이며, 권력조직에 대한 신뢰도는

지목되는 경향이 있다. 정의를 실현하는 주체로서 국가 기관이 마땅히 가져야 할 신뢰를 상실한 것은 사법부의 경우만이 아니다. 사법부가 부정의를 교정하는 주체라면, 입법부와 행정부는 사회적으로 공유되고 있는 정의를 입법하고 집행하는 주체이다. 최근 한국 사회는 정의를 입안하고 집행하고 교정하는 주체로서 국가 권위에 대한 심각한 의문을 제기하고 있다. 우리 사회는 국가가 정의를 명분으로 행사하는 공권력(그것이 행정부의 경찰력이든, 사법부의 판단에 의한 사법적 처벌이든, 입법부의 세금 부과이든)에 대한 전반적인 저항과 불신에 직면해 있다고 해도 과언이 아니다.

이 논문은 한국 사회가 민주화를 통해 얻은 수많은 성취에도 불구하고, 왜 정의의 실현과 관련해서 여전히 불신과 빈곤감이 팽배해 있는가를 이해하고, 향후 우리 사회가 추구해야 할 한국적 정의의 구성요소가 무엇인가 탐색하려고 한다. 이 글에서는 다음 세 가지 작업을 수행하려고 한다.

첫째, 현재 우리 사회의 정의에 대한 인식이 왜 이렇게 낮은 수준에 머물게 되었는가를 설명하기 위해, 건국 이후 한국 정치사의 발자취, 특히 권위주의 시대로부터 민주화 시대로의 역사적 경험을 검토하고자 한다. 사실 정의의 실현은 대한민국 정부 수립부터 현재까지 끊임없이 우리 사회의 관심사였다. 특히 과거 권위주의 정권이 들어설 때마다 정의의 실현은 가장 핵심적인 국가 의제였다. 재미있는 것은

꾸준히 감소하고 있는 실정이다. 예컨대 TI : Transparency International의 부패인식지수(CPI)와 EAI의 파워기관 신뢰영향력 조사 등을 참조.

이러한 권위주의 정권에 반기를 든 민주세력도 정의에 호소하며 반정부 활동을 전개했다는 점이다. 문제는 민주화가 완성된 오늘날에도 정의에 대한 심각한 수준의 갈증과 빈곤감이 나타나고 있다는 사실이다. 필자는 이러한 현상의 원인을 과거 권위주의적 지배세력의 정의관과 이에 저항했던 민주세력의 정의관의 대립이라는 역사적 경험에서 찾고자 한다. 이와 함께 과거 두 세력의 정의관에서 이데올로기적 요소를 배제한다면, 우리 사회가 이 두 정의관으로부터 추구할만한 한국적 정의의 기본요소들을 발견할 수 있다고 주장할 것이다.

둘째, 정치철학의 맥락에서 논의되어 온 정의론 가운데, 한국적 정의에 토대를 제공하는 몇 가지 정의론을 검토하고자 한다. 이는 독특한 정치사적 경로를 거친 한국적 정의가 그 본래 기능을 회복하기 위해 요구되는 작업이라고 본다. 과거 정의에 대한 호소가 지배 세력과 저항 세력의 다툼의 수단으로 사용된 우리의 역사적 경험은, 일견 정의의 보편타당성을 의심 하는 결과를 낳았다. 다시 말해 정의란 애초부터 절대적이고 실질적인 내용을 갖는 것이 아니라, 단지 정치적 목적을 달성하기 위한 수단이거나 고작 지배의 정당성을 획득하기 위한 수사학적 명분에 불과하다는 편견을 가질 수 있다는 것이다.[3] 정의에 대한 이런 회의적이고 냉소적인 태도는 우리의 정의관을 재정립

3 주지하듯이 이런 입장의 가장 고전적인 전범은 플라톤의 〈국가〉에 등장하는 트라시마코스의 입장이다. 그는 정의가 무엇인가라는 소크라테스의 질문에 '정의는 강자의 이익'이라고 대답한다. 그에 따르면, 정의는 강자가 자신의 이익을 합법적으로 추구하기 위해 강자에 의해 만들어진 국가의 법에 복종하는 것에 다름 아니다.

하는데 결정적인 장애가 된다. 이런 사회 분위기를 극복하기 위해서는 절대적이고 보편적인 가치를 정의에 부여하는 기존 정치철학 논의로부터 도움을 받을 필요가 있다. 이런 맥락에서 우리 사회에 어느 정도 준거점을 제공해 왔다고 평가되는 롤스의 정의론에 한계가 있음을 지적하고, 보다 포괄적인 정의론을 제공하면서 한국적 정의 정립에 더 적합한 아리스토텔레스의 정의론을 검토할 것이다.

마지막으로 앞에서 진행한 한국적 정의가 걸어온 지난 역사를 검토하고 그 한계를 극복하기 위한 이론적 탐색을 기초로, 향후 바람직한 한국적 정의 정립을 위한 몇 가지 제안을 시도할 것이다. 이를 통해 한국적 정의 재정립을 위한 기본 방향설정과 이론 토대를 마련하는 계기로 삼고자 한다.

II. 정의 실현의 '민주적 지체'

한국 사회에 만연해 있는 정의에 대한 빈곤감은 국가권력의 행사(사법부, 국회, 경찰력 전체)가 '부당하다'는 사회적 인식과 결부되어 있다. 이러한 인식은 종종 국가권력에 대한 불신과 저항으로 이어진다. 정의를 실현하기 위한 국가권력 행사가 부당하다고 여기고 이를 불신하는 것은 국가가 제시하는 정의론과 구별되는 별도의 정의관을 갖고 있음을 의미한다. 왜 한국에서는 정의에 대한 호소가 사회 통합 기능보다 사회 갈등과 분열의 진원지가 되었는가? 이에 대답하려면 정의 담론이 양산된 한국정치사의 구조를 주목할 필요가 있다고 본다. 즉 권위주의에서 민주주의로 전환되는 한국정치사의 과정 속에서 공교롭게도 정의 담론은 권위주의 지배세력과 민주 저항 세력 간의 대립 수단으로 활용되었다. 서로 전혀 다른 정치적 입장이 정의 담론에 의해 각각 정당화되었다는 것이다. 이 과정에서 특정한 세력이 정의의 구성요소를 취사선택 할 수 있다는 사회적 인식이 자리 잡게 되었다고 볼 수 있다. 나아가 이런 인식은 민주화가 성취된 이후에도 한국정치사의 유산으로 남게 되었으며, 이것이 결국 국가가 마땅히 책임져야 하는 정의에 대해서도 부정적인 인식을 낳게 했다는 것이다. 이제 이런 주장을 뒷받침하기 위해 한국 사회가 권위주의 시대와 민주화 시대를 거치면서 정의 담론을 어떻게 활용해 왔는가를 구체적으로 살펴보고자 한다.

권위주의 시대에 정의론이 정권의 지배담론 속에서 어떤 역할을 했는가는 문지영(2007)의 논문에 잘 분석되어 있다. 이에 따르면, 기본적으로 과거 권위주의 정권들은 악습 폐지, 사회적 질서 유지를 명분으로 통제와 규율을 강조하는 정의론을 내세웠다. 권위주의 시대의 막을 연 5.16 군사 쿠테타를 성공한 박정희 정권은 이른바 "부정부패 일소"를 혁명과업 초기 목표로 내세웠고, 또 다른 권위주의 시대를 탄생시킨 전두환 정권 역시 '정의사회 구현'을 국정목표로 설정한 바 있다. 예컨대, 전두환은 제11대 대통령 취임사에서 "구시대의 그릇된 기풍을 과감하게 청산하고 깨끗하고 서로 믿는 정의로운 새 사회와 부강한 복지국가를 건설하는 것이 오늘을 사는 우리의 시대적 사명"이라고 천명한다. 그에 따르면 정의는 '부패하지 않고 맑고 밝은 정치를 하는 것' 그리고 '정의로운 사회'란 '서로 믿고 살 수 있는 사회,' '부정과 부패와 비리가 사라진 깨끗한 사회'로 이해된다(문지영 2007).[4] 반부패와 정의를 일치시키는 이러한 태도는 전반적으로 박정희 정권에서도 공유된다. 박정희는 1961년 국가재건최고회의 의장 취임사에서 국가재건최고회의가 "부패와 부정을 일소하는 혁명 과업의 초기 목표"를 어느 정도 달성하였다고 보고한다.[5]

문지영은 박정희와 전두환은 국가가 부패를 척결하고 사회정의를 실현하는 주체가 되어야 한다는 측면에서 기본적으로 정의에 대한 기본적인 인식을 같이 하고 있지만, 전두환 정권에서는 특별히 '정의사회 구현'이 곧 '준법'과 등치되고 있음에 주목한다(문지영 2007 : 40). 준법은 소크라테스나 아리스토텔레스와 같은 현자들에게서 정의의 핵심 요소로 일컬어진 바 있다. 여기서 주목할 점은 바로 준법이 전통적으로 가장 본질적인 정의의 요소임에도 권위주의의 지배세력에 의해 주장될 때 어떤 효력을 미치게 되는가이다.[6]

---

4 '제11대 대통령 취임사 : 평화적 정권교체의 전통을 반드시 확립-민주주의의 토착화, 복지사회 건설, 정의사회 구현, 교육혁신과 문화창달을 지향' 대통령비서실 『전두환대통령연설문 제1집』 45-46 (문지영 2007에서 재인용).

5 '국가재건최고회의 의장 취임사' (1961. 7. 3) 대통령비서실, 『박정희대통령 연설문집 1(최고회의편)』 (대한공론사, 1973), 3. (문지영 2007에서 재인용).

6 전두환은 연설에서 다음과 같이 언급한 바 있다 : "법이 존중되지 않고 질서가 유지되지 않는 곳에서는 참다운 민주정치의 토착화도 건강한 복지사회의 건설도 기약될 수가 없습니다 … "(제36회 경찰의 날 기념식 논시 : 안정의 나무는 법과 질서가 영양제(1981.10.21) (문지영 2007에서 재인용) "우리가 지향하고 있는 보다 개방적이고 자율적인 사회는 구성원 각자가 책임감과 준법정신

권위주의 시대의 한 국면이었던 전두환 정권 시절 정의의 요소 가운데 특히 준법을 강조하게 된 것은 당시 시대적 상황의 반영이라고 할 수 있다. 1980년 광주민주화항쟁 이후 민주화 운동이 사회 전체에 확산되는 과정에서, 당시까지 지배세력이 강조해온 부패청산, 건전하고 깨끗한 사회기풍, 근면하고 자주적인 국민정서 등이 호소력을 잃게 되었고, 대신 정부 저항 세력에 대한 통제를 위해 준법이라는 정의의 다른 요소를 강조할 수밖에 없었다는 것이다(문지영 2007 : 41). 권위주의 시대 준법의 강조는 형식적 의미의 법질서를 넘어서 민주화를 요구했던 사회세력에 대한 탄압을 정당화하는 명분이 되었다. 그러나 처음부터 권위주의 정권의 정당성을 인정하지 않는 민주 세력의 입장에서 이런 명분은 수용될 수 없었다. 따라서 이들은 권위주의 지배 세력이 내세우는 "준법=정의" 등식을 거부한다. 권위주의 정권 하에서 민주 세력에게는 준법이 오히려 부정의(준법=부정의)이며, 지배 세력의 수단이 되는 법질서에 저항하는 불복종이야말루 정의라는 주장(불복종이나 불법=정의)이 팽배했다. 준법이 정당성을 결여한 지배 세력의 정의 담론으로 강조되면서 오히려 정의의 생명력을 잃게 되고, 나아가 그 의미가 역전되었다는 것이다.

에 투철할 때에만 비로소 이룩될 수 있는 것입니다 …. 법치질서를 외면한 채 개인이나 특정 집단의 주장만이 옳다고 내세우는 것은 성숙한 민주시민의 자세가 아니며, 자유의 참뜻을 모르는 태도라고 하겠습니다."(제34주년 제헌절 기념식 경축사(1982.7.17) (문지영 2007에서 재인용). 이러한 언급이 전두환이 아니라 어느 철학자의 입에서 나온 말이라고 상상해 보라. 얼마나 지당한 말인가?

권위주의 정권이 특히 준법의 요소를 강조한 반면, 이에 저항하는 민주 세력은 정반대로 국가권력에 대한 불복과 저항을 정의로 간주한다. 문지영은 저항 세력의 정의담론에서 다음과 같은 특징이 있음을 지적한다(문지영 2007). 우선 저항 세력에 의한 정의론은 지배 세력이 제시하는 정의론에 대한 반사적 성격이 강해 지배 세력의 담론이 어떤 성격을 보이는가에 따라서 조금씩 다르게 나타난다는 것이다. 최초의 저항 담론은 이승만 독재 정권에 항거한 4.19혁명을 전후로 등장한 정의 담론이다. 4.19혁명을 중심으로 한 저항 세력의 정의론은 "나라를 바로 잡으려 하는" 타당한 요구, 또는 의로운 행위에 초점이 맞춰져 있다. 이런 맥락에서 정의는 객관적인 정치제도나 질서가 아니라 보편적으로 적용될 수 있는 윤리로 해석된다.[7] 이와 같이 이승만 정권에 대항하는 저항 세력이 4.19혁명을 통해 드러낸 정의론은 정치제도의 개선이라기보다 인간 사회가 당연히 따라야 할 윤리적 규범으로서의 정의라는 것이다. 이러한 윤리적 규범으로서의 정의는 도덕적 정당성을 제공하고 강한 실천 동력을 제공할 수는 있지만, 구체적으로 이런 정의의 달성을 위해 어떤 정치제도를 구현해야 하는지에 대한 이

---

7 이런 맥락에서 문지영은 4.19혁명 직후 대학교수단의 시국선언문(1960.4.25)을 주목한다. 여서기 4.19혁명은 "주권을 빼앗긴 국민의 울분을 대신하여 궐기한 학생들의 순수한 정의감의 발로이며 불의에는 언제나 항거하는 민족정기의 표현"으로 간주된다. 또 "4월19일을 … 인내와 무기력이 역사를 단연 거부하고 소박한 정의감으로 자유민주주의를 지키자던 약속이 분화구를 찾아 뜨거운 용암을 마구 불어넣던 … 피의 날"로 기념한다[서울대학교 4월혁명 제2선언문] (문지영 2007에서 재인용).

해가 결여되었다고 할 수 있다.

저항 세력의 정의 담론이 본격화 된 것은 박정희 정권 말기, 특히 유신정권 시대라고 할 수 있다. 박정희 정권은 초기에 쿠데타 이후 구악(舊惡) 일소와 정의구현을 명분으로 내세웠으므로 저항 세력은 이에 맞서 부패일소라는 지배 세력의 주장이 허울뿐이라는 사실을 부각시켰다. 그러나 저항세력이 저항의 명분을 획득하기 위해서는 지배세력의 정의 담론의 허구성을 지적할 뿐 아니라, 실질적인 정의를 주장할 필요가 있었다. 저항 세력이 주목한 정의의 실질적 요소는 바로 민주주의 수호였다. 다시 말해 박정희 정권 치하에서 반독재 민주화 투쟁을 전개해 온 저항세력이 주장했던 것은 국민주권의 행사, 헌정수호, 개인의 자유와 기본권 보장 등이 있지만 결국 '민주주의 수호'로 요약될 수 있다는 것이다. '정의=민주주의'라는 새로운 정의 담론의 부상은 박정희 정권이 유신체제에서 민주주의를 유린하고 노골적으로 반민주적 성향을 드러냄으로써 더욱 가속화되었다.

민주주의가 곧 정의 실현이라는 인식을 갖고 있었던 저항 세력에게 사실 민주주의는 단지 정치과정으로서의 민주주의만을 의미하지 않았다. 예컨대, 박정희 정권의 경제개발정책과 근대화 정책으로 인해 야기된 사회구조적 모순을 지적하면서 저항 세력은 국민 대중의 '정당한 몫'을 요구할 필요성을 주장했다. 즉 이때부터 이미 경제 영역에서의 민주화, 즉 '경제민주화'를 의식하게 되었다는 것이다. 1980년대 중반 민주주의가 대항 담론 전면에 자리하면서 '경제민주화'는 이제 민주주의 실현의 한 축으로 자리잡게 되었다.[8] 저항 세력의 민주화에 대한 열망은 민주주의를 경제 영역으로 확장시킬 뿐 아니라, 인권이나 인간성 회복 등을 민주주의 이념에 포괄적으로 포함하면서 민주주의를 가장 거대한 가치의 창고로 만들어 버렸다. 특히 유신 정권 치하의 저항 세력에게 민주주의는 인간성 회복과[9] 인권회복, 나아가 생존권 보장이라는 요소를 포함하게 되었는데, 이들이 갖고 있던 '정의=민주주의'라는 원칙에 따라 인권과 인간성 회복, 생존권 요구 등이 정의로 간주되는 경향을 낳았다. 민주주의 개념의 확장과 함께, 정의의 개념 역시 다양한 가치들의 집합체 성격을 띠게 되었고, 이것은 다시 보다 포괄적인 개념으로 민주주의를 전화시켰다. 권위주의 정권 시절, 민주화를 달성하기 위해서 민주주의를 최고의 가치로 올려놓은 저항 세력이 민주주의 개념 속에 그들이 추구하고자 했던 다양한 가치를 모두

8 전두환 정권 시절의 〈경제정의실천연합〉의 활동, 그리고 1987년 헌법에서 경제민주화 조항을 삽입한 것 등은 민주주의가 정의 담론의 전면에 부각되고, 그 민주주의의 이념 속에 다양한 가치들을 포함하게 된 결과라고 볼 수 있다. 참고로 현행 헌법은 사회정의의 내용을 "적정한 소득 분배의 유지," "시장의 지배와 경제력 남용 방지," "경제 민주화 달성"으로 규정하고 있다. 그러나 필자는 경제 영역에서의 정의가 민주주의 이름으로 실현되는 것이 바람직한가에 대해서는 다소 회의적이다. 민주주의 이념이 지나치게 많은 가치들을 포함하는 민주주의 개념의 포화상태로 부정적 결과를 낳을 수 있기 때문이다.

9 이와 같은 맥락에서 한국 기독자 교수회의는 〈비인간화 현상에 저항한다〉라는 문건에서 다음과 같이 주장한다. "인간의 근대화를 위한 작업은 인간의 가능성을 개발하는 것이 되어야 하며, 사회정의를 구현하는 것이 되어야 한다. 따라서 오늘의 '근대화' 작업에 있어서 비판을 용납하지 않고, 시민의 정치적 자유를 박탈하며 사회의 윤리적 퇴폐를 촉진시킴으로써 인간성 그 자체를 거부하는 일체의 비인간화적 현상에 대하여 저항하며 이것을 제거하여야 할 책임을 통감한다."(1971. 1. 10)(문지영 2007 : 45에서 재인용).

포함시키고자 했던 것은 어쩌면 자연스런 일이다. 그러나 문제는 이 과정에서 민주주의라는 이상 속에 저항 세력이 포함시킨 가치들 중에 다소 이질적인 가치들이 있어서, '민주주의가 곧 정의다'라는 원칙을 고수하는 한 불가피하게 정의 개념의 혼란을 초래할 수 있다는 것이다. 예를 들면, 우리가 정의의 개념 속에 생존권 보장을 전면에 떠올리고, 이와 관련해서 분배적 정의를 가장 핵심적인 요소로 간주하는 것은 민주화 과정을 통해 형성된 민주주의가 곧 정의라는 등식과 무관하지 않다.

민주주의가 곧 정의이자, 최고 가치가 되면서 나타난 또 다른 현상은, 민주화 과정에서 민주주의 개념 안에 '성공적으로' 포섭되지 못한 정의의 다른 요소들(예컨대 준법)은 상대적으로 정의의 카테고리에서 멀어지는 결과를 낳았다는 것이다. 이런 경향은 권위주의 시대에서 민주화 시대로 넘어가는 변혁기에는 어느 정도 용인될 수 있는 현상으로 여겨진다. 그러나 우리 사회 정의 담론의 특징 중 하나는, 이미 민주 사회로 전환된 이후에도 과거 권위주의 시대에 저항 세력에 의해 고안된 '정의=민주주의'라는 등식이 여전히 통용되고 있다는 사실이다. 정의가 민주적 가치를 포함할 수 있다는 사실을 부정하는 것이 아니다. 민주주의가 정의 담론을 독점하고 있다는 사실을 문제 삼는 것이다. 더구나 그 민주주의는 지난 민주화 과정을 통해 저항 세력에 의해 선택된 가치들로만 정의된 민주주의이다. 권위주의 시대 혹은 민주시대로의 전환 과정에서만 일어날 법한 현상이 여전히 민주화된 사회에서 존속되고 있는 현상은 한국적 정의의 민주적 지체현상이라고 칭할 수 있다. 왜 이런 지체현상이 일어났는가는 향후 연구할 가치가 있는 주제이지만, 현재는 필자의 능력을 벗어난다.[10] 다만 여기서 주목하고자 하는 것은 한국적 정의를 둘러싼 이러한 특수한 현상이 현재 우리 시대에 걸맞은 정의를 유연성 있게 형성해 나가는데 걸림돌이 된다는 것이다.

요약하면, 과거 민주화 운동을 담당했던 저항 세력은 독재와 그것이 초래한 다양한 문제점들을 대응하는 과정에서 민주주의를 최고의 가치로 전환할 실천적 필요성을 인식했고, 이에 따라 민주주의가 곧 정의라는 폐쇄적인 정의 담론을 낳았다.[11] 이런 조건에서, 정의에 대한 물음은 무엇이 민주적 가치 안에 포함되는가라는 물음으로 환원된다. 문제는 이 과정에서 정의의 본연적 속성이 대중적 인기에 영합할 가능성 있는 민주주의의 잠재적 속성에 용해되어 버린다는 사실이다. 다시 말해 포퓰리즘 정의론이 대두될 가능성이 높아진다는 것이다. 반면 과거 지배세력의 정의 담론은 어떠한가? 이것은 당시 권위주의

10 현재로선 몇 가지 가정을 추정해 볼 수 있다. 첫째, 민주화가 비교적 빠른 속도로 진행되었기 때문에 현재까지도 전환적 민주화 시기의 유산을 받았을 가능성이 있다. 둘째, 어느 정도 포퓰리즘적 요소를 담고 있는 민주주의의 내재적 속성상 일단 민주주의의 이름으로 포섭 내지 배제된 것은 쉽게 뒤바꿀 수 없는 성향을 갖고 있다고도 할 수 있다.

11 사실 서양 정치이론에서 정의와 민주주의의 관계를 보는 시각은 다양하다. 정의와 민주주의를 동전 양면과 같은 동일한 가치로 보는 시각이 있는 반면, 정의와 민주주의를 서로 구별하는 경쟁 가치로 보는 시각도 있다. 여기서 이러한 시각들의 이론적 타당성을 검토할 수는 없지만, 한국의 경우에는 이 중 한 쪽에 지나치게 경도되어 있음을 지적할 필요가 있다(Dowing & et. al. 2004 참조).

정권의 유지라는 정치적인 목적에 봉사했다는 이유로 낙인 찍힌 정의 담론이다. 그러나 이들이 내세웠던 정의의 요소 중에는 오늘날 재조명할 가치가 있는 것들이 있다. 부정과 부패의 청산, 자주적이고 창조적인 시민 정신, 준법 등이 그것이다. 당시 지배 세력의 정의담론이 정권 유지와 연장에 목적이 있었고, 사회의 구조적 모순을 은폐하며, 민주화 운동을 억압하는 효과를 발휘했던 것은 사실이다. 그러나 지배 세력의 정의담론에서 지배 이데올로기 요소를 걷어낼 수 있다면, 이미 민주주의가 성취된 오늘날에도 이들 정의 담론 속에 포함되어 마땅히 존중해야 할 정의의 요소들을 사상할 필요는 없다는 것이다.

그런데 민주주의에 지나치게 경도된 저항 세력의 정의담론과 권위주의 시대의 지배 이데올로기로서의 오명을 갖고 있는 지배 세력의 정의 담론 속에서 정의의 본질적 가치가 무엇인가를 찾고, 궁극적으로 우리가 추구하는 한국적 정의를 형성하기 위해서는, 보다 보편적 가치로서 정의에 접근하는 정치철학 논의가 필요하다고 본다. 이런 맥락에서 다음 절에서는 롤스의 정의론에 대한 비판적인 검토와 함께 그 대안으로서 아리스토텔레스의 정의론을 검토하고자 한다.

III. 보편적 가치로서의 정의 : 롤스 정의론에서 아리스토텔레스 정의론으로의 전환

앞 절에서 관찰한 바와 같이 우리 사회의 정의론이 갖는 가장 심각한 문제 중 하나는 정의가 특정 정치 세력에 의해서 상대적이거나 분절적으로 주장되어 왔다는 것이다. 이것은 우리가 현재 경험하고 있는 정의에 대한 빈곤감과 연관되어 있다고 할 수 있다. 이런 상황을 극복하기 위한 방편으로 정의를 보편적이고 포괄적인 방식으로 규정해 온 정치철학적 전통에서의 정의론에 주목할 필요가 있다. 주지하다시피, 서양 정치철학의 전통에서 가장 보편적이고 포괄적인 방식으로 정의의 문제에 접근한 예는 플라톤에게서 찾을 수 있다. 플라톤의 『국가』에서 다루고 있는 정의는 특정한 정치적 맥락이나 역사적 맥락에 환원되지 않는 가장 보편적이고 절대적인 가치를 가진다. 뿐만 아니라 그의 정의론은 한 개인의 영혼 영역에서부터, 개인들이 모여서 구성한 정치공동체, 나아가 우주 전체 영역에까지 확장되는 보편적 성격을 가진다. 그는 정의의 원칙은 정치공동체와 개인에게 동일하게 적용될 수 있다고 가정하고, 정의란 '각자 자기 일을 하는 것'이라고 규정하면서, 공동체가 정의를 실현하기 위해서는 그 구성원 개인들 각자 마땅히 해야 할 일을 해야 하는 것처럼, 개인이 정의를 실현하기 위해서 영혼의 각 부분들이 자기 역할을 해야 한다고 주장한다. 그의 정의론은 영혼의 각 부분 간의 조화로부터 출발하여, 정치공동체 안의 각 계급의 조화, 나아가 전 우주의 조화를 연결시킨다. 정의의 문제를 국가 영역에 한정시키지 않고, 영혼과 우주의 영역에까지 확장시킨 플라톤의 정의론은 정의를 가장 보편적이고 포괄적인 가치로 격상시켰다는 의의를 가진다.

정의를 상대적이고 역사적인 산물로 보는 우리 사회의 경향에 비추어 볼 때 플라톤의 정의론은 분명 한국 사회에서 한번쯤 주목할 만하다. 그렇지만 정의의 보편적 가치를 주장하는 플라톤의 정의론을 곧바로 우리 사회의 대안적 정의론으로 채택하기는 어렵다. 무엇보다 정의를 보편적이고 절대적인 것으로 간주하려면 지혜와 앎의 추구, 즉 철학적 삶이 전제되어야 하는데, 이러한 지혜와 앎의 추구는 특정 계층에게만 한정되어 있다는 것이 문제이다. 플라톤에 따르면, 이러한 지혜의 추구가 결여되어 있는 한, 대다수 시민들이 공동체적 관점에서 (혹은 공공선의 관점에서) 사실상 정의를 실현하고 있다고 해도, 개인 영혼의 관점에서는 여전히 정의를 실현하지 못한다는 딜레마를 갖는다. 플라톤의 정의론은 정의를 보편적 가치로서 재조명할 수 있다는 의의가 있으나, 지나친 절대성과 이해하기 쉽지 않은 확장론 등으로 우리의 정의론으로 채택되기에는 상당한 한계가 있다.[12]

오늘날 우리에게 정의는 특정 계층에게만 독점될 수 있는 절대적인 가치, 혹은 전 우주적인 질서의 상징으로 이해되지 않는다. 그렇다고 정의가 시대와 장소에 따라 가변적이고 상대적인 것으로 간주되는 것도 곤란하다. 앞서 지적한 바와 같이 정의에 대한 상대적인 이해는 곧 정의에 대한 빈곤감을 낳을 우려가 있기 때문이다. 따라서 정의는

---

12 플라톤은 정의의 위상을 공동체 안에서 공동선을 실현하는 것뿐 아니라 개인의 영혼의 조화, 나아가 전 우주적 질서의 조화로 확대해서 해석하고 있다. 이런 관점에서 플라톤의 정의론이 우리 사회에 적용될 가능성을 현저히 떨어뜨린다. 그러나 이러한 현실적용 가능성에 대한 평가가 그의 정의론의 타당성을 저해하는 것은 아니다. 현실적용 가능성이 떨어진다는 것은 그의 정의론이 결함이 있다는 의미가 아니라, 해당 사회가 아직 그의 정의론을 적용할 준비가 되어 있지 않다는 것을 의미하기 때문이다.

'어느 정도' 절대적이고 보편적인 것으로 파악되면서, 동시에 합리적이고 계몽된 다수에 의해서 합의될 수 있는 대상으로 봐야 한다. 이와 같은 정의관에 부합하면서 한국을 포함한 현대 사회에 가장 큰 영향을 미친 정의론이 있다면, 단연코 존 롤스의 정의론을 지목하지 않을 수 없다.

롤스는 자유를 전제로 한 기본권이 보장되고 기회의 평등이 주어지는 한, 최소수혜자에게 당연히 사회적 재화의 일부를 재분배해야 한다고 주장한다. 이 주장은 모든 사람들이 소위 '무지의 베일'에 가려 자신이 무엇을 얼마나 성취하게 될지 사전에 알지 못하는 경우, 공동체의 모든 구성원들이 이러한 재분배에 동의할 것이라는 칸트적 직관에 기반을 두고 있다. 다시 말해 롤스의 정의론은 이성적이고 합리적인 인간이라면 누구나 자유의 우선성을 전제로 최소수혜자에게 최대이득이 돌아가야 하고 기회의 평등이 보장되어야 한다는 '자유주의적 평등'을 주장한다. 롤스의 정의론이 가정하고 있는 철학적 기반의 타당성에 대한 이론적 논의를 논외로 하면, 롤스의 정의론은 자유주의 사회가 어떤 근거에서 각자의 노력으로 획득한 소득을 재분배해야 하는가에 대한 합리적 설득의 토대를 제공했다는 의의를 갖는다. 아울러 롤스의 이 같은 주장은 우리가 합리적인 이성을 갖고 있다고 전제하는 한 그의 정의론이 보편적 타당성을 갖는다는 것을 의미한다. 이런 롤스의 주장에 동의한다면, 그가 제시한 정의의 원칙에서 벗어난 사회적 규율이 있다면 정의롭지 못한 것으로 간주된다. 이런 이유에서 롤스의 정의론은 1970년대 세상의 빛을 본 이래 현재까지 전 세계적으로 가장 큰 영향력을 행사하고 있는 정의론이라고 해도 과언이 아니다(Kymlicka 2002).

한국 사회에서도 1980년대부터 롤스의 정의론은 학문적 영역뿐 아니라 실천적 영역에서도 적지 않은 영향을 미쳤다. 무엇보다 롤스의 정의론은 우리 사회에서 가장 풀기 어려운 문제 중 하나인 분배적 정의, 보다 넓게는 평등의 문제를 다루는 데 하나의 준거점을 제공한다는 측면에서 주목받아 왔다. 장애인이나 극빈층에게 소득재분배를 통한 혜택을 주기 위해 굳이 복지국가론이라는 새로운 담론을 끌어들이지 않고, 자유주의 국가의 패러다임 안에서 어느 정도 평등을 실현할 수 있다는 이점이 있기 때문이다. 그렇지만 롤스의 정의론은 실제로 한국 사회에서 벌어지고 있는 정의에 대한 문제의식과 일정 정도 괴리를 드러낸다. 다시 말해, 롤스의 정의론은 과거 우리 사회가 권위주의 시대와 민주화를 거치면서 관심을 가져온 정의담론을 충분히 소화하지 못한다는 것이다. 자유주의적 평등을 내세우는 롤스의 정의론은 일견 과거 민주화 과정에서 저항 세력의 정의담론에서 제기되었던 '경제민주화'의 원칙과 상통하는 면이 있다. 그러나 롤스의 정의론은 지금까지 한국 사회가 씨름해 왔던 정의론을 포괄하기에는 너무 협소하다. 롤스의 정의론이 주로 분배적 정의의 원칙을 확립하는데 초점을 맞추고 있고, 일정 정도 그 때문에 한국에서 주목받은 것도 사실이지만, 앞 절에서 보았듯이 한국 사회가 고민하는 한국적 정의의 요소들은 분배적 정의에만 국한되어 있지 않다. 한국적 정의는 보다 다양한 범주에서 정의 실현을 요구하고 있다. 여기서 새삼 롤스 정의론의 한국적 적실성을 따지고 싶지 않다. 그의 정의론은 분명 한국 사회에서 자유주의적 평등의 가능성을 가늠하고, 분배적 정의의 실현을 위한 이론적 준거점을 제시하는 데 기여한 바 있다. 다만 한국적 상황은 그의 정의론보다 포괄적인 정의론을 요구하고 있다는 점을 인식할 필요가 있다는 것이다.

우리 사회에서 롤스의 정의론이 제한적 성격을 갖는 것은 그 이론적 한계 때문이라기보다 한국 사회가 겪어온 독특한 맥락 때문으로 보인다. 따라서 롤스의 정의론을 비판 내지 보완하는 자유지상주의나, 자원의 평등, 운평등주의 등의 이론에 주목한다고 해서 한국 사회에서 이론적 적실성이 높아지는 것은 아니다. 물론 롤스의 자유주의적 평등 개념이 갖는 문제점과 한계를 지적하는 이론적 논의는 한국적 정의의 이론적 토대를 구축하는 데 어느 정도 기여한 바가 있다.[13] 그럼에도 불구하고 롤스의 정의론을 중심으로 전개되고 있는 이러한 논쟁은 여전히 롤스가 제한된 의미의 정의, 즉 분배적 정의의 관점에서만 진행되고 있다는 한계가 있다. 롤스의 정의론을 중심으로 한 논쟁이 전적으로 무의미하다는 것이 아니다. 다만 롤스를 중심으로 한 정의담론에 대한 지나친 기대를 지양하고, 한국적 맥락에서 유의미한 정의론만 비판적으로 취사선택할 필요가 있다는 것이다.

이런 맥락에서, 롤스의 정의론보다 포괄적이며 보편적이지만 플라톤의 정의론처럼 지나친 절대성과 무리한 확장성을 지향하지 않는 아

---

13 롤스에 대한 이론적 비판은 크게 한편으로 그의 이론체계의 미비점을 지적하는 자유지상주의적 비판(노직), 그리고 자원의 평등이나 운평등주의와 같은 대안적인 '자유주의적 평등'의 틀을 만들려는 시도(드워킨) 등으로 나눌 수 있다. 국내 학계는 이미 이에 대한 축적된 연구 업적을 갖고 있다. 황경식(1984 ; 1992), 김비환(1996 ; 1997, 2001), 장동진(2000 ; 2005).

리스토텔레스의 정의론에 주목하고자 한다. 아리스토텔레스는 〈니코마코스윤리학〉 5권에서 적어도 네 가지 종류 이상의 정의를 제시한다. 그에 따르면, 정의는 크게 품성상태로서의 정의 (혹은 덕 전체로서의 정의)와 덕의 부분으로서의 정의로 나뉜다(NE 5권 1장). 부분으로서의 정의는 다시 분배적 정의(NE. 5권 3장), 시정적 정의(5권 4장), 교환적 정의(5권 5장)로 나뉜다. 마지막으로 앞의 논의와는 다른 관점에서 정치적 정의(5권 6장, 7장)가 제시된다.[14] 그러나 그가 제시하는 정의의 종류는 흔히 국내 법학자들이 이해하는 바와 같이 다양한 종류의 정의 개념을 병렬적으로 나열한 것이 아니다. 여기서 아리스토텔레스의 정의론 자체에 대한 세밀한 분석을 시도하는 것은 이 글의 성격을 다소 벗어날 수 있다. 따라서 그의 정의론이 어떤 의미에서 한국적 정의 정립이라는 목적을 달성하는 데 유효한 이론틀인가 검증하는 한도 내에서 그의 정의론을 분석적으로 소개하고자 한다.

먼저 품성상태로서의 정의 혹은 덕 전체로서의 정의를 살펴보자. 아리스토텔레스는 〈니코마코스윤리학〉에서 '정의로운 것은 법을 지키는 것이며, 부정한 것은 법을 어기는 것'이라고 단언한다(NE 5권 1장 8절(1129a) ; 12절(1129b)). 일반적으로 분배적 정의나 시정적 정의에 비해

14 관점에 따라서 아리스토텔레스의 정의를 둘 (정치적 정의를 별로도 하고, 덕 전체로서의 정의와 부분으로서의 정의로 나눠), 넷(정치적 정의를 제외하고, 전체적 정의와 부분적 정의 셋을 합쳐), 혹은 다섯 (전체적 정의와 부분적 정의 셋, 그리고 정치적 정의까지 포함해서)으로 보기도 한다. 아리스토텔레스가 제시한 정의의 종류가 몇 개인가는 곧 설명하겠지만, 그의 정의론을 체계적으로 이해한다면 자연스럽게 해결될 수 있는 문제이다.

서 덕 전체로서의 정의는 대체로 무시되거나, 법에의 복종이라는 대목만 부각되는 경향이 강하다.[15] 그러나 정의가 곧 법에 복종하는 것이라는 아리스토텔레스의 지적은 그의 정치철학적 구상, 보다 구체적으로는 윤리와 정치의 결합을 전제로 한 법의 지배라는 맥락에서 이해되어야 한다(박성우 2009). 아리스토텔레스의 정치적 이상은 궁극적으로 시민들이 공동체 안에서 각자의 덕을 발휘함으로써 행복을 얻는 것이다. 시민들이 공동체 안에서 덕을 발휘하기 위해서는 공동선의 실현을 목적으로 한 정치적 삶을 전개해야 한다. 그러나 만약 부당한 법에 맹목적으로 복종한다면, 공공선이 실현된다고 보기 어렵다. 따라서 아리스토텔레스는 법에 무조건 복종하는 자체가 바로 정의가 될 수 없음은 잘 알고 있었을 것이다. 그렇다면 이러한 명제를 제시한 이유는 무엇인가? 아리스토텔레스는 여기서 법에 복종하는 행위 자체에 주목한 것이 아닌 법에 복종하는 태도, 즉 법에 복종하려는 품성상태를 강조한 것이라고 볼 수 있다. 법에 복종하는 품성상태는 자연스럽게 법에 복종하는 행위를 낳을 것이다. 이러한 품성상태가 여전히 부당한 법에도 복종할 것인가는 문제로 남는다.[16] 이 문제에 대해서는

---

15 법학자들은 대부분 이 정의를 '전체적 정의'로 해석하면서, 아리스토텔레스에게 가장 포괄적인 의미를 가진 전체적 정의를 곧바로 법에 (무조건적인) 복종과 등치시키는 경향이 있다. 예외적으로 강희원(2003)은 전체의 덕으로서의 정의를 윤리적인 문제로 접근하고 있다. cf) 오세혁(2004), 정태욱(1989), 한석환(1990).

16 이 문제에 대한 상세한 논의는 본 논문의 범주를 벗어난다. 이에 대해서는 박성우(2009)를 참조.

나중에 다시 논의하고, 여기서는 적어도 덕 전체로서의 정의는 법에 복종하는 행위 자체보다도 복종하려는 품성상태를 강조하는 것이고, 아울러 부당한 법에도 맹목적으로 복종하는 행위까지 전제로 하는 것은 아님을 확인할 필요가 있다.

두 번째로 부분적 덕으로서의 정의 중 하나인 분배적 정의를 살펴보자. 이 정의는 흔히 "같은 것은 같게, 다른 것은 다르게"로 일컬어진다. 그러나 보다 엄밀하게는 가치에 따른 비례적 분배가 정의라고 표현하는 것이 더 정확하다. 분배적 정의의 원칙은 모든 사람을 동등하게 간주해서 일률적으로 배분하는 것이 아니라, 가치의 비중에 따라 비례적으로 배분한다는 것이다.[17] 배분해야 할 것은 예컨대 명예나 부 그리고 기타 정치적 조정을 통해서 나눠 가질 수 있는 것들이라고 한다. 이러한 아리스토텔레스의 분배적 정의는, 공동체의 불평등한 재화와 의무의 배분이 모든 구성원들의 공정한 관점에서 합리적으로 정당화되지 않는 한, 가능하면 평등하게 배분되어야 한다는 자유주의의 동등 대우(equal treatment) 원칙과도 부합한다.

그러나 공동체의 구성원들은 어떻게 불균등한 배분을 정당화하는가? 아리스토텔레스의 용어로 환원하면, 이것은 비례 배분을 가능하게 하는 가치 차등을 어떻게 시민들이 동의할 것인가의 문제이다. 아리스토텔레스도 자신의 분배적 정의의 원칙 안에 이런 난제가 내재

---

17 아리스토텔레스는 이 비례를 '기하학적 비례'로 표현하기도 한다(NE5권3장). 이와 반대로 대상의 가치와 무관한 일률 적용을 '산술적 비례'라고 한다(NE5권4장). '산술적 비례'는 시정적 정의에 적용된다.

해 있음을 잘 알고 있다. 이 때문에 아리스토텔레스는 〈니코마코스윤리학〉 5권 3장 7절에서 다음과 같이 기술한다. “분배에 있어 정의로운 것이 어떤 가치에 따라 이루어져야 한다는 것에 대해서는 모든 사람이 동의하지만, 그럼에도 모든 사람이 동일한 것을 가치로 주장하는 것은 아니다. 민주주의자들은 자유를 그 가치라고 말하고, 과두정의 지지자들은 부나 좋은 혈통을 가치라고, 또 귀족정체를 지지하는 사람들은 탁월성을 가치라고 말한다.” 표면적으로 아리스토텔레스는 분배적 정의가 사회적 합의가 필요한 사항임을 전제로 할 뿐, 주장되는 가치들 중에서 어떤 것에 비중을 두어야 하는가에 대한 실천적 해법은 명시적으로 말하지 않는다. 우리 사회 역시 분배적 정의가 실현되어야 함은 모두 인정하지만, 어떤 항목이나 가치를 분배적 정의를 실현하는 기준에 포함시켜야 하는가에 대해서는 의견이 갈린다. 아리스토텔레스의 정의론은 이에 대한 즉각적인 해법을 제시하고 있지 않지만, 그의 정의론을 종합적으로 고려해 보면 아리스토텔레스의 해법을 어느 정도 가늠할 수 있다. 이에 대해서는 나중에 다시 설명하겠다.

분배적 정의와 다른 범주의 정의로 시정적 정의가 있다. 아리스토텔레스는 시정적 정의를 사람들 사이에서 부정을 행하고 부정을 당한 사람들 간의 평등을 회복하는 것이라고 규정한다. 시정적 정의는 분배적 정의를 실현할 때 고려했던 가치의 비중을 고려하지 않는다. 즉 선인이든 악인이든 누구든지 피해를 끼친 사람은 그 만큼 응분의 피해를 복구해야 한다(NE 5권 4장, 1132a2–6). 일반적으로 시정적 정의는 크게 두 가지 범주로 구분된다. 하나는 피해자의 피해 복구라는 보상적 차원이고, 다른 하나는 위반자의 처벌이라는 보복적 차원이다. 아리스토텔레스에게 시정적 정의는 모든 사람에게 일률적으로 적용되는 '산술적' 평등의 원칙을 적용한다. 이러한 시정적 정의는 피해 당사자나 가해 당사자가 누구인지보다 피해 정도와 내용만을 따진다는 것에 주목할 필요가 있다.

부분적인 덕으로서 정의의 마지막 범주로 교환적 정의가 있다. 이는 상호성에 입각한 정의이다. 교환적 정의는 마치 시장에서 서로 물건을 교환할 때처럼 당사자들이 상호 이익을 바탕으로 자발적으로 합의할 때 달성된다. 아리스토텔레스의 교환적 정의는 주로 사적인 계약에 관한 것으로 비교적 논란의 여지가 없는 것으로 이해되며, 앞에서 논의한 분배적 정의나 시정적 정의에 비해서 상대적으로 덜 주목받아 왔다. 그러나 이 교환적 정의를 재조명할 필요가 있다. 아리스토텔레스는 교환적 정의를 설명하는 대목에서 돈을 매개로 교환 당사자들이 등가적 가치 교환을 실현해야 한다고 말하는데, 돈이 정상적으로 교환의 매개가 되기 위해서는 공동체의 성립이 전제되어야 한다. 화폐 사용이 공동체의 존재를 전제로 한다는 것은 그리 특이한 주장이 아니다. 그러나 인간의 최고 행복이 공동체 안에서의 덕의 실현이라고 보는 아리스토텔레스에게 공동체의 성립을 전제로 돈의 사용을 거론하고, 그것도 정의의 한 부분을 설명하는 맥락에서 공동체의 성립을 거론하는 것은 보다 특별한 의도를 갖고 있다고 볼 수 있다.

요컨대 아리스토텔레스에게 교환적 정의는 단순히 사인들 간의 공정한 교환만을 목적으로 하는 것이 아니라, 공동체 안에서 다양한 종류의 정의를 추구할 수 있는 시민으로 발전하는 중요한 전제 조건이 된다는 것이다(Frank 2005, 3장 참조). 다시 말해 교환적 정의는 공동체의 구성원이 시정적 정의나 분배적 정의를 추구하도록 하는 출발점이 될 수 있다는 것이다. 이런 맥락에서 아리스토텔레스는 이 교환적 정의를 논하는 마지막 부분에서, 어떻게 정의가 달성될 수 있는가에 대해 실천적 제안을 하고 있다. 즉 정의로운 일을 행한다는 것은 부정의를 당하는 것과 행하는 것의 중간이라는 것이다. 아리스토텔레스의 윤리학에서 모자람과 지나침이 없는 중간을 선택해야 한다는 중용의 법칙은 덕을 발견하는 일반적인 법칙이다.[18] 따라서 교환적 정의를 설명하는 맥락에서 중용의 법칙이 적용되고 있다는 것은 아리스토텔레스에게 교환적 정의의 중요성이 각별하게 인식되고 있다는 것을 의미한다.

교환적 정의에 대해 설명한 다음 아리스토텔레스는 정치적 정의에 관한 논의로 정의론을 마감한다. 정치적 정의는 궁극적으로 아리스토텔레스의 정의론이 공동체 안에서 어떤 방식으로 통합되어야 하는가를 보여주는 대목으로서 앞에서 논의된 개인의 전체적 덕으로서 정의나 세 가지 부분적 정의와 구분된다. 흔히 아리스토텔레스의 정치적 정의는 정치권력이 정당성을 획득하기 위한 정의로 이해된다. 이러한 해석은 정치적 정의가 있어야 모든 시민들이 자발적으로 복종하게 된다는 면에서 그릇된 해석은 아니다. 그러나 그 초점이 지배자가 정치권력을 행사하기 위해 필요한 정당성 획득이라는 측면에 맞춰져

18 예컨대, 용기는 두려움이 지나친 비겁과 그것의 모자람인 무모함의 중간이고(NE 3권 7장), 재물의 사용과 관련된 중용인 '자유인다움'은 낭비와 인색함의 중간이다(NE 4권 1장).

있다면 아리스토텔레스의 의도와는 거리가 있다. 아리스토텔레스에게 정치적 정의는 지배계급 뿐 아니라 구성원 전체, 즉 시민 모두에게 요구되는 더 포괄적이며 이상적인 개념이다(NE 5권 6장 3절). 아리스토텔레스의 정치적 정의는 모든 구성원들이 공동체의 공동선을 목표로 정치적 삶을 살아갈 때 가능하다. 그것이 가능하려면 공동체의 시민들은 단지 부분적인 덕으로서의 정의가 아니라, 전체로서의 덕을 갖고 있어야 한다. 그 때 공동체 전체는 정치적 정의가 실현되고 있다고 할 수 있다. 이런 정치적 정의의 실현을 위해서 아리스토텔레스는 시민들이 지배자의 역할과 때로 피지배자의 역할을 번갈아 수행해야 한다고 제안한다. 이는 정치적 정의의 실현을 위해 모든 시민들이 공동선을 달성하기 위한 목표로 지배자의 성품과 피지배자의 성품을 동시에 갖추고 있어야 한다는 것을 의미한다.

이제 앞에서 유보했던 몇 가지 문제를 되짚어보자. 먼저 아리스토텔레스의 분배적 정의는 비례적 평등이라는 기본적인 원칙을 제시하긴 했지만, 실천적으로 어떤 가치를 비례적으로 적용할 것인가를 남겨 놓았다고 하였다. 지금까지의 논의를 종합해 보면 아리스토텔레스는 공동선의 달성을 목표로 하는 정치적 정의가 실현되고 있는 공동체에서는 분배적 정의에 필요한 가치들의 선택에 시민들이 합리적으로 합의할 수 있다고 보았을 것이다. 다시 말해 불균등한 배분이 어떤 가치를 기준으로 이뤄질 때, 이런 불균등한 배분을 공정한 것으로 합의하기 위해서는 공동체 전체가 정치적 정의를 갖추고 있어야 한다는 것이다. 그런데 공동체가 이런 능력을 갖추기 위해서는 시민 개개인들이 교환적 정의나 시정적 정의 같은 부분으로서의 정의뿐 아니라 전체의 덕으로서의 정의를 갖고 있는 사람들이어야 한다. 이런 정의를 갖춘 시민들이 법에 자발적으로 복종하고 공정성을 추구하는 것은 자명한 사실이다. 바로 이런 맥락에서 아리스토텔레스는 정의를 법에 대한 복종과 등치시켰던 것이다. 이런 시민들은 아울러 공동선의 관점에서 지배자와 피지배자의 역할을 번갈아 가면서 수행했던 시민들이고, 또 분배적 정의와 시정적 정의의 실현에 참여한 시민들이므로, 법에 복종하려는 태도 자체가 곧바로 맹목적인 복종을 의미하진 않는다. 법은 궁극적으로 공공선의 달성을 목표로 하기 때문이다.

이러한 아리스토텔레스의 정의론은 일견 순환론적 설명으로 들릴지 모른다. 그러나 완벽한 의미의 정치적 정의가 실현되는 공동체를 이루기 전까지는 시민들은 끊임없이 분배적 정의와 시정적 정의를 구현할 목적으로 정치 과정에 참여해야 하고, 이를 바탕으로 정치적 삶을 살아 나갈 때 궁극적으로는 법의 지배에 복종하는 품성 상태로서의 정의, 즉 전체적인 덕으로서의 정의를 갖추게 된다고 할 수 있다. 분배적 정의와 시정적 정의의 실현을 위해서는 구체적으로 입법이나 사법 과정에 참여해야 한다. 입법과 사법 과정에 참여하는 시민은 공동체에서 자신의 사적 이익을 추구하는 것이 아니라 공동선의 추구를 위한 품성을 가져야 한다. 그러나 개별 시민들이 전체의 덕으로서 정의로운 품성을 갖고, 이를 바탕으로 공동체 전체가 공동선을 추구하는 정치적 정의가 달성되는 선순환적인 관계는 하루아침에 만들어지는 것은 아니다. 아리스토텔레스는 여기서 교환적 정의의 역할을 기대한다고 할 수 있다. 교환적 정의는 기본적으로 교환 당사자들의 이익의 합리적인 교환이지만 궁극적으로는 공동체의 성립을 전제로 하고, 나아가 교환적 정의를 추구하는 방식으로 제시된 중용의 덕은 이런 시민들이 분배적 정의와 시정적 정의를 실천할 때 중용의 태도를 견지할 수 있게 하기 때문이다.

정리하면 아리스토텔레스의 정의론은 단지 다양한 범주의 정의들을 병렬적으로 나열한 것이 아니라 그것들의 체계적인 관계 규정, 나아가 이를 통해 공동체가 지향해야 할 바람직한 정의의 형성을 제안하고 있다는 것이다. 예컨대 아리스토텔레스의 정의론을 체계적인 방식으로 이해했을 때, 우리는 그의 정의론이 분배적 정의를 실현하는 데 따르는 어려움, 정의와 법의 지배의 관계, 시민의 정치 참여와 정의 실현 문제, 교환적 정의와 기타 분배적 정의의 관계 등을 다루고 있음을 알 수 있다. 이런 문제들은 한국적 정의의 재정립을 위해서 중요한 준거점을 제공해 준다고 할 수 있다.

IV. 맺음말

이제 한국적 정의가 걸어온 지난 역사와 그 한계를 극복하기 위한 이론적 탐색을 바탕으로 한국적 정의가 앞으로 어떤 방향으로 나가는 것이 바람직한지에 대한 몇 가지 제안을 하고자 한다. 지금까지 한국 사회에 나타난 정의론은 대체로 이론과 실천의 영역에서 각각 별개의 것으로 주장되어 온 경향이 있다. 실천의 영역에서 한국적 정의론은 각 시대에 따라 지배세력과 저항세력이 첨예하게 대립하면서 각자 다른 정의론을 주장해 왔지만, 정의론이 갖고 있는 기본적인 보편성(예컨대 어떤 진영에 있든 가질 수 있는 정의감(sense of justice)은 정의의 이념적 성향을 초월하는 보편적 특징이라고 할 수 있다)을 인정할 수 있는 여유를 갖지는 못했다. 그런 이유로 지배세력과 저항세력의 정의론은 서로 배타적인 것으로 받아들여져 어느 한 쪽의 정의론이 인정되는 순간 다른 쪽의 정의론은 오히려 부정한 것으로 간주되는 경향이 생겼다. 예컨대 권위주의 시대 지배세력이 준법을 정의의 내용으로 지목한 반면, 저항세력은 이러한 정권에 저항하고 불복하는 것을 정의로 내세웠다. 물론 법을 지배 수단으로 사용하는 정권의 부당한 요구에 항거하는 것이 정의의 항목에 포함될 수 있지만, 법의 명령에 일반적으로 불복하는 것이 정의가 될 수는 없다. 그럼에도 불구하고 아직도 한국 사회에서 법을 희롱하거나 법의 명령에 불복하는 것이 일부에 의해서 정의로 받아들여지고 있는 현상은 권위주의 시대의 유산이라고 할 수 있다. 따라서 우리 사회의 건설적인 정의론의 확립을 위해서는 과거 권위주의 시대에 나타났던 지배 세력이나 저항 세력의 정의론을 일괄적으로 배제하거나 수용하는 것이 아니라, 양 진영에서 나타난 정의의 항목들에 대한 포괄적인 재검토가 필요하다 하겠다. 즉 기왕의 한국적 정의론이 보여 온 지배 담론과 저항 담론에서 이데올로기적 요소를 제거하고 정의론의 관점에서만 취사선택해야 할 요소들을 점검하는 것이다.

어떤 요소나 항목을 수용하고 다른 것은 배제할 것인지는 이론적인 탐구가 전제되어야 한다. 이런 맥락에서 정치철학적 맥락에서 우리 사회에 가장 적실성 있다고 판단되는 정의론을 검토하였다. 그러나 이러한 이론적 검토는 기왕의 방식처럼 특정 정의론을 일방적으로 긍정하거나 적용하기 위한 것이 아니라 비록 서구적 이론틀이지만, 이를 통해 지금까지 각 사회 세력 간에 배타적인 경향을 보여 온 한국 정의론의 실천적 영역과 이론적 영역을 접목시킬 수 있는 계기를 마련하는 데 의의를 두었다.

정의 실현과 관련해서 한국 사회에서 가장 크게 논란이 되는 것은 분배적 정의의 실현 문제이다. 분배적 정의의 맥락에서 우리는 더 평등(균등)한 사회가 정의로운 사회라고 인식하는 경향이 있다. 평등(균등)의 실현이 곧 정의 실현이라는 것이다. 그러나 돌이켜보면 우리가 지향하는 정의로운 사회는 분배적 정의가 실현되는 사회만을 의미하지 않는다. 아리스토텔레스의 표현에 따르면 우리는 분배적 정의뿐만 아니라 시정적 정의가 실현되는 사회를 원한다. 즉 신분 고하나 재산 과다를 막론하고 누구에게나 평등하게 법이 적용되어야 하며, 권리나 이익의 침해가 있다면 이에 대한 처벌이나 피해자의 권익 구제가 평등하게 이뤄져야 한다. 아리스토텔레스는 분배적 정의의 원칙과는 달리 산술적 평등이 적용될 때 이러한 시정적 정의가 실현된다고 한다. 두 정의는 구별되는 부분으로서의 정의라서 한 종류의 정의 실현에 대한 지나친 강조는 다른 정의의 중요성을 망각하거나 경시할 위험이 있다.

분배적 정의와 관련해서도 아리스토텔레스의 정의론은 새로운 시각을 제공한다. 아리스토텔레스에게 분배적 정의는 모든 사람에게 일률적으로 똑같은 몫을 나누어주는 산술적 평등이 아니라, "각자에게 응분의 몫을 주는" 기하학적 평등에 의해서 실현된다. 근본적으로 분배적 정의가 실현되기 위해서는 어떤 가치들을, 무엇을 기준으로 나눌 것인지 정해야 하는데 이에 대한 의견의 일치를 보기 어렵다. 따라서 분배적 정의의 실현 방법에 대해서는 이견이 생기고, 결과적으로 사회적 갈등이 야기될 수 있다. 그런데 분배적 정의 실현의 어려움은 역설적으로 분배적 정의만이 정의라고 믿거나 적어도 정의의 요소 중 가장 중요한 정의로 믿게 되는 결과를 낳았다. 그러나 앞서 아리스토텔레스의 정의론에서 확인했듯이, 분배적 정의는 여느 공동체가 실현해야 할 부분적 정의 중 하나이다. 뿐만 아니라 아리스토텔레스는 분배적 정의 실현의 전제가 되는 구성원들 간의 가치 배분에 대한 합의를 위해서도, 교환적 정의와 정치적 정의, 전체의 덕으로서의 정의 등과 같은 분배적 정의와는 다른 종류의 정의가 달성되어야 함을 강조하고 있다. 시민들이 전체의 덕으로서의 정의를 갖추고 있고 공동체 전체가 정치적 정의를 갖고 있다면, 시민들은 어떤 가치를 어떤 방식으로 배분할 것인가의 합의에 이를 수 있다는 것이다.

우리 사회가 가장 큰 관심을 갖는 것이 분배적 정의이고, 그것에 대한 불만이 사회적 갈등을 야기하고 있음은 주지의 사실이다. 그러나 분배적 정의를 실현한다면서 상대적으로 적은 몫의 가치를 배분받은 계층의 재분배를 요구한다거나, 분배의 방식에 대한 기발한 원칙을 제시하는 것은 분배적 정의가 여전히 사회적 갈등의 진원지가 될 우려가 있다. 분배적 정의의 실현을 위해서도 분배적 정의 자체에만 몰두하는 것보다 다른 종류의 정의와 조화를 지향할 필요가 있다. 이런 맥락에서 아리스토텔레스 정의론에서 전체의 덕으로서의 정의, 품성상태로서의 정의가 법에 복종하려는 자세를 의미하는 것은 주목할 만하다. 앞에서 이것이 단순히 모든 법에 맹목적으로 복종하는 것이 아니라 법에 복종하려는 품성상태를 의미한다고 지적한 바 있다. 분배적 정의의 실현은 롤스의 정의론에 등장하는 '무지의 베일'에서의 암묵적 합의와 같이 기발한 제안에 의해서 실현되기 보다는, 비교적 느리고 가시적이지도 않지만 시민의 품성상태의 함양과 공동체 전체의 정치적 정의의 실현을 통해서 가능다고 본다.

한국 사회의 정의의 지향이 지나치게 분배적 정의에 관한 논의에만 집중되는 것을 벗어날 때 한국적 정의가 균형을 찾을 것이다. 이런 맥락에서 전체의 덕으로서의 정의가 법의 지배에 복종하는 태도를 갖는 것이라는 아리스토텔레스의 주장을 되새겨봄 직하다. 과거 법학자들은 법의 지배를 시정적 정의를 실현하는 수단으로만 보았다. 그러나 법의 지배는 단지 공권력의 법을 통한 지배에 무조건적으로 복종하는 것을 의미하는 것이 아니라 시민으로서 '법다운 법'에 복종하려는 태도, 이와 관련된 도덕적 품성상태를 의미한다. 이는 법답지 않는 것에 저항할 수 있는 것을 포함하지만, 기본적으로는 법에 복종하려는 태도를 전제로 한 것이다. 권위주의 시대와 민주화 과정을 거친 우리 사회에서 법의 지배는 지배세력의 지배 정당화 수단으로만 받아들여졌고, 지배세력의 정당성을 문제 삼는 경우 법의 지배에 따르는 것은 오히려 정의에 역행한다고 여겨졌다. 민주화 과정에서 이런 초법적 저항정신이 어느 정도 역할을 한 것은 사실이다. 그러나 아리스토텔레스의 지적과 같이 시민들이 법의 지배에 반하는 태도를 갖는 것 자체가 정의 실현과 선순환적 관계를 이루기는 어렵다. 전체의 덕으로서 정의를 갖춘 시민이라면, 적어도 법의 지배에 따른다는 아리스토텔레스의 주장과 함께, 법의 지배에 대한 사회적 인식을 새롭게 할 필요가 있다.

마지막으로 한국적 정의의 실현을 위해서는 기왕에 제기되었던 전통적인 문제의 해결뿐 아니라 새로운 현실과 미래에의 적응이 필요하다는 것을 지적하면서 글을 맺고자 한다. 이미 우리 사회의 전 영역에서 가시적인 영향력을 행사하고 있는 지구화를 일컫는 것이다. 적어도 이론적으로는 지구화와 정의의 관계에 대한 논의가 활발하게 전개되고 있다.[19] 정의는 전통적으로 고유하고 단일한 정치공동체를 중심으로 실현되는 국내 문제로 이해되어 왔다. 그러나 지구화로 인한 노동과 자본의 광범위한 유입은 정의에 대한 주장에 있어서도 기왕의 폐쇄적인 공동체만을 상정할 수 없게 되었다. 따라서 국내에 유입된 새로운 구성원들의 주장이 기왕의 정의의 원칙에 의해서 어떻게 포용할 것인가라는 문제에 직면하게 되었다(ex. 김범수 2008). 지구화는 단순히 기왕의 국내적 정의론을 새로 유입된 노동이나 자본으로 확장하여 적용할 것을 요구할 뿐 아니라, 전통적 의미의 정의 원칙에 근본적인 변화를 요구하기도 한다. 즉 기왕의 전통적인 의미의 공동체 의미를 재정의하라고 요구하고 있기 때문이다(ex. 박성우 2011). 국내적 차원의 정의에 대한 합의가 여전히 일천한 상황에서 지구적 차원의 정의

---

19 이런 맥락에서 해외에서는 '글로벌 정의' 혹은 '지구화 시대의 정의'에 관한 연구가 축적되어 왔다. 가장 포괄적인 소개서로 Pogge & Moellendorf (2008)을 참조. 국내 연구는 비교적 해외 연구에 대한 소개의 수준에 그치고 있지만 적어도 이론적으로는 점차 관심이 높아지는 추세에 있다. 정의 문제와 관련하여 우리 사회가 새로운 도전에 직면하고 있음을 인지하고 있음을 반증한다고 할 수 있다(ex. 백미연 2009 ; 김원식 2010).

에 대한 요구나 수용이 우리에게 낯설고 아직 먼 미래의 일로 여겨질지 모르나, 우리 사회의 소수자에 대한 권리 요구나 전 지구적 문제에 대한 인식 확산 등은 우리 사회도 이제 미래의 정의 요구에 대해 적극적으로 대비할 시점임을 보여준다.

참고문헌

김비환. 1996. "롤즈의 정치적 자유주의 비판 : 민주적 형이상학과 사회의 기본구조를 중심으로." 『한국정치학회보』 30집 2호, 5-23.

김비환. 1997. "롤즈 정치철학의 두 가지 문제점 : 완전주의와 정치 없는 정치철학." 『한국정치학회보』 31집 1호, 31-48.

김비환. 2001. "드오킨의 자유주의 정치이론 비판 : '강한 의미의 권리', 자유주의 공동체 그리고 삶의 통일성(integrity) 개념을 중심으로." 『정치사상연구』 5집, 179-204.

김원식. 2010. "지구화시대의 정의 : 낸시 프레이저의 정의론 검토." 『철학탐구』 28집.

강희원. 2003. "아리스토텔레스의 정의론에 비추어 본 법이념으로서의 정의." 『법철학연구』 6권 2호.

대통령비서실 1965. 1973. 〈박정희대통령연설문집〉.

문지영. 2007. "한국민주주의와 정의 담론." 『정치사상연구』 13집 2호.

박동천. 2006. "한국민주주의의 개념과 현실." 『정치사상연구』 12집.

박성우. 2009. "윤리와 정치의 결합으로서의 법의 지배 : 〈니코마코스윤리학〉과 〈정치학〉에 나타난 아리스토텔레스의 법의 지배." 『21세기정치학회보』 19집 3호.

박성우. 2011. "지구화와 민주적 정당성 : 새로운 민주주의 담론을 위한 예비적 고찰" 『정치정보연구』 14권 1호.

백미연. 2009. "글로벌 시대 정의의 범위." 『21세기정치학회보』 19집 2호.

사회통합위원회, 경제·인문사회연구회, 엮음. 2012. 『한국에서 공정이란 무엇인가』 서울 : 동아일보사.

신동아편집실. 1990. 『선언으로 본 80년대 민족민주운동』 서울 : 동아일

보사.

아리스토텔레스 (이창우 외 역). 『니코마코스윤리학』. 서울 : 이제이북스.

역사문제연구소 편. 1994. 『한국정치의 지배이데올로기와 저항이데올로기』. 서울 : 역사비평사.

오세혁. 2004. 『법철학사』. 서울 : 세창출판사.

장동진. 2000. "노직의 자유지상주의 : 소극적 자유의 이상." 『정치사상연구』 Vol. 3, 195−220.

장동진. 2005. "존 롤즈의 공적이성과 관용의 한계." 『연세대학교 사회과학연구소』 Vol. 35, 1−22.

정태욱. 1989. "아리스토텔레스의 정의에 관한 논고," 『서양고전학연구』 제3집.

존 롤스. 2003 『정의론』. 서울 : 이학사.

조희연 편. 2004. 『한국의 정치사회적 저항담론과 민주주의 동학』. 서울 : 함께 읽는 책.

플라톤 (박광현 역). 2005. 『국가. 정체』. 서울 : 서광사.

한석환. 1990. "법 정의 덕 : 아리스토텔레스의 정의론." 『서양고전학연구』 4집.

황경식. 1984. "J. 롤즈의 자유주의적 평등주의." 『韓國哲學會』 Vol. 22, 41−82.

황경식. 1985(1989). 『사회정의의 철학적 기초』. 서울 : 문학과 지성사

황경식. 1992. "롤즈 정의론." 『한국철학윤리교육연구회』 Vol. 8, No. 19, 112−115.

황경식 외. 2011. 『공정과 정의사회』. 서울 : 조선뉴스프레스.

Barry, Brian. 1989. *Theories of Justice.* Berkeley : University of California Press.

Barry, Brian. 1989. *Democracy, Power and Justice : Essays in Political Theory.* Oxford : Oxford University Press.

Barry, Brian. 1991. *Democracy and Power.* Oxford : Clarendon.

Barry, Brian. 2005. *Why Social Justice Matters.* Cambridge : Polity Press.

Dowing, K. et al. eds. 2004. *Justice and Democracy.* Cambridge : Cambridge University Press.

Frank, Jill. 2005. *A Democracy of Distinction : Aristotle and the Work of Politics.* Chicago : University of Chicago Press.

Pogge, Thomas & Moellendorf, Darrell. 2008. *Global Justice : Seminal Essays.* St. Paul : Paragon House.

Rawls, John. 1971. *Theory of Justice.* Cambridge : Harvard University Press.

2장

민주주의와 세계화, 분별 있는 대외정책의 선순환을 향한 모색

장훈 (중앙대학교)

I. 서론

민주화 4반세기를 맞는 한국정치에 대한 진단은 자축과 자성의 중간에 놓여 있다. 한편에서는 민주주의가 유일한 대안으로 확고하게 자리 잡고 주기적인 정부의 교체가 이뤄져왔다는 점이 한국 민주주의의 긍정적 성취로서 운위된다. 동시에 다른 한편에서는 민주주의 원리와 조건들이 시민들의 일상과 생활규범 속에 깊이 뿌리내리지 못하고 있고 제도정치권의 능력과 정당성에 대한 시민들의 의구심은 심화되어 왔다는 점에서 한국 민주주의는 아직 성숙한 민주주의와는 거리가 멀다는 뼈아픈 진단이 계속되고 있다.

이 글은 25년을 지속해 온 한국 민주주의가 안고 있는 세 가지 위기를 해소하기 위한 대안 탐색에 목적이 있다. 우리가 주목하는 위기와 대안모색의 세 차원은 다음과 같다. 첫째, 한국적 민주주의의 성숙경로 모색이다. 1987년 민주화 이후 이른바 민주주의 공고화론자들은 서구 민주화 이론과 서구 민주주의의 안정화 경험을 토대로 구축된 민주주의 공고화의 조건과 경로를 한국 민주주의가 나아가야 할 나침반이라고 굳게 믿어왔다. 하지만 지난 25년간의 현실은 민주화에서 공고화로 이어지는 단선적인 이론적 기대와는 전혀 다른 방향으로 진행되어왔다. 이론의 기대만큼 현실이 성숙되지는 않았으며, 또한 공고화론이 미처 예기하지 못한 숱한 문제와 이슈들이 한국적 맥락 속에서 끊임없이 등장하곤 하였다. 따라서 단선적이고 일방적인 공고화 모델보다 복합적이고 동시에 현실 맥락에 민감한 민주주의 성숙 경로의 모색은 한국 민주주의 최대의 이론적, 실천적 과제로 부상했다고 할 수 있다. 이 글에서는 이러한 과제를 다수제 민주주의 모델과 합의제 민주주의 모델의 경합과 수렴이라는 차원으로 좁혀서 논의하려 한다.

둘째, 민주주의와 대외관계의 선순환 문제이다. 1980년대 민주화가 전 세계를 휩쓸던 당시에 민주주의 확산운동 이면에는 민주평화론에 대한 신념이 굳건히 자리 잡고 있었다. 다시 말해 민주주의 국가들 사이에 전쟁의 가능성은 현저하게 낮아지며 따라서 민주주의의 확산은 곧 전 세계적인 평화 증진으로 이어진다는 믿음이 주류정치학을 중심으로 폭넓게 자리 잡고 있었다. 이러한 민주평화론의 중대한 전제는 바로 민주주의가 투명하고도 안정적이며 예측 가능한 대외정책을 만들 수 있다는 믿음에 있다. 하지만 지난 20여년의 한국의 경험은 민주주의와 안정적이며 투명하고 예측 가능한 대외정책이 반드시 긍정적 상관관계를 갖는 것은 아니라는 점을 보여주었다. 따라서 우리는 민주주의가 신중하고 올곧은 대외정책을 산출하는 데 요구되는 제도, 의식, 행태 차원에서의 요건들을 논의하려 한다.

셋째, 민주주의와 세계화 관계 문제이다. 다수의 신자유주의 국가들과 마찬가지로 한국에서도 민주화의 시간과 세계화의 시간은 거의 동시에 진행되었다. 김영삼 정부의 세계화 선언 이후 한국에서 민주주의와 세계화는 거의 동시에 진행되었다. 하지만 지금까지의 경험으로는, 한국 민주주의가 세계화를 좀 더 주체적이며 성찰적으로 수용하는 데 있어서 큰 역할을 하지 못하였다는 점은 분명하다. 민주주의가 갖고 있는 견제와 균형, 개방성과 투명한 절차라는 장점에도 불구하고, 한국의 세계화 추진과정에서 이러한 민주주의의 미덕이 충분하게 발휘되지는 못하였다. 이에 따라서 한국에서 세계화는 종종 세계적 흐름에 일방적으로 추종하거나 단순한 추격 전략으로서만 이해되어 추진되었다. 따라서 세계화에 따른 숱한 변화들은 기계적이고 단순한 방식으로 한국사회에 유입되었다. 세계화의 명암을 주체적으로 논의하고, 그에 따른 긍정과 부정의 효과를 균형 있게 토론하고, 대안을 마련하는 작업들이 투명하고도 체계적인 방식으로 이뤄졌다고 보기는 어렵다. 다시 말해 한국 민주주의와 성찰적 세계화는 선순환의 관계를 이루지 못했다고 할 수 있다. 따라서 이 글에서 우리는 민주주의가 성찰적 세계화를 촉진하고 주체적 세계화가 민주주의에 기여하는 조건들을 논의하려 한다.

이러한 세 가지 차원을 중심으로, 한국 민주주의의 대안을 찾아보려는 논의는 탐색적인 방식으로 이뤄질 것이다. 구체적인 대안 모델의 내용을 상세하고 종합적으로 제시하기 보다는 대안 모델에 다가가기 위한 과정이나 조건에 대해서 논의하는 방식이 주된 논의방식이 될 것이다.

Ⅱ. 한국적 민주주의의 성숙 경로: 다수제 민주주의에서 혼합형 민주주의로

한국 민주주의는 1987년의 초기 선택 당시에 상당 부분 다수제 민주주의에 기울어 있었다. 여러 제도적 장치와 관행들은 승자독점 구조에 가까웠으며, 중앙과 지방정치의 관계나 행정부와 입법부 관계 역시 다수제 민주주의에 가까운 형태로 구축되었다. 하지만 지난 20여년의 역사는 지금까지 초기 다수제 민주주의로부터 조금씩 탈피하는 과정이었다고 할 수 있다. 여기서는 이러한 점진적인 이동의 과정과 앞으로의 경로와 조건을 크게 세 가지의 차원에서 검토할 것이다. 첫째는 한국 사회의 사상적 흐름이다. 둘째는 정치제도의 선택과 운영의 차원이다. 셋째는 민주화 이후 정치사회 조건의 변화와 그에 따른 한국 민주주의의 사회적 토대의 차원이다.

첫째 한국사회의 정치적 사상 혹은 아이디어의 흐름이다. 1987년 민주화 운동이 절정에 이르던 시점에, 한국 민주화를 이끌었던 사상적 흐름이 뚜렷한 하나의 지향점을 형성하였다고 보기는 어렵다. 하지만 20여년의 민주화의 경험을 바탕으로 한국 시민들이 보여주는 정치적 선호와 사고의 흐름은 다수제 모델로부터 탈피해서 점차 혼합형 민주주의로 접근하고 있다고 할 수 있다. 1987년 민주화를 추구하던 세력이 실로 다양한 세력들이 함께 참여하는 무지개 연합이었던 만큼, 이들을 포괄적으로 묶어주는 체계적이고 단일한 사상적 흐름이 형성되어 있었던 것은 아니었다. 민주화 세력의 지도부는 자유주의 성향이었던 김영삼과 다소 진보 지향이었던 김대중에 의해서 대표되는 제도권 야당이 이끌고 있었다. 하지만 이들의 지지 세력들은 사회민주주의에 충실한 운동권 집단에서 단지 자유주의적 민주주의를 추구하는 온건한 대도시 화이트칼라 계층, 또한 다양한 이념적 성향을 다투던 대학생 운동권 집단을 두루 포괄하는 것이었다. 이처럼 이념적으로 다양한 집단들이 모여서 구성된 민주화 세력은, 뚜렷한 이념적 지향을 민주화 운동에 담기보다 기존 권위주의 체제를 철폐하고 절차적 민주주의를 다시 세운다는 정치적 목표만을 공유하였다고 할 수 있다. 예를 들면, 당시의 다양한 민주화 추진세력이 대거 참여했던 무지개 조직의 대표적 슬로건이 '직선제 개헌 투쟁'이라는 점에서 보듯이, 민주화 세력은 절차적 민주주의 회복이라는 최소공배수를 중심으로 내부적 단합을 유지하고 있었다.

1987년과 1988년의 양대 선거를 거치며 기본적 수준에서 절차적 민주주의가 확보되면서, 정치활동가들과 시민들은 점차 자신들의 이념적 지향을 드러내게 되었다. 한편으로 정치활동가들의 수준에서 보면, 이들은 급진적인 사회주의나 사회민주주의에서부터 자유주의적 민주주의까지 다양한 지향을 보이기 시작하였다. 1987년 대선은 이러한 사상적 분화가 현실화되는 계기로 작용하기도 하였다. 사상적 지향에 따라서 김대중 후보를 지지하기도 혹은 김영삼 후보를 지지하기도 했으며, 일부 세력은 독자 정치세력화를 추구하기도 하였다. (독자적인 지향을 가진 이 집단이 개인적 참여가 아니라 제도정치권에 본격적으로 진입한 것은 2004년 선거법 개정 이후 민주노동당의 원내진출을 통해서였다.) 또한 일부 민주화 운동세력은 제도정치권과 결별하고 시민단체나 비제도권 정치 활동으로 나아가기도 하였다.

다른 한편 시민들의 이념적 지향은 꾸준한 변화를 겪어왔다. 민주화 이후 진행된 숱한 여론조사에 따르면, 시민들의 이념적 지향은 1987년부터 2000년대까지 몇 가지 특징을 보여주었다. 한편으로 시민들의 이념성향은 민주화 초기의 뚜렷한 보수 우위에서 점차 보수 우위가 약화되면서 진보성향이 점차 공고해지는 양상을 드러내게 되었다. 또한 일관된 양상은 아니었지만, 중도성향도 꾸준히 증가하는 가운데 정치사회적 맥락에 따라 중도성향은 눈에 띄는 부침을 겪어왔다.

시민들의 이념적 지향 흐름에서 특별히 강조될 부분은 다수제 민주주의로부터 탈피하려는 요구가 점차 강해졌다는 점이다. 다양한 차원에서 다수제 민주주의를 개선하거나 이를 대체하는 대안적인 질서에 대한 시민들의 선호가 강해졌다. 예를 들면 지방분권에 대한 시민들의 선호는 항상 일관된 방향은 아니었지만 꾸준히 증가했다. 즉 중앙정부가 지방정부에 대해서 강력한 인사와 재정상의 지배를 해온 점에 적지 않은 비판의식이 성장해왔다. 또한 행정부와 입법부의 관계에서도 행정부의 일방적인 독주에 대해서 비판적인 의식이 꾸준히 증가해왔다. 이러한 흐름들을 보면 결국 일반 시민들의 사상적 추이에서는 당초의 선택이던 다수제 민주주의에서 점차 벗어나려는 움직임이 꾸준히 나타났다고 할 수 있다.

둘째, 정치제도의 변화라는 측면에서 지난 20여년의 흐름은 다수제 민주주의에서 꾸준히 탈피하여 다수제와 합의제 민주주의의 중간으로 이동하는 것이었다. 1987년 민주화 당시에 한국 민주주의의 제도적 선택은 분명 다수제 중심의 민주주의였다. 구체적으로 대통령 선출은 단순다수제에 따라서 이뤄지지만, 대통령은 헌법이나 정치적으로 상당히 강력한 제도, 비제도적 권력을 보유하도록 정해졌다. 비록 대통령이 권위주의 시대처럼 국회 해산권을 포함한 비대한 권력을 누리진 못하지만 총리와 내각을 포함한 거의 모든 정부 내 고위직 임명, 예산 편성권, 가장 중요한 입법자 역할, 지방정부가 재정적, 정치적으로 중앙정부에 의존하는 상태에서 지방정부에 대해 압도적인 권력을 보유하고 있었다. 따라서 권위주의 시대의 대통령에 비교해 제도적, 비공식적 권력이 적지 않게 축소되었지만 대통령과 입법부의 관계와 중앙정부와 지방정부의 관계에서 대통령은 권력 집중을 상징하는 다수제 민주주의의 중심이었다고 할 수 있다.

민주화 이후 20여년의 정치제도의 변동사는 이른바 '제왕적 대통령에 대한 견제의 역사'라고 부를 만큼 제도개혁의 초점은 거대 권력을 갖고 있는 대통령의 권력집중을 제한하는 방향으로 이루어졌다. 무엇보다 아주 극적인 변화는 아니었지만 대통령과의 관계에서 입법부의 권한은 조금씩 꾸준하게 향상되었다. 일례로 대통령이 임명하는 주요공직에 대한 인사청문회를 국회가 주도하게 되었다. 이에 따라 대통령의 지명에도 불구하고, 국회 인사청문회 과정을 거치면서 결국 주요 공직에 임명되지 못하는 총리후보자, 장관후보자들이 종종 나타나게 되었다. 또한 국회는 대통령과 행정부가 독주해온 예산과 입법 과정을 좀 더 실질적으로 감독하고 견제할 수 있는 제도적 장치들을 갖추기 시작하였다. 국회 내에 예산정책처와 입법조사처가 신설되고 다른 입법지원 조직들이 강화되면서 대통령과 행정부의 독주를 견제할 수 있는 국회의 능력과 의지도 점차 강화되기 시작했다.

대통령 중심의 다수제 민주주의에 대한 완화는 중앙-지방의 관계에서도 점차 나타나기 시작하였다. 1990년대에 들어서 지방자치단체장과 지방의회가 시민들의 직접 선거로 선출되기 시작하면서 중앙과 지방의 관계는 서서히 변화를 보이기 시작했다. 인사와 재정, 정책 측면에서 지방에 대한 중앙의 독주는 비록 충분히 만족스러울 정도는 아니지만 서서히 완화되기 시작했다. 따라서 중앙-지방이라는 수직적인 차원에서도 다수제 민주주의는 처음 선택에 비해 적지 않게 완화되었다고 할 수 있다.

다른 한편 선거제도의 관점에서도 다수제 민주주의는 부분적이지만 완화되어 혼합형 선거제도가 도입되었다. 대통령 선출은 여전히 단순다수제를 유지하고 있지만(제도 변경은 헌법 개정사항인 만큼, 보다 쉽지 않은 방식의 다수제 민주주의로부터의 탈피라고 할 수 있다.) 국회의원 선거제도는 2004년을 거치면서 적지 않은 성격의 변화를 가져왔다. 그동안 지역구 의원과 비례대표의원을 함께 선출하는 혼합형의 성격을 갖고 있으면서도, 비례대표 의원에 대한 별도의 투표 없이 소선거구 다수제의 지역구 투표결과를 기준으로 비례대표의원을 선출해왔지만, 이는 마침내 헌법재판소에 의해서 위헌으로 판결되었다. 이에 따라서 2004년부터 비례대표의원들에 대한 별도의 투표가 실시되는 1인 2표제 전환이 이루어졌고, 비례대표의원들의 숫자와 비중도 아주 미미하지만 증가하게 되었다. 따라서 단순다수제로 운영되던 국회의원 선거제도는 2004년을 기점으로 혼합형 선거제도(아직은 여전히 다수제에 가까운 혼합형 선거제이지만) 성격이 다소 강화되었다. 그 정치적 결과로서, 2004년 국회의원 선거에서는 역사상 최초로 민주노동당이라는 진보정당이 주로 비례대표 당선자를 주축으로 원내에 진출하게 되었다. 이를 정리하면, 다수제 민주주의로부터의 탈피는 정치제도의 차원에서 상당히 진행되어왔다고 할 수 있다. 대통령과 국회의 관계에서 국회의 역할과 위상은 꾸준히 강화되었으며, 대통령과 지방정부의 관계에서도 지방정부의 역량과 역할은 어느 정도 강화되었다고 할 수 있다. 또한 국회의원 선거제도가 혼합형의 성격을 더욱 강하게 보이며, 국회구성에서 점차 다양성이 늘어나게 되었으며 국회의원 선거에서 투표와 의석의 비례성도 점차 높아지게 되었다.

결국 시민들의 의식 차원과 제도변동의 차원에서, 한국 민주주의는 간헐적으로 꾸준하게 다수제 민주주의에서 조금씩 탈피해왔다고 할 수 있다. 그에 따라서 대통령과 국회의 관계, 중앙정부와 지방정부의 관계, 국회의원의 선출과정에서 권력의 분산이 적지 않게 진행되었다고 할 수 있다. 여기서 우리가 직면하는 과제는 과연 다수제 민주주의에서 중간형인 혼합형 민주주의, 더 나아가 합의제 민주주의로 나아가는 흐름은 줄곧 지속될 것이며 이 흐름을 지속하는 조건은 무엇인가의 문제일 것이다.

결국 문제의 핵심은 한편으로는 시민들의 의식 변화의 차원이고, 다른 하나는 구체적 표현 형태로 나타나는 제도변화의 방향일 것이다. 궁극적으로 한국 민주주의가 합의형 민주주의로 진화해가기 위해서는 시민들과 정치엘리트의 의식 흐름이 권력 집중보다는 분산과 분권이 바람직한 대안이라는 사상적 합의가 형성되어야 할 것이다. 하지만 아직까지 이러한 방향으로 사상적 합의가 형성되고 있다고 보기는 어렵다. 다른 한편 권력분산을 통해서 합의형 민주주의로 나아가는 제도개혁의 핵심은 결국 정부형태의 변화를 포함한 개헌이 될 것이다. 이원정부제의 채택이나 내각제로의 변경이 곧 합의형 민주주의로 나아가는 제도개혁의 상징이자 정점이 될 것이다. 하지만 사상적 합의가 아직 존재하지 않는다는 점과 함께 대통령제가 한국 민주화의 이념과 사상에 내재되어 있다는 경로의존의 관점이나 개헌을 둘러싼 다양한 세력 간의 합의 도출이 쉽지 않다는 난관들이 이러한 개헌의 정치적 장애물로 남아있게 될 것이다.

Ⅲ. 민주주의와 대외관계의 선순환 모색 : 광장 외교정책과 분별 있는 외교

한국 민주화의 대내적 측면에서 대의가 시민의 참여확대와 유능하고 투명한 거버넌스의 확보라고 한다면, 민주화의 대외적 측면에서의 목표는 대외정책에서 투명성과 대표성, 책임성의 균형을 통한 국가이익 확보라고 할 수 있을 것이다. 흔히 1980년대 이후 민주주의의 전 세계 확산이 이루어지던 때, 민주주의 확산론과 함께 민주평화론이 크게 유행하게 된 배경이 있다. 구체적으로 민주주의는 각 국가들의 대외적 행동에 있어서 투명성과 책임성을 높이고 자연스럽게 지구촌에서 민주주의가 확산된다는 것은 국가들 간의 관계에서 투명성과 책임성이 높아진다는 것을 의미한다. 이러한 투명성과 책임성은 국가들 사이에 예측 불가능한 충돌이나 갈등을 완화해서 궁극적으로 국가들 사이에서 평화적 관계가 확산되고 안정화될 수 있다고 기대하는 것이 민주평화론의 핵심이었다.

1987년 한국의 민주화를 염원하던 당시에 국내에서 이러한 민주평화론에 대한 기대가 높았던 것은 아니었다. 그럼에도 한국의 민주화는 한국의 대외정책 양상과 구조에 극적 변화를 몰고 왔다. 이러한 변화의 핵심은 대외정책의 결정구조가 과거에 대통령이 주도하던 비밀스런 정원(청와대)에서 벗어나 점차 시민들의 의사와 견해가 적극적으로 표출되는 민주주의 광장으로 나오게 되었다. 예를 들면, 1960년대 미국에 요청에 따른 베트남 파병은 실질적으로 대통령과 핵심참모들이 비밀리에 일방적으로 주도하였다고 할 수 있다. (이에 대한 시민들의 반대가 없었던 것은 아니지만 반대활동에 커다란 반향과 효과가 있었다고 보기는 어렵다.) 한편 2003년 노무현 대통령 취임 얼마 후 미국의 부시 정부가 이라크에 한국군대 파병을 요청했을 때, 결정과 집행은 단지 대통령과 핵심 참모들만이 독점적으로 비밀스럽게 다룰 수 있는 문제가 아니었다. 진보적 시민단체들 수백 개가 모여서 파병반대를 위한 시민연대를 발족하였고, 이들은 전국적으로 수개월 동안 파병반대를 위한 다양한 형식의 반대운동을 전개하였다. 이에 따라서 이라크 파병을 둘러싼 여론은 찬반으로 양분된 채 격렬히 대립하였고, 그 와중에 노무현 대통령은 민주정치의 반응성과 책임성이라는 요구와 미국과의 협력관계를 통한 한반도와 동북아 안정이라는 국가 목표 사이에서 커다란 혼란과 갈등에 휩싸이게 되었다.

달리 말해 민주주의 진전에 따라서 한편으로는 대외정책의 수립과 집행과정에서 참여 확산과 더불어 정부정책의 반응성이라는 가치가 매우 중요해졌다. 주요한 대외정책은 이제 수많은 시민들의 관심과 의견 분열 속에서 진행된다. 또한 정부의 대외정책 결정은 시민들의 일상생활에 직 간접적 영향을 주는 경우가 흔해졌고, 따라서 정부의 대외정책은 시민들의 여론이나 투표행위, 그 밖의 참여 등을 통해서 상시적으로 평가받게 되었다고 할 수 있다.

과거에 대통령이 독점해오던 대외정책이 민주화의 광장으로 나오면서, 대통령과 시민사회는 대외정책 방향을 놓고 직접 충돌하는 사례가 잦아지게 되었다. 대통령과 시민사회 사이에 놓여있는 대의기관들(특히 정당이나 국회)은 별다른 역할을 찾지 못한 채, 대통령과 시민사회가 대외정책을 둘러싸고 직접 충돌하는 이른바 위임민주주의의 경향이 대외정책에서 강하게 나타나기 시작하였다. 앞에서 언급한 이라크 파병 이외에 한미 FTA의 추진과 국내 비준과정이나 한국−일본 또는 한국−중국 사이의 역사해석을 둘러싼 분쟁이 벌어지는 경우에도 대외정책은 종종 대통령과 시민들이 주도하게 되었다.

대통령이 시민사회와 타협하고 때로는 충돌하기도 하면서, 대외정책을 전개하는 과정에서 과연 신중하고 분별 있는 국가이익 추구라는 가치와 투명하고 책임 있는 정책 추진이라는 목표 사이에서 적절한 균형이 유지되는가라는 질문을 제기할 수 있게 되었다. 한편으로 대통령이 대외정책의 여론에 항상 영합하기만 한다면, 대외정책의 장기적인 목표나 일관성은 훼손될 것이다. 다른 한편으로 대통령이 여론과 대립하고 여론을 우회하려 한다면 대외정책의 책임성과 반응성은 실종될 것이다.

민주화 이후 대외정책에서 신중한 국익추구와 정책집행의 민주성 문제는 아직까지 충분한 이론적 조명을 받지 못하지만, 최근의 한국 민주주의에서는 매우 중대한 문제로 이미 등장했다고 할 수 있다. 굳이 민주평화론에서 제기한 이론적, 실천적 기대를 언급하지 않아도 민주주의와 대외정책의 선순환 문제는 역사적으로나 비교적인 관점에서 지극히 중대한 실천적, 이론적 이슈임에 틀림없다. 동유럽과 코카서스 지역에서 민주화 이후에 비극적인 인종대립과 종교 갈등이 폭발하면서 숱한 인명 손실과 비인간적 전쟁이 자행되었다는 점을 돌아보면, 민주화와 대외정책의 악순환이 가져오는 비극의 규모를 짐작할 수 있다. 또한 역사적인 관점에서 보면, 중대한 대외정책의 갈림길에서 정치엘리트와 시민들이 일정 수준의 합의 없이 분열될 때 파국적인 결과를 낳았다는 것은 이미 19세기 후반과 20세기 초반의 쓰라린 역사를 통해서 극명하게 드러난 바 있다.

여기서 우리는 대외정책과 민주주의의 선순환을 위한 몇 가지 조건을 개괄적으로 논의해보자. 첫째, 제도개혁 차원이다. 대통령과 시민사회가 대외정책에서 직접 부딪치는 이유 중 하나는 그 중간에 있는 대의기관들이 대외정책에서 적절한 견제와 균형 역할을 다하지 못하고 있기 때문이다. 정당과 국회는 주요 대외정책에서 시민들의 의사를 효과적으로 집약하고 대통령이 주도하는 대외정책을 효과적으로 비판, 견제하는 역할을 충실하게 못하고 있다. 따라서 이들 대의기관들이 대외정책 분야에서도 적절한 대표와 감독의 역할을 하는 데 필요한 제도개혁과 자원, 인력 배분이 필요하다. 특히 국회의 경우에는 다양한 측면에서 대외정책의 역량강화가 요구된다. 무엇보다 대외정책에 관련된 정보에 더 즉각적이고 충분하게 접근할 수 있는 상시 정보 공유제도가 도입되어야 한다. 또한 시급한 대외정책 사안에 대해서는 해당 상임위원회 소집과 의사절차가 신속하게 진행될 수 있는 신속절차(fast track foreign policy hearings)가 필요하다. 물론 이러한 제도개혁의 밑바탕에는 국회의 적극적인 역할과 개입을 통해 대외정책에서 대표성과 민주성이 확보되고, 이를 토대로 대외정책에서 다양한 목표의 균형적 추구가 가능하다는 인식이 반드시 확산되어야만 한다.

둘째, 대외정책에서 드러나는 시민사회의 분열을 어떻게 이해하고, 이를 대외정책의 민주적 기반으로 전환할 수 있는가의 문제이다. 앞에서 우리는 한국 민주주의의 성격을 둘러싼 사회적 합의의 부재를 지적한 바 있지만, 대외정책에서는 합의의 부재를 넘어서 심각한 이념 분열이 대외정책의 토대로서 작용하고 있다. “분열의 민주주의”라는 표현이 어색하지 않을 만큼, 민주화 이후 주요한 대외정책 이슈에서 사회적 분열은 일관되고 뚜렷하게 나타나고 있다. 이러한 의식과 사상의 분열을 주도하고 있는 것은 대외정책의 가장 중요한 대상인 미국과 북한에 대한 인식에서 비롯되고 있다. 친미와 반미 사이의 인식 대립은 한국의 대외정책의 중대한 기반으로 작용하고 있으며, 북한을 바라보는 지극히 상반된 인식이나 대외정책에 대해서 구조적인 제약을 가하고 있다.

분열된 인식의 기반 위에서 추진되는 대외정책은 흔히 원심력의 경쟁에 의해서 지배될 위험을 안고 있다. 즉 친미성향의 정부와 반미성향의 정부가 교대로 집권할 때, 서로 다른 정부 사이의 정책의 연속성보다는 정책 방향의 단절과 불연속성이 강화될 가능성이 크다. 이러한 원심력에 기반한 경쟁은 대외정책에서 장기적으로 보면 국가이익의 추구를 제약할 가능성이 크다. 결국 분열된 시민사회를 기반으로 하면서도 장기적인 이익을 도모하는 대외정책의 구상과 집행의 문제가 선순환 고리의 핵심이라고 할 수 있다.

여기서 분열된 시민사회라는 조건을 외면하거나 조정하는 것은 민주적 대표성의 원칙에 걸맞지 않을 것이다. 결국 미국의 정치인 스티븐스가 수십 년 전에 날카롭게 간파했듯이, 대외정책이 당파성의 수렁으로부터 벗어나는 가장 어렵지만 평범한 길은 바로 대외정책에서 "상식을 회복"하는 것이다. 곧 정부의 책임성이나 정책의 연속성이라는 상식의 관점에서 접근하는 것이 곧 당파적 이념의 굴레와 한계에서 벗어나는 길이라는 것이다.

Ⅳ. 민주주의와 성찰적 세계화의 선순환 조건과 전망 : 추격형 세계화에서 성찰적 세계화로 가는 민주주의 조건과 전망

지난 20년간 한국 민주주의를 이끌어 온 하나의 분명한 기둥은 민주주의와 세계화가 선순환을 이룰 수 있다는 단선적이고 낙관적인 기대였다. 이른바 워싱턴 컨센서스가 강조했던 바와 같이, 세계화라는 개방의 물결을 통해서 한국이 경제 번영을 지속하고 나아가 개인의 자유와 투명성이 보장되는 민주주의가 강화되리라는 기대가 널리 퍼져 있었다. 김영삼 정부의 이른바 세계화 선언에서 상징적으로 언급된 이러한 기대는 민주화 초기의 대대적인 개방화 정책의 추진과 개방화 이념의 확산으로 이어졌다. 이에 따라서 OECD, WTO 가입이 이뤄졌고, 금융, 무역, 서비스의 상당한 개방이 함께 추진되었다. 또한 적지 않은 저항에도 불구하고 이러한 개방화 이념은 김영삼, 김대중 정부를 거치면서 정부와 정책지식인들에게 커다란 의문 없이 확산되었다.

하지만 1997년의 동아시아 금융위기와 2008년의 글로벌 경제위기를 거치면서 세계화와 민주주의의 선순환이라는 신화는 차가운 현실 속에서 심각하게 무너져 내렸다. 개방화가 민주주의를 증진하고 경제성장을 견인한다는 기대는 지극히 단순하고도 순진한 발상이었음이 드러났다. 개방화의 여러 효과에도 불구하고, 개방과 더불어 국내 경제에서 사회적 격차는 빠르게 늘어나게 되었다. (물론 이러한 격차사회의 등장에는 기술발전에 따른 산업사회의 종언, 교육수준의 향상에 따른 고급 인력의 양산과 노동시장이 그러한 변화를 수용하지 못하는 한계들이 함께 작용한 것은 분명하다.) 즉 개방으로 인하여 혜택을 입는 계층과 그렇지 못한 계층의 격차도 점차 심각한 사회적 문제로 대두하였다. 그리고 이러한 사회경제적 격차의 심화는 결국 사회적 분열과 대립으로 이어져 마침내 민주주의의 기반을 위협할 수도 있게 되었다. 한편 1980년대 이후 자유주의 세계화를 주도하였던 미국에서도 정부와 주류 지식인들을 중심으로 그 동안의 세계화에 대한 반성이 본격화하고 있다. 또한 2008년 글로벌 위기 이후의 각 국가들의 대응에서 보듯이, 전 세계적인 흐름은 이제 단순한 개방을 통한 세계화가 아니라 각국의 위상과 처지에 따라서 세계화를 비판적으로 또는 자기 주도적으로 재구성해야 한다는 인식이 확산되고 있다.

이러한 지구촌의 흐름을 고려할 때 민주주의와 세계화의 선순환을 위한 한국사회의 과제는 크게 두 가지로 좁혀진다. 첫째, 세계화와 민주주의의 관계에 대한 사상과 이념의 재구성과 재구축이다. 둘째, 그동안의 개방화 세계화정책에 따라서 도입된 탈규제와 개방정책을 어떤 방식으로 재설계할 것인가의 문제이다. 먼저 사상과 이념의 차원에서 보면, 그동안의 세계화와 민주주의의 상호관계에 대한 인식은 단선적 낙관론과 단선적 비판론이 평행선을 그려왔다고 할 수 있다. 결국 선순환을 향한 사상적 조건은 낙관론과 비판론이 모두 한결같이 좀 더 입체적이고 주체적인 관점에서 현실을 비판적으로 수용하는 것이며, 이를 통해서 두 사상의 흐름은 비판적 긴장관계나 생산적 경쟁관계를 형성하는 것이 과제라고 할 수 있다.

우선 단선적 낙관론의 경우, 그동안 이 흐름을 주도해 온 보수-자유주의 지식인과 정책집단의 비판적 성찰이 요구된다. 이들은 1990년대 김영삼 정부의 세계화 이후 한국사회의 세계화 담론을 주도해왔지만, 크게 두 가지의 중대한 이론적, 실천적 도전에 직면하고 있다. 첫째는 위에서 언급한 대로 세계화 개방이 민주주의 기반을 강화했기보다는 중대한 사회경제적 격차를 통해서 민주주의의 기반을 잠식할 위험이 발생하고 있다는 점이다. 둘째는 보수 자유주의 지식인들이 의존해왔던 미국-영국 등의 주류 지식사회에서도 그동안의 단선적 세계화에 반성과 비판이 일어나고 있을 뿐만 아니라, 실제로 이 국가들의 2008년 이후 경제위기에 대처하는 구체적인 방안들 역시 그동안의 자유주의 세계화 정책과는 판이하게 다른 방식에 주로 의존하고 있다.

따라서 그동안의 단선적 세계화론을 중대하게 수정해야만 하는 과제를 안고 있다. 세계화와 민주주의의 상관관계는 단선적 세계화론의 전제보다 훨씬 복잡한 관계와 궤적을 갖는다는 점을 인정해야만 한다. 과거에 사회경제적 근대화와 정치적 민주주의의 관계가 복잡한 상호작용을 거치면서 전개되었듯이, 민주주의와 세계화의 상관관계 역시 역사적 시간과 이를 수용하는 국가들의 성숙단계와 사회문화적 맥락에 따라서 다양한 양상으로 나타날 수 있다. 따라서 단선적 세계화론은 이제 양자의 관계를 복합적이고도 비판적으로 바라보는 시각이 필요하다. 다시 말해 세계화 정책이나 개방정책은 국내차원의 민주주의를 보존하고 지키는 방향으로 재조정되어야만 한다. 즉 세계화와 민주주의가 갈등이나 경합 관계에 놓이게 될 때, 세계화보다는 민주주의를 우선하는 접근이 앞으로의 과제가 될 것이다. 구체적으로 말해 경제, 사회, 무역, 문화 등의 개방화 정책의 효과는 앞으로 국내의 사회통합과 갈등 해소에 어떻게 작용하는가의 관점에서 평가되고 실행될 것이다.

둘째, 그동안의 세계화 개방정책을 전면적으로 비판해온 반세계화 담론 역시 적지 않은 실천적, 이론적 과제에 직면해 있다고 할 수 있다. 무엇보다 반세계화 담론은 이제 기존의 대항 이념으로서의 위치를 넘어서, 새로운 한국사회의 주도이념으로서 현실적 고려를 수용해야 하는 과제를 안고 있다. 김영삼 정부와 김대중 정부를 거치면서 세계화 개방정책이 정부와 정책지식인들의 지배담론으로 유지되면서, 그동안 세계화에 대한 비판적인 반세계화 담론은 주류에 저항하는 대항이념으로서 여러 특성을 유지해왔다. 즉 대항이념으로서의 반세계화론은 정치사회의 현실 속에서 정책의 구체적인 적합성이나 실현가능성보다는 담론의 도덕성에 훨씬 치우치는 특성을 보여 왔다. 1980년대 이후에 본격화된 미국 주도의 세계화 질서에 대한 강렬한 비판과 저항을 담은 담론을 통해서 반세계화론은 한편으로 정부 주도의 세계화 흐름을 비판하고 그에 비판적인 정치세력의 구심적 역할을 적지 않게 해왔다고 할 수 있다. 예를 들어 진보 성향의 노무현 대통령이 추진했던 한미 FTA의 비준이 중대한 정치적 이슈가 되었을 때, 반세계화론 담론과 지지 세력은 이를 세계화 개방과 반세계화론의 중대한 대결 국면으로 인식하고 비준 저지에 많은 노력을 기울였다. 이를 통해서 반세계화 세력이 결집하는 효과는 분명했지만, 이러한 비준 저지가 국내외적으로 갖는 정책 효과에 대해서는 논의가 충분히 진행되지 못했다고 할 수 있다.

종합하면 기존의 단선적이고 낙관적인 세계화론과 기존 대항담론으로서의 반세계화론이 민주주의와 세계화론의 선순환을 이끌기 위해서는 양쪽 담론 모두 근본적 성격변화가 필요하다. 낙관적 세계화론은 기존의 단선적인 인식과 기대를 스스로 비판하고 반성하면서 민주주의와 세계화에 관한 좀 더 복합적인 인식으로 진화되어야 한다. 또한 반세계화론도 기존의 대항 담론으로서의 특성과 함께 담론의 현실적합성을 좀 더 수용하는 방향으로 진화할 때, 한국 민주주의는 세계화에 대해 좀 더 복합적이고 한국적 맥락에 민감한 선순환의 관계를 구성할 수 있다.

V. 결론

지금까지 우리는 민주주의의 신 패러다임을 모색하는 과정에서, 한국적 민주주의의 경로에 입각한 대안모델의 탐색, 민주주의와 성찰적 세계화의 선순환, 민주주의와 분별 있는 대외정책 선순환의 조건과 제약들을 검토해보았다. 이를 요약하면, 첫째는 지금까지 다수제 모델과 합의제 모델 사이에서 뚜렷한 사회적 합의가 우리사회에 형성되어 있지 않다는 점이 강조되어야 한다. 하지만 꾸준하게 다수제 모델로부터 서서히 탈피하는 제도적 변화와 의식적 변화가 진행되었으므로, 향후 대안모델의 미래는 결국 의식과 사상의 변화에서, 새로운 합의를 형성할 수 있는가에 달려 있다. 둘째는 성찰적 세계화와 민주주의 선순환을 위해 우리에게 요구되는 것은 지난 20년 동안 진행된 추종형 세계화에 대한 철저한 검토와 비판적 성찰이다. 이를 통해서 낙관적 세계화론과 반세계화론은 좀 더 이성적이고 현실적인 토대 위에서 성찰적 세계화로의 길을 열 수 있다. 끝으로 분별 있는 대외정책에 대해서 그동안의 민주화에 따른 결정과정의 분권화 등이 적지 않은 제약으로 작용해온 것도 사실이다. 하지만 모든 민주주의 국가들과 마찬가지로 양자 사이의 긍정적인 선순환을 모색하는 것은 매우 어려우면서도 절실한 과제이다. 이를 위해서 우리에게 무엇보다 필요한 것은 제도의 급격한 변경보다도 대외정책을 구상하고 실행하는 데에 있어 양식과 상식이라는 평범한 잣대를 적용해야 한다는 점이다.

3장

민주주의와 대외전략의 정상결합을 향한 시도 : 노무현 정부의 대미외교[1]

이혜정 (중앙대학교)

> "당사자이면서도 북한과 미국이 벌이는 위험한 승부에 대해서 주도적 대응을 할 수 없는 대한민국 정부의 처지에 대해서 다시 한 번 깊은 무력감과 분노를 느꼈다" - 『운명이다』, p. 252.

> "나중에 이 시대가 무슨 시대였는지 규정하게 될 것이다. 내가 이런 이야기를 하기는 좀 그렇지만, 결국 남는 것은 '역사 속에서 이 시대는 어떤 시대였는가'이다" - 『성공과 좌절』, p. 48.

I. 무엇이 문제인가?

노무현 정부의 대미 외교를 어떻게 평가할 것인가? 이념적, 정파적 편견을 벗어난 공정한 평가는 가능할까? 이는 적어도, '바보' 대통령을 기리는 눈물이 뜨거운 한, 또 한편에선 그에 대한 공격의 날이

---

1 이 글은 "(자주의) 운명인가? 노무현 정부의 대미외교"란 제목으로 서울대학교 사회과학연구원 주최의 학술회의 '노무현 정부의 실험, 미완의 개혁 (2011년 5월 20일)'에서 발표된 바 있다.

여전히 시퍼렇게 살아 있는 한, 불가능할 것이다. 그럼, 노무현 정부가 처한 역사적 상황, 그 시대 한국의 대미 외교의 과제와 해법에 대한 객관적인 분석은 가능할까? 북핵문제에 포용이 정답인지 제재가 정답인지 객관적으로 확정할 수는 없겠지만, 또 특정한 시각의 편향을 벗어날 수는 없겠지만, 북핵 위기와 부시 독트린, 국내의 남남 갈등에 동시에 대응해야 했던 노무현 정부의 역사적 운명에 대한 심층적 이해를 도모할 수는 있을 것이다.

이 글은 그런 시도의 일환이며, 정확히 준비 작업이다. 이 글의 직접적인 분석 대상은 노무현 정부의 대미외교에 대한 자체 평가 혹은 '변명'이다. 노무현 대통령의 회고록, 참여정부의 공식 문건들, 그리고 참여관찰자들의 분석에서 나타나는 대미 외교에 대한 평가는 다음 두 가지로 정리된다. 첫째, 미시적 차원, 혹은 하드웨어의 측면에서 기지 이전 등의 한미동맹의 재조정에는 성공적이었고, 둘째, 북핵 문제에 대한 공주, 전략적 유연성 등 거시적 차원 혹은 소프트웨어의 측면에서 한미동맹의 재조정에는 미국과의 갈등이 있었지만, 한계 내에서 최대한 주체적, 능동적으로 대응했다.[2]

이 글은 이러한 평가에 대한 평가 혹은 대화를 통해서, 노무현 정부의 대미 외교(역사적 과제)를 제대로 분석하기 위해서 다루어져야 하

---

2 거시, 미시의 분류는 이수형, "중견국가와 한국의 외교안보정책 : 노무현 정부의 동맹재조정 정책을 중심으로," 『국방연구』 제52권 제1호(2009), p. 3-27 ; 하드, 소프트 웨어 분류는 박선원, "전면적 동맹 재조정을 위한 갈등과 협력 : 노무현-부시 정부 시기," 역사비평 편집위원회(편), 『갈등하는 동맹 : 한미관계 60년』(서울 : 역사비평사, 2010) p. 192-237.

는 질문들, 무엇이 왜 어떻게 문제(Problems)였는지를 이해하고 설명하기 위한 문제들(Questions)을 확정해보려 한다. 물론 이 과정에서 정책적 과제의 정답이 도출된다면 다행이다. 하지만 인간은 무한한 자기기만의 능력을 갖고 있고, 모든 정책결정과정은 필연적으로 관료정치의 갈등을 포함하며, 역사는 우연으로 가득하다. 정책적 과제의 해결을 위한 최소한의 조건들 혹은 그 실패에서 도출할 수 있는, 정파적, 이념적 편향을 넘어서는 교훈을 발견하는 것이 아마 최대한일 것이다.

즉 이 글의 편향은 합리적 정책결정이나 역사의 단선적, 합목적적 진보를 믿지 않는 것이다. 아래에서는 우선 이 글의 한미동맹(비대칭성과 복합성)과 (부시 정부와 이명박 정부와의 관계에서) 노무현 정부의 역사적 상황에 대한 '특정' 시각을 소개하고, 이 틀에서 대미 외교에 대한 노무현 정부 자신의 평가를 분석한다.

Ⅱ. 역사

1. 한미동맹과 한미관계

동맹은 공동 위협에 대응하기 위한 군사적 수단이다. 한미동맹 역시 북한의 위협에 대한 양국의 공동대응을 기반으로 한다. 하지만 한미동맹은 단순한 군사동맹이 아니다. 북한은 군사적으로 주적이지만 같은 민족이고, 미국은 일제로부터 한반도의 해방과 분단을 결정한 주체이며 이후 한국전쟁을 거쳐 현재까지도 휴전체제의 당사자로 남아있다. 한미동맹은 한국이 미국에게 안보는 물론 경제적 생존까지 의존하는 '비정상적인' 상황에서 체결되어, 한국에게 미국과의 동맹은 안보는 물론, 정치와 외교, 경제와 사회, 문화 영역에 이르기까지 지대한 영향을 미치는 것이었다.[3]

그 단적인 예가 한미상호방위조약의 실제 발효에 이르기까지 양국의 갈등이다. 한미상호방위조약은 1953년에 체결되었지만, 이승만 정부의 북진과 반일, 자주적 산업화 목표가 미국 아이젠하워 정부의 한반도의 현상유지와 일본 중심의 동아시아 지역경제 통합 정책과 충돌하면서, 1954년 11월 이승만 정부가 한국군의 작전 지휘권을 유엔사/주한미군 사령관에게 맡기고 미국의 원조정책을 수용하는 합의의사록에 서명한 이후에야 발효되었다. 이 과정에서 미국은 이승만 제거 비밀공작을 고려하였고, 모든 원조의 중단을 위협하였으며, 실제 석유 공급을 중단하기도 하였다.[4]

---

3 Gregg A, Brazinsky, *Nation Building in South Korea : Koreans, Americans, and the Making of a Democracy* (Chapel Hill : University of North Carolina Press, 2007) ; Sang Yoon Ma, "From 'March North to Nation-Building : The Interplay of US Policy and Korean Politics during the Early 1960s," *Korea Journal* 49-2 (Summer 2009), p. 9-36 ; 박명림, "순응과 도전, 적응과 저항 : '미국의 범위'와 한미관계 총설," 『역사비평』 통권 86호 (2009), p. 218-548 ; Maria Hhn, Seungsook Moon and Maria Hohn (eds.), *Over There : Living with the U.S. Military Empire from World War Two to the Present* (Durham : Duke University Press, 2010).

4 이혜정, "한미동맹의 기원의 재조명 : 한미 상호방위조약의 발효는 왜 연기 되

한미동맹은 비대칭적이다. 우선 양국의 국력과 전략적 시공간이 비대칭적이다. 또한 한미관계의 기축으로서 군사동맹이 양국 군부의 긴밀한 제도적 통합을 이루고 있는데 비해서, 정치, 외교 등 여타 분야의 제도화 정도는 상대적으로 느슨하다. 한미동맹의 국력과 전략적 시공간, 그리고 분야별 연계와 제도화의 비대칭성은 역사적 변화를 겪었다.[5]

냉전 시기에 한미동맹은 안보와 주권이 교환되는 전형적인 비대칭 동맹이었고, 양국의 전략적 시공간의 차이로 한국은 북한의 위협에 대한 미국의 안보 공약이 지켜지지 않을 방기를 두려워하고, 미국은 한국에 의해 전쟁에 연루되는 것을 우려하는 동맹의 안보 딜레마가 발생했다.[6] 하지만 한미동맹은 정치, 경제, 사회, 문화 등 다른 분야에서 한미관계를 냉전의 기제 안에 정렬시키는 규율을 발휘했다. 북진과 핵개발 등 군사안보 분야에서 이승만과 박정희의 권위주의 정부가

었는가?" 『한국정치외교사논총』 제26집 1호 (2004), p. 5-35 ; 김일영, "이승만 정부에서의 외교정책과 국내정치 : 북진·반일정책과 국내 정치경제와의 연계성," 『국제정치논총』 제39집 3호 (1999), p. 243-262 ; 김일영, 조성렬, 『주한미군 : 역사, 쟁점, 전망』(서울 : 한울아카데미, 2003).

5 이혜정, "동아시아 외교와 한미관계의 전환," 『동아시아시대 새로운 외교지형의 구축』(2006), p. 97-133.

6 James D. Morrow, "Alliance and Asymmetry," *American Journal of Political Science* 35-4(1991), p. 904-933 ; 장노순, "교환동맹모델의 교환성 : 비대칭 한미안보동맹," 『국제정치논총』, 제36집 1호(1996), p. 79-104 ; 이수형, "동맹의 안보딜레마와 포기-연루의 순환 : 북핵문제를 둘러싼 한미 갈등관계를 중심으로," 『국제정치논총』 제39집 1호(1999), p. 21-38.

미국과 갈등을 빚기는 했지만, 냉전의 규율을 벗어나는 국내 정치의 반미와 통일논의, 그리고 미군의 전쟁범죄나 주한미군 주둔에 따르는 정치적, 사회경제적, 문화적 갈등은 통제되었다.[7] 무엇보다 한국의 경제적 성장은 미국 원조와 시장개방에 힘입는 바 크며, 이는 냉전의 전초기지로서 한국의 전략적 가치에서 연유하는 것이었다.[8]

한국의 경제성장과 민주화, 냉전의 종언으로 기존의 한미동맹과 한미관계의 분야별 연계와 정렬, 동맹의 딜레마는 모두 새로운 도전에 직면했다. 한국이 미국의 원조에서 벗어나 수출 주도형 경제성장을 지속하면서 양국 간 무역마찰이 초래되었다. 즉 안보와 번영의 영역이 각기 독자적인 논리에 의해 운영되기 시작한 것이다. 하지만, 1980년대 초 (전두환-나카소네-레이건의 신냉전 보수연합 체제에서) 한국이 일본의 지원으로 외채위기를 극복한 데서 알 수 있듯이, 냉전이 지속되는 한 한국의 지정학적 위상과 미국진영의 성공모델로서의 의미는 완전히 사라지지 않았다. 냉전의 종언은 이러한 전략적 자산의 소멸을 의미했고, 미국패권의 경제적 특혜도 사라졌다. 그 대표적인 예가 1990년대 후반 동아시아 금융위기에서 미국이 한국에 대한 일본의 지원을 허

---

7 노근리 학살, 대추리, '양공주' 문제 등. Katharine H.S. Moon, *Sex among Allies : Military Prostitutions in U.S.–Korea Relations* (New York : Cambridge University Press, 1997).

8 Bruce Cumings, "The Origins and Development of the Northeast Asian Political Economy : Industrial Sectors, Product Cycles and Political Consequences," *International Organization* 38-1(1984), p. 1-40 ; Jung-En Woo, *Race to the Swift* (New York : Columbia University Press, 1991).

용하지 않으면서 한국 발전국가체제의 해체를 단행한 것이다.

물론 한국의 번영에서 미국의 중요성이 사라진 것은 절대 아니지만, 한미동맹은 더 이상 한국과 미국의 경제적 이익의 합치를 보장하지 못했다. 한편 광주항쟁을 거치면서 한국의 민주화는 반미의 금기를 깨뜨렸고, 미국은 한국의 정치적 정체성의 투쟁에서 여전히 중요하지만, 반공과 국익의 이름으로 신성시되던 한미동맹은 통일과 평화, 생활형 반미 등의 다양한 대안 담론의 도전에 직면했다. 전 지구적인 미국패권의 도래, 중국의 부상, 북한의 경제적 몰락과 핵개발로 한미동맹의 전통적인 연루와 방기의 딜레마도 한층 복잡해졌다. 한국은 전통적인 방기의 위협뿐 아니라 북핵문제에 대한 미국의 군사적인 해법이나 미중의 군사적 충돌에 따른 연루의 위협을 동시에 안게 되었다. 북한의 핵개발은 미국과의 군사적 균형의 함수이자 남북의 국력 차이의 함수이기도 하다. 북한에 대한 한국의 전반적인 국력의 우위는 포용과 제압을 통한 흡수통일의 두 가지 상반된 대북정책의 근원이다. 미국 입장에서는 양자가 모두 한반도의 현상을 변경하는 도전으로, 당장의 북핵 문제를 넘어 미래의 한반도에 대한 영향력을 유지하고 중국의 부상을 견제, 포섭하는 지역 질서를 수립해야 하는 거시적인 과제에 직면하게 되었다.

냉전의 종언으로 한미동맹과 한미관계의 연계에 균열이 생기고, 동맹 재조정의 구조적 압력이 발생한 것이다. 미국은 냉전이 끝나자마자 한국의 역할 증가를 내용으로 하는 한미군사동맹의 재조정을 요구하였고, 이는 국방장관과 합참의장의 연례 안보협의 채널에서 다음과 같은 합의에 이르렀다. 1990년대 초반 한국은 한반도 방위에서 한국의 주도적 역할에 동의했고, 이는 1990년대 후반에는 지역안정에 대한 한미동맹의 기여와 9/11 테러 이후 2002년에는 새로운 안보환경과 군사기술에 부합하는, 군사변환에 따른 동맹 재조정에 대한 합의로 발전하였다. 비록 원칙적, 선언적 차원에서의 합의이지만 문제는 한미동맹의 전통적 명분을 뛰어넘는 지역, 지구적 동맹화에 대한 합의가 국가전략의 전반적 틀에서 조율되고 의회와 시민사회의 민주적 통제를 제대로 받은 것이 아니었다는 점이다.[9] 이러한 합의를 구체적인 계획으로 전환하고 실행하는 과정은 필연적으로 원칙적 합의를 밀어붙이려는 미국과의 갈등은 물론, 한국 정부 내의 전략적, 이념적, 관료적 갈등, 정치권과 시민사회에서의 논란을 수반하였다. 이러한 문제점은 국제환경의 급변과 정치권력의 전환과 맞물릴 때 더욱 증폭되었다. 제2차 북핵 위기와 김대중 정부의 레임덕, 노무현 정부의 극적인 탄생을 가져온 대선이 겹친 2002년 말의 연례 안보회의 합의가 바로 그런 경우였다.

2. 부시와 노무현, 그리고 이명박

노무현 정부는 임기 내내 미국 부시 정부를 상대했고, 2007년 대선에서 이명박 정부에게 권력을 내주었다. 노무현과 부시, 이명박의 인

9 서재정 지음, 이종삼 옮김, 『한미동맹은 영구화하는가 : 군사동맹에서의 군사력, 이해관계 그리고 정체성』, (서울 : 한울, 2009)

생 역정과 정치적 운명은 극적인 대조와 공통점을 동시에 갖고 있다. 본격적인 정치 입문 이전에 이들의 경력을 보면 노무현은 인권변호사 출신의 '민주화 투사', 부시는 대통령을 아버지로 둔 야구 구단주 출신의 '돌아온 탕아', 이명박은 한일회담 반대의 운동권에서 대기업 회장이 된 '샐러리맨의 전설'로서 너무나 상이했다. 이러한 경력은 이들 모두가 직업 정치인의 길을 밟지 않은 비주류 혹은 반정치의 정치인이라는 공통점의 기반이기도 하다.

한국정치사에서 군부권위주의가 정치를 배제한 통치(와 이념의 대립)의 시기였다면, 민주화의 직업적 정치인들인 '정치 9단' 김영삼과 김대중의 집권은 정치(와 통치의 만남)의 시대를 열었고, 3당 합당으로 민주화 운동의 정당성이 완전히 깨졌다고 보는 노무현과 여의도 정치를 혐오하는 이명박의 집권은 정치의 제도화를 배경으로 이념(과 통치의 만남)의 시대를 열었다고 볼 수 있다. 물론 노무현의 이념은 순수한 시민 권력의 지향이고, 이명박은 경제적, 행정적 효율의 이념, '반이념의 이념'이라는 분명한 차이가 있기는 하다. 부시 역시 기독교 우파와 신보수주의가 주도한 1990년대 미국의 문화전쟁을 배경으로 집권한 '돌아온 탕아'라는 점에서 직업적 정치인이라기보다는 이념가에 가깝다고 할 것이다.[10]

---

10 이념, 정치, 통치의 구분은 보수주의 이념에 충실한 후보를 공화당 대통령 후보로 지명하고, 그가 대선에서 승리하고 이후 이념에 따라 통치하게 만들어야 한다는 미국 보수주의 운동가의 주장에서 따온 것이다. 자세한 내용은 이혜정, "미국 공화당의 위기 : 보수의 역사적 정체성과 정치적 과제," 『의정연구』 27권(2009) p. 209-235.

노무현과 부시는 극적으로 대통령에 당선되었다는 공통점도 있다. 2000년 대선에서 부시는 일반 유권자 득표에서는 민주당 후보 고어에게 졌지만 선거인단 득표에서 역사상 유례없는 재검표의 법정논란 끝에 승리했다. 이회창 대세론 속에서 당내 지지 기반도 없이 출발해서 민주당의 대선 후보가 되고, 또 선거 전날 정몽준과의 후보단일화가 깨지는 '소동'을 겪은 노무현의 당선은 더욱 극적이었다. 대선의 승리를 가져다 준 시대적 조류가 급격하게 바뀌는 도전에 직면한 것도 노무현과 부시, (이들에 비해 대선에서 낙승한) 이명박 모두의 정치적 운명이었다.

부시 임기 동안에 미국의 정치사뿐 아니라 세계사의 맥락에서도 분수령이 되는 두 가지 격변이 발생했다. 그것은 2001년의 9/11 테러와 2008년 9월 15일 리먼 브러더스의 파산으로 촉발된 미국 발 세계금융위기였다. 2000년 대선에서 부시는 대외적으로 클린턴 정부의 다자주의 및 군대를 국제적 '사회복지'에 동원하는 국가건설과 인도적 개입을 비판하며 현실주의 복원을 주창했고, 국내에서는 온정적 보수주의의 이념과 감세에 의한 시장경제 활성화 정책을 내걸고 집권했다. 미국 정치학의 (국내정책과 대외정책의) 두 대통령(Two Presidency) 분류로 보면, 부시는 분명 국내정책에 집중한 대통령이었기 때문에 2001년 여름 부시는 집권 1년차 대통령으로서 유례없이 낮은 지지율을 기록하고 있었다.

9/11 테러는 모든 것을 바꾸었다. 부시는 9/11 테러를 미국에 대한, 미국이 대표하는 선과 문명에 대한 전쟁 행위로 규정했다. 그의 지지율은 급등했고, 온정적 보수주의자 부시는 대테러전쟁을 이끄는 대

외정책 대통령이 되었다. 부시의 대테러전쟁은 아프가니스탄의 탈레반 정권을 무너뜨리고, 국제사회의 반대 속에서 2003년 3월 이라크로 향했다. 군사변환의 "충격과 공포"의 군사력은 신속하게 사담 후세인 정권을 무너뜨리고 바그다드를 점령했다. 5월 부시는 이라크에서 군사임무의 종결을 선언했다.

하지만 이라크에서 미국의 승리는 쉽게 달성되지 않았다. 부시 정부의 예상과 달리 사담 후세인정권의 붕괴는 민주주의가 아니라 실패국가의 내전으로 이어졌고, "충격과 공포"의 첨단 무기로는 전후 이라크의 실패국가를 재건할 수 없었다. 2003년 9월 부시 정부는 국내적으로는 의회에 추가예산을 요청하고 국제적으로는 유엔총회에서 국제사회의 지원을 요청하며, 이라크 전후 처리의 도전을 인정할 수밖에 없었다. 이라크에서 부시 정부의 대테러전쟁은 반란진압작전, 군대를 동원한 국가건설 기획으로 변질되었고, '노동집약적' 반란진압작전은 미국의 자원병체제의 한계를 노정시켰다. 신병 모집율은 물론 장교들의 복무율까지 급락하였고, 참전 군인들의 정신적 충격, 자살, 가정폭력 등은 최악을 기록했다. 부시 정부는 신병 모집의 학력, 신체조건, 범죄 기준을 낮추고, 재정적 유인, 더 나아가 시민권의 유인까지 내세워야했다.

이라크의 수렁이 깊어지고 부시 정부의 무능과 부패가 드러나면서, 이후 주택시장의 붕괴가 겹치면서 부시 정부의 국내 지지 기반은 침식되어갔다. 2005년 9월 허리케인 카트리나는 부시 정부의 행정능력, 통치 실패가 확인되고 민심 이반이 가속화되는 분수령이었고, 2006년 중간선거의 패배로 부시 정부의 정치적 생명은 사실상 끝났다. 부시 정부의 시장근본주의의 실패를 증명하며, 공화당의 정권재창출의 가능성을 완전히 봉쇄한 것은 물론 2008년 대선 직전에 터진 9/15 미국 발 세계금융위기였다.

노무현 정부는 부시 정부와 북핵 문제의 해법을 놓고 갈등했고, 이 과정에서 한미동맹이 훼손되었다는 보수의 비판은 이명박 정부의 한미동맹 복원론으로 이어졌다.[11] 노무현과 부시의 운명적 만남은 2002년 여름에 시작되었다. 6월 1일 부시는 미 육사 졸업식에서, 9월의 국가안보전략 보고서에서 부시 독트린으로 명문화되는, 미국 예외주의와 군사적 일방주의를 역설하였다. 부시 독트린의 핵심은 기존의 예방전쟁을 인정하지 않은 국제법을 포함하여, 미국의 주권에 대한 그 어떤 제한도 부정하는 것이다. 미국의 외교적 전통을 따지고 보면, 사실 미국이 주권과 독자적 대외정책의 자유를 주장하지 않은 적은 없지만, 부시 독트린처럼 노골적이고 전면적으로 기존의 국제규범과 제도를 자신의 주권과 안보에 복속시킨 것은 처음이었다. 영국학파는 부시 독트린에 의해서 자신들이 주장해온 국제사회의 존재 자체가 파괴되는 것은 아닌지 의심하기 시작할 정도였다.[12]

2002년 여름 부시 정부가 부시 독트린과 이라크 전쟁을 준비하고 있을 때, 한국은 월드컵에 열광하고 주한미군 훈련 중에 숨진 여중생

---

11 청와대, 『성숙한 세계국가 : 이명박 정부 외교안보의 비전과 전략』(서울 : 청와대, 2009) ; 이수훈, "한미동맹복원론에 대한 비판적 고찰," 『한국과 국제정치』 제24권 4호(2008), p. 1-26.

12 Tim Dunne, "Society and Hierarchy in International Relations," *International Relations* 17-3(2003), p. 303-320

들을 추모하며 연말의 대선을 준비하고 있었다. 월드컵 4강에 환호하는 붉은 악마의 거리응원과 효순이, 미선이를 추모하는 광장의 촛불시위는 반미의 금기에서도 자유로운 젊은 한국, 자긍심 넘치는 대한민국의 탄생을 알렸다. 이 정치적 조류는 반미면 어떠냐며 당당한 외교, '사람 사는 세상'을 외치는 노무현의 정치적 부상을 도왔다. 노무현은 국내 정치경제의 개혁과 김대중 정부의 대북포용정책을 넘어 한반도 평화체제를 축으로 하는 새로운 동북아 질서를 추구했다. 신뢰와 포용의 대북정책으로 수립될 한반도 평화체제는 이를 관장할 한국의 새로운 국방체제, 즉, 자주국방과 한미동맹의 재조정을 요구하였고, 중국의 부상을 전제로 한 동북아 시대 구상은 실용적 균형외교를 필요로 하는 것이었다.[13]

노무현 독트린의 핵심은 자주였고, 부시 독트린도 마찬가지였다. 전자는 북한을 포용의 대상으로, 후자는 "악의 축"으로 규정하고 응징하려 하였다. 2002년 10월 우라늄농축에 의한 핵개발 의혹의 제2차 북핵 위기가 발생했다. 북한판 자주국방이었다. 부시 정부가 제1의 "악의 축"으로 지목한 이라크에 대한 침공을 준비하면서, 한반도는 전쟁위기에 휩싸였다. 부시와 달리, 노무현은 취임하기도 전에, 북핵 문제의 해결을 전제로 하는 한반도 평화체제의 꿈이 스러지는 것을 경험해야 했다. 또한 임기 내내 레임덕이었다는 본인의 회고처럼 노무현 정부의 국내 정치적 지지 기반은 취약했다. 야당이 보낸 거부할 수도

13 박선원(2010) ; 배기찬, "동북아시대구상의 현실과 과제", 『한국과 국제정치』 제24권 제1호(2008), p. 147-179 ; 이수형(2009)

있었던 취임선물인 김대중 정부의 대북 송금 특검을 수용하면서 취임 즉시 민주당 지지층의 이반이 시작되었고 부시 정부가 보낸 "수령을 거절하기 어려운" 취임 선물인 이라크 파병을 수용하면서 진보 세력의 지지까지 철회되기 시작했다.[14] 2004년의 탄핵 정국에서 열린우리당이 제1당이 되면서, 노무현 정부의 정치적 운명이 극적인 반전을 맞이하기도 했지만, 곧 상시적인 레임덕, 정치위기의 '정상상태'가 재연되었다.

2005년 9월은, 앞서 지적한 것처럼, 허리케인 카트리나로 인해 부시 정부의 정치적 몰락이 시작되는 시점이며, 노무현 정부의 상시적인 정치위기가 재연된 시점이고, 또한 9/19 공동성명을 통해서 양자가 북핵 문제의 해결에 합의한 아주 짧은 순간이기도 하다. 부시가 클린턴의 정책을 뒤집고, (이후) 이명박이 노무현의 정책을 뒤집는, 민주적 권력 투쟁의 '정상 상태'를 고려하면, 재무부의 북한에 대한 제재가 없었더라도 동시행동과 보상의 9/19 공동성명이 온전히 이행될 양국 내부의 정치적 동력은 대단히 취약했다. 북한의 반발은 2006년 10월 핵실험으로까지 치달았고, 결국 2007년 2/13 합의로 재무부의 제재가 풀리고 6자회담의 프로세스가 재개되었다. 9/19 공동성명으로 한반도 평화체제의 전망이 밝아지자 노무현 정부는 자주국방을 위한 국방개혁과 전시 작전통제권 환수를 추진하기 시작하였고, 2/13 합의를 배경으로 양국은 2012년 4월에 한국군이 전지 작전통제권을 환수하는

14 유시민, 『운명이다 : 노무현 자서전』, (파주 : 돌베게, 2010), p. 243.

일정에 합의했고 한미 자유무역협정(FTA)에도 서명했으며, 2007년 10월에는 제2차 남북정상회담이 열리기도 했다.

2007년 대선에서는 이명박의 성공시대가 정동영의 행복시대에 압승을 거두었다. 그리고 2000년 클린턴 정부의 임기 말 올브라이트 국무장관의 평양 방문으로 고무되었던 북미 국교정상화의 전망이 부시 정부에 의해 깨어진 전례가 이번에는 한국에서 재연되었다. 인수위에서 통일부의 해체까지 고려할 정도로 노무현 정부의 모든 대북정책을 뒤집고자 했던 이명박 정부는 비핵개방 3000의 강경한 대북정책을 수립했고, 안보와 경제, 사회 문화 등의 모든 분야에서, 그리고 한반도를 벗어나 지역과 지구적 차원에서 미국과 협력하는 한미 전략동맹을 추진했다. 그 대표적인 시도가 한미 FTA를 전략동맹의 기축으로 설정하여 조기 비준을 시도한 것이었다. 양국 모두에서 반발이 뒤따랐다. 국내에서는 이명박 정부가 한미 FTA 조기 비준을 위해 2008년 4월 부시와의 첫 정상회담 직전에 타결한 쇠고기 수입 협상에 대한 반발로 촛불시위가 들불처럼 번졌고, 미국에서는 노동계와 민주당이 한미 FTA에 대한 반대를 천명했다. 임기 내내 레임덕의 위기를 겪은 노무현 정부에 비할 바는 아니지만, 미국산 쇠고기 수입 재개를 반대하는 촛불시위로 이명박 정부의 국내 정치 지지 기반이 급속하게 침식되었다. 국제 환경 역시 급속하게 바뀌었다.

2008년 9/15 세계경제위기로 이명박 정부의 (연 7% 성장, 4만불 소득, 7대 경제대국의) 성공시대의 전제가 사라져버렸다. 또 월가의 부패와 금융 감독의 실패가 드러나면서, 이명박 정부가 한미 전략동맹의 이름으로 노무현 정부로부터 계승했던 한미 FTA의 전제, 즉, 미국의 '선진' 금융과의 경쟁을 통해 중국의 경제적 자기장에 말려들어가지 않은 동북아 경제의 금융 허브가 되겠다는 의지의 근거도 헛된 꿈임이 드러났다. 이명박 정부가 이념적 이유에서 노무현 정부의 대북정책을 뒤집었다면, 오바마 정부는 현실의 압박으로 부시 정부의 경제정책을 뒤집어야만 했다. 9/15를 배경으로 집권한 오바마 정부는 월가에 대한 구제 금융과 개혁, 무엇보다도 경기회복과 일자리 창출의 과제에 직면했다. 경제재건은 미국의 미래와 오바마 정부의 정치적 생명이 달린 절대적 명령이었다.

동맹 복원은 사실 경제난에 발목이 묶여 부시 정부의 일방주의로 인한 리더십의 손상을 물려받은 오바마 정부의 과제였다. 오바마 정부는 새로운 한미 FTA를 원했지만, 이명박 정부의 대북정책을 존중하고 한미동맹 복원 노력 자체를 환영했다. 이명박 정부의 기존 대북정책 뒤집기는 남북관계의 경색과 6자회담의 교착, 실제 북한의 핵능력 강화로 이어졌다. 또한 이명박 정부는 기존 전시 작전통제권 환수 일정의 연기를 원했다. 2010년 뒤집기의 교환이 이루어졌다. 이명박 정부와 오바마 정부는 2010년 3월 천안함 침몰을 배경으로 6월에는 전시 작전통제권 환수 시점을 2012년 4월에서 2015년 12월로 연기하는 데 합의하였고, 12월에는 한미 FTA의 새로운 내용에 합의하였다.

Ⅲ. 과제

1. 평가와 비교

이상의 시각에서, 1)냉전 종언 이후 한미관계의 변화와 그에 따른 한미동맹 재조정의 구조적 압력과 2)9/11 테러, 이라크 전쟁, 9/15 세계금융위기의 역사적 급변을 배경으로 한 부시, 노무현, 이명박, 오바마 정부의 엇갈린 정치적 운명의 시각에서 보면, 대북정책과 한미동맹 재조정의 갈등을 노무현 정부의 책임으로만 돌리는 정파적, 이념적 비판은 근거가 희박하다. 한계 내에서 최대한 주체적 노력을 기울였다는 노무현 정부의 변명이나, "언론과 싸웠기 때문에 공정한 평가를 받지 못하고 공격당한 것"이라는 반박은 상당한 역사적, 현실적 근거를 지닌다.[15]

북한 위협의 억지를 한미동맹의 본질로 본다면, 북한의 2006년 10월 핵 실험은 노무현 정부의 '실패'이다. 하지만 그 책임에서 부시 정부가 자유로운 것은 절대 아니다. 부시 정부는 9/11 테러 이후 대량 살상무기의 확산 방지를 (특히 재앙적 테러의 예방의 맥락에서) 미국 안보

15 "정치는 평가입니다. 참여정부는 제가 언론과 싸웠기 때문에 공정한 평가를 받지 못하고 공격당한 것입니다."－노무현, 『성공과 좌절』, (서울 : 학고재, 2009), p. 253.

의 핵심적 과제로 설정했고, 이를 명분으로 이라크를 침공했으며, 이라크와 함께 "악의 축"으로 규정된 북한의 핵 실험은 이라크 전쟁을 배경으로 한 것이었다. 그리고 2009년 5월 북한의 제2차 핵 실험은 한국의 보수정부와 미국의 민주당 정부 하에서 이루어졌다.

한미동맹의 재조정은 더욱 정파적 편향의 독점물이 아니다. 냉전 종언 이후 한미동맹 재조정을 주도해온 것은 미국이었고, 노무현 정부의 변명이 강조하듯[16], 작전통제권 환수나 용산기지 이전 요청은 노태우 정부에서 제기된 것이었다. 9/11 이후 군사변환과 이라크 전쟁의 인력 수급 문제에 따른 부시 정부의 한미동맹 재조정과 한국군 파병 요구와 주한미군의 이라크 차출은 한국 정부의 이념적 성향과 상관없이 진행되었을 사안들이다. 전시 작전통제권 환수나 한미 FTA 추진에서 관료기구를 확실히 통제, 조율하지 못하고, 충분한 국내 정치적 지지를 확보하지 못한 점은 노무현 정부의 '실패'로 들 수 있다. 하지만 이 또한 노무현 정부만의 '실패'는 아니다.

국가전략 수립과 실행의 '실패'로 말하자면 부시 정부가 단연 독보적이다. 부시 정부의 시장근본주의는 대공황 이래 최악의 경제위기로 이어졌고, 대외정책은 공포 상태인 테러와의 전쟁은 불가능하다거나, 이슬람 근본주의 세력인 알케에다와 사담 후세인의 세속 독재는 극

---

16 "한미관계와 관련한 조중동의 보도는 생트집이 많습니다 ……, 작전통제권 환수나 용산기지 이전은 제가 한다고 하니까 반대하는 것입니다. 실제로 작전통제권을 스스로 행사하는 국가들이 많지 않습니까? 당연한 것인데 생트집을 잡는 것입니다. 작통권 환수, 주한미군 재배치, 용산기지 이전 등은 다 노태우 대통령 시절에 시작한 것 아닙니까?" – 노무현(2009), p. 226.

렬하게 대립하는 관계이며 동맹의 지지는 미국의 대외적 리더십의 근간이라는 '상식'을 모두 무시했다. 그 결과는 미국의 도덕적 리더십 훼손과 동맹과의 갈등이었고, 2008년 대선을 앞두고 새로운 리더십에게 미국의 대외정책 전문가들이 공통적으로 요청했던 것은 외교와 '상식'의 회복이었다.[17]

노무현 정부의 '실패'가 부시 정부와 갈등을 빚은 것이라면, 이는 세계사적 '정상상태'였던 것이다. 영국을 제외하면, 독일과 프랑스는 물론 캐나다까지 미국의 전통적인 유럽 동맹들이 모두 부시 정부의 이라크 침공을 반대했다. 물론 한국적 특수상황이 존재한다. 언론과의 대립은 노무현 개인의 문제라 해도, 앞서 한미동맹의 비대칭성에 대한 역사적 검토에서 강조한 바와 같이 북핵문제와 분단에 따른 한미관계의 특수성이 분명 존재한다. 결국 노무현 정부의 대미 외교에 대한 평가는 한미관계의 특수성, 구체적으로는 미국의 타 동맹국들과 비교의 맥락에서 노무현 정부에게 주어진 제한과 기회의 문제가 된다.

이와 관련해 박선원은 세 가지 점을 지적한다. 첫째, 한미관계는 "정치문화적 특수관계가 아니라 (미국-이스라엘, 미국-영국, 미국-호주가 이에 가깝다), 비용-편익 분석에 따라 움직이는 관계"이다. 둘째, 한미동맹은 양국의 국력이 비대칭적이고 "정전상태에서 유사시 미국의 지원과 도움이 결정적인 조건 아래서 운영되기 때문에, 미국의 존재가치 자체에 짓눌릴 수밖에 없는" 구조적 특징을 지닌다. 셋째, 북핵 문제의

17 대표적으로 Leslie H. Gelb, *Power Rules : How Common Sense Can Rescue American Foreign Policy.* (New York : Harber Perennial, 2009).

해법에 대한 노무현과 부시 정부의 갈등이 "인식의 문제, 이념과 태도의 문제로 치환되고, 정치적 논란"으로 전환되어 노무현 정부의 협상력을 제한했다.[18]

노무현 대통령 역시 대외정책의 수단뿐만 아니라 "가장 민감한 국내정치 쟁점"으로서 한미관계의 성격을 지적하고, "북한에 대한 증오와 대결주의를 조장하는 정치인들과 언론인들"의 정치적 공격, "아무 대책도 없이 정서적 반감과 증오만 생산하는 그 사람들을 상대하는 것이 북한과 미국 행정부를 상대하는 것보다 훨씬 힘들었다"고 회고한다.[19] 하지만 한미관계를 철저히 비용-편익의 관계로 규정하는 박선원과 달리, 노무현 대통령은 한미관계가 정부 간 관계일 뿐 아니라 국민들의 관계이기도 하며, 양국민의 "우호적 상호인식", 구체적으로는 한국을 구해줬다고 생각하는 미 국민들이 "배신감"을 갖지 않도록 하는 것이 중요하다고 지적한다.[20]

이러한 인식의 차이는 역할의 차이, 즉 부수의 '미국 보은론'에 대한 대통령 차원의 적극적이고 정치적인 대응과 미국과의 협상을 조율하는 청와대 실무진 차원의 정책적인 대응의 차이일 수 있다. 그 원인이 무엇이든, 1)동맹의 전략적 계산과 정치적, 이념적, 문화적 요소가 어떻게 상호작용하는지와 2)비대칭적 동맹 구조가 정치적 제약으로 전환되는 회로와 그 구속력은 과연 어떠한지는 한미관계의 특수성을

18 박선원(2010), p. 194, 235.

19 유시민(2010), p. 242, 253.

20 유시민(2010), p. 245.

밝히는데 대단히 중요한 연구 의제라 할 것이다.

'혈맹'으로서 한미동맹의 정체성이나 이명박 정부가 강조하고 있는 민주주의와 시장경제를 공유하는 가치동맹으로서의 정체성은, 한미동맹이 비록 미국이 영국이나 이스라엘과 지니는 역사적, 정치적, 문화적 연대의 수준은 아니라 해도, 일정한 역사적, 정치적 정체성을 지니고 있음(혹은 있는 것으로 구성될 수 있음)을 보여준다. 한편 팔레스타인 문제를 둘러싼 이스라엘과 오바마 정부의 갈등이나, 부시 정부 시절 이스라엘의 유대계 로비가 미국의 국익을 왜곡하고 있다는 현실주의적 비판과 이를 반유대주의로 규정하는 비난이 충돌한 사례는 정체성의 공유와 전략적 갈등이 공존할 수 있음을 의미한다. 이런 틀에서 보면, 한미동맹의 국내 정치적 쟁점화의 문제 역시 객관적인 이익의 층위와 그에 대한 해석의 층위가 동시에 작동하는 것으로 이해할 수 있다. 앞으로 다시 논의하겠지만, 이와 관련해서 중요한 이슈는 한미 양국의 군사적 제도화가 어떤 방식으로 어느 정도 양국 관계에 영향을 미치는가이다. 이러한 문제들에 대한 해명은 한미동맹에 대한 역사적 연구와 더불어 한미동맹의 특성을 미국의 타 동맹들과 비교하는 연구를 필요로 한다.

2. 노무현 독트린

노무현 정부가 설정한 대외정책 목표 자체는 그 성과에 대한 가장 직접적인 평가 기준이 될 것이다. 인수위는 한반도 평화체제 수립이라는 노무현 독트린을 제시했다. 인수위는 북핵 문제가 장애인 것은 인식했지만, 그 해결은 낙관적으로 보았다: "노무현 독트린의 중심은 북핵 문제의 고비를 넘어선 뒤 한반도 평화체제 정착 쪽에 맞춰져 있었다."[21] 노무현 독트린은 이후 평화번영정책으로 명문화되었고, 이를 위한 수단으로 균형적 실용외교, 협력적 자주국방과 신뢰와 포용의 대북정책이 설정되었으며, 그 구체적 과제로는 북핵 해결과 한반도 평화체제 구축, 한미동맹과 자주국방의 병행 발전, 그리고 남북한 공동번영과 동북아 협력 주도가 임기 내에 중점적으로 추진될 예정이었다.[22]

이러한 전략체계의 특징은 한반도 평화체제의 명령에 남북관계와 한미동맹, 국방정책과 대외정책 일반이 수단으로 통합되어 있는 것이다. 이러한 구성은 미국의 존재가 연합사 체계로 제도화되어 있는 것은 물론, (앞서 소개한 노무현 대통령의 인식인) 대외정책과 대북정책, 그리고 국내정치의 중요한 쟁점인 현실과 맞지 않는다. 다시 말해 노무현 독트린은 미국의 존재가 규정하고 있는 현실에서 한반도 평화체제로 나아가는 구체적인 전략을 수립한 것이 아니라, 후자에 복속되는 전자의 모습을 규정한 것이다.

이명박 정부의 오류가 한미동맹과 한미관계가 동일시될 수 없는 현실을 무시하고 한미동맹에 '올인'한 것이라면, 노무현 정부의 오류는 한미관계의 복합성과 중요성을 제대로 인식하고 못하고 한미동맹을

21 박선원(2010), p. 198-201.

22 이수형(2009), p. 12.

평화번영정책의 종속변수로만 설정한 것이다. 이로 인한 국내정치적 논란은 노무현과 이명박 정부가 공유하는 정치적 운명이다. 또한 양자 모두 비록 북핵 문제 해결의 방법에 대해서는 포용과 제재라는 상이한 입장을 취했지만, 북핵 문제의 해결을 전제로 하는 한반도 평화체제나 북한에 대한 개발지원의 비현실적 정책을 수립한 것도 공통적이다.

결국 노무현 정부는 박선원이 평가하듯 "가장 핵심적인 목표였던 한반도 평화체제 구축"을 달성하지 못했다. 또한 한반도 평화체제의 명령과 미국의 세계전략이 충돌한 북핵 문제나 전략적 유연성 등에 대해서는 양국이 완전한 합의에 이르지 못했다.[23] 조금 더 넓게 보면, 노무현 정부의 당당한 외교와 동북아 중심국가 구상이나 이명박 정부의 선진화, 성숙한 세계국가의 비전이나 모두 국제사회에서 한국의 지위에 대한 열망이고, 한국의 존재와 기여에 대한 국제사회의 인정을 대외정책 목표로 설정한 공통점을 지닌다.

이러한 비교에서 도출할 수 있는 이론적 과제는 국제적 지위나 기여, 인정, 또 (부정적인 감정이나 인식으로는) 수치나 굴욕 등이 대외정책에 작용하는 방식과 정도의 이론화이다.[24] 정파를 초월한 정책적 과제 혹

---

23 박선원(2010), p. 235.

24 인정과 지위에 관한 기존 연구로는 Alexander Wendt, "Why a World State is Inevitable," *European Journal of International Relations* 9-4(2003), p. 491-542 ; Deborah Welch Larson and Alexei Shevchenko, Status Seekers : Chinese and Russian Responses to U.S. Primacy, *International Security* 34-4(Spring 2010), p. 63-95.

은 교훈으로는 5년 단임 대통령의 정치적 주기와 장기적인 대외정책 공약의 결합을 어떻게 설명하고 평가할 것이며, 그에 대한 대안은 과연 무엇인가 하는 것이다. 김영삼 정부의 세계화는 임기 말에 '국제통화기금(IMF) 신탁'으로 귀결되었고, 노무현 정부의 평화번영정책은 임기 말에 제2차 남북정상회담으로 이어졌지만, 후임 이명박 정부에 의해 뒤집혔다. 이명박 정부의 선진화, 747 성공시대의 목표는 세계금융위기로, 그리고 비핵개방3000은 남북관계의 경색과 북핵 능력의 강화로 모두 좌절되었다. 대선 공약에 정권의 의지와 시대적 과제가 담긴다는 노무현 대통령의 지적에 귀를 기울이고 지위나 기여에 대한 인정이 대외정책의 변수라는 점을 인정하면, 자주든 선진화든, 세계화든 국제사회에서 한국의 기여와 존재감에 대한 열망이 우리 사회에 존재하고 또 그것이 '표'로 연결되는 것은 분명해 보인다. 문제는 5년 단임의 정치적 주기는 전임자의 유제를 승계하는 정치적 동기보다는 자신이 역사를 만드는 동기를 부여하지만, 자신의 장기적인 국가전략을 제도화하기에는 거의 불가능하다는 것이다. 국제적인 기여나 지위의 열망이 비현실적일 때 문제는 단순히 공약을 지키지 못하는 데서 그치지 않고, 현실을 인식하고 그에 탄력적으로 대응하는 능력을 떨어뜨린다.

3. 동맹의 연계와 진화

노무현 독트린이나 동북아 중심국가 구상의 기초는 변방의 역사로부터 벗어나서 우리 힘으로 우리의 운명을 개척하고자 하는 열망

이다: "정세를 가지고 아무리 계산을 해도 내가 그 정세의 변수가 되지 않으면 모든 것은 끌려만 다니는 것입니다. 우리 자신이 변수가 되는 것, 주변국이 전략을 결정하는 데도 우리가 변수가 될 수 있으면 하는 데까지 밀고 가는 것, 동북아 질서를 결정하는데 어떻게든 벽돌 한 개라도 갖다 놓자는 것"이 노무현 대통령의 신념이었다.[25] 이수형은 이러한 신념이 한편으로는 한미동맹의 현실을 인정하면서도, 다른 한편으로는 한국의 정치적 자율성을 제고하려는 이중적 인식을 형성했으며, 이에 따라 미 2사단 후방 이전, 용산 기지 이전, 방위비 분담, 주한미군 감축 등의 미시적 조정에는 합의했지만, 전략적 유연성이나 북한 급변사태에 대한 개념계획 등 한미 동맹의 새로운 목표와 정체성에 관한 거시적 동맹 재조정에서는 갈등이 발생했고, "포괄적, 역동적, 호혜적 한미동맹"이란 정치적 수사로 그 갈등이 봉합되었다고 평가한다.[26]

이러한 평가에 대한 분석적 과제는 동맹 재조정의 이슈들이 (과연 거시, 미시로 분명히 구분되는지를 포함해서) 어떻게 설정되고, 그 협상 과정에서의 변수들은 무엇이었는지 밝혀내는 것이고, 그 정책적, 정치적 함의는 자율성 추구의 실제 효과와 비용에 관한 것이다.

노무현 대통령 자신의 "성공과 좌절"의 평가는 동맹 재조정에 국

---

25 이수형(2009)에서 재인용. 자세한 내용은 국가안전보장회의 상임위원회, 『육성으로 듣는 노무현대통령의 외교안보구상』(서울 : 청와대 통일외교안보정책실, 2006), p. 33.

26 이수형(2009), p. 22.

한되지 않는 보다 포괄적인 시각을 담고 있는 것으로, 대외정책 이슈들을 1)북핵문제, 남북관계, 동북아평화, 2)이라크 파병과 한미동맹 재조정의 한미관계, 3)한미 FTA로 나누고, 이들 이슈 전반에 걸쳐 평화와 국익의 원칙을 일관성 있게 지켜냈다는 것을 강조한다. 이러한 이슈들의 분류는 이중적이다. 우선 (이수형의 거시 동맹 재조정 이슈들을 규정하는) 노무현 독트린 혹은 한반도 평화체제와 동북아 구상의 이슈들이 한미관계와 대별되고, 한미관계는 다시 안보와 경제로 나뉜 것이다.

노무현 독트린 관련해서는 북핵 문제의 평화적, 외교적 해결 원칙을 일관되게 주장했고, 그에 따른 성과가 9/19 공동성명이라는 평가이다. 노무현 대통령은 임기 내 북핵 해결의 전망에 비관적이었는데, 이라크 전쟁과 미국 정치의 변화로 그 해결의 전기가 마련되었다고 회고한다: "저는 제 임기 동안 북핵문제가 풀리는 상황을 볼 수 없을 것으로 판단하고 있었습니다……이라크 사태도 일찍 끝날 것으로 알았고 공화당의 우세가 계속될 것으로 봤는데 그것이 역전됨으로써 이 문제를 풀 계기가 잡힌 것입니다. 다만 그런 환경이 변화했음에도 우리 한국이 일관된 원칙을 가지고 대응하지 않았다면 틀어졌을 가능성도 있습니다."[27]

북핵 문제는 또한 노무현 독트린이 "친북, 친미 노선"으로 만든 결정적 요인으로 지적되고 있다: "모르는 사람들은 가끔, '왜 당신은 자

27 노무현(2009), p. 211

꾸 친미를 하는가?'하고 묻습니다. 그런데 남북문제나 동북아시아의 문제를 풀기 위해서는 친미도 하고, 친북도 하고, 친중, 친소, 친일도 다 해야 합니다. 고전적 의미의 친일은 아니지만 그렇게 해야 합니다. 특히 지금은 핵심적인 쟁점이 북핵문제이고 이 문제의 핵심 당사자는 북한과 미국입니다….신뢰하는 바탕 위에서 양쪽을 끊임없이 설득해 가야 합니다. 그래서 참여정부의 노선이 친북, 친미 노선이 된 것입니다."[28]

한미관계가 안보와 경제로 나뉘고, 이라크 파병에 대해서는 "역사의 기록에는 잘못된 선택으로 남을 것"이지만 대통령으로서는 불가피한 선택이었다는 '고백'을 하는데 반해, 한미 FTA는 한국경제의 지속적인 성장을 위한 불가피한 도전으로 임기 초에 전반적인 FTA 추진 전략의 일환으로 이미 결정한 것이라고 밝히면서 "공허하게 교조적인 이론에 매몰돼서 흘러간 노래만 계속 부르는" 진보진영의 반대를 강력하게 비판하는 점이 대조적이다.[29] 자주의 열망, 대등한 한미관계의 열망이 한미 FTA에 적용되지 않은 이유는 아마도 두 가지일 것이다. 첫째는 앞서 지적한 냉전 이후 특히 'IMF 위기'와 WTO 체제를 배경으로 한미동맹과 한미 경제관계가 상호 독립적이 된 것이다. 둘째는 동북아 구상의 전제가 중국의 부상, 즉 번영의 차원에서는 미국보다 중국이 자주의 대상이기 때문일 것이다.

이라크 전쟁은 북핵 문제와 한미동맹 재조정이 맞물려 노무현 독

---

28 노무현(2009), p. 220.

29 노무현(2009), p. 223, 234.

트린이 "친북, 친미 노선"으로 진화하는 결정적 고리이다: "취임 직후 부시 대통령이 전화를 걸어 이라크 파병을 요청했다. 미국의 북한 폭격론이 떠돌던 시점이라 딱 잘라 거절할 수가 없었다."[30] 2002년 12월 한미 연례 안보협의회는 미래 한미동맹 정책구상 협의(Future of the ROK-US Alliance Policy Initiative: FOTA)에 합의했고, 2003-4년 한미동맹 재조정은 북핵 문제, 이라크 파병, 주한미군 감축의 이슈가 복잡하게 얽힌 가운데 진행되었다.

노 대통령 취임 직후인 2003년 2월 말 미국은 미 2사단의 후방 이전을 통보했고, 6월에는 주한 미군의 이라크 차출 계획을 통보하고 이에 대한 협의를 요구했으며, 9월에는 여단 규모의 한국군 전투 병력의 이라크 추가 파병을 요청했다. 노무현 정부의 대응은 이라크 파병과 자주국방이었다. 이라크 파병은 미국에게 북핵 문제의 평화적 해결과 주한미군의 감축 (이라크 차출) 일정 조정을 촉구하는 수단의 의미를 지녔고, 자주국방은 미국의 동맹 재조정 요구 대응과 동시에 노무현 독트린의 한반도 평화체제를 위한 준비 성격을 지녔다.

이근욱은 이라크 파병을 노무현 대통령이 북핵 문제 해결을 위해 자신의 이념을 접고 지지층의 이반을 각오하고 내린 결단으로 "파우스트의 거래"에 비유했다.[31] 노무현 대통령의 회고도 이러한 해석을 뒷

30 유시민(2010), p. 243.

31 Gerald Geunwook Lee, "South Korea's Faustian Attitude: The Republic of Korea's Decision to Send Troops to Iraq Revisited," *Cambridge Review of International Affairs* 19-3(2006), p. 481-493.

받침한다. "이라크 파병 문제는 한미관계 전체를 흔드는 군사외교 정책이 쟁점이었고, 나를 대통령으로 만들어 주었던 지지층의 향배가 걸린 민감한 국내정치 쟁점이기도 했다. 부시 대통령과의 관계를 잘 관리하지 못할 경우 북한 핵문제와 남북관계에 큰 악영향을 초래할 위험이 있었다. 결국 파병안을 내기로 했다. 지지층의 소망과 주장을 거역한 데 따른 정치적 손실과 배신자라는 비난을 각오했다."[32]

이라크 파병과 북핵 문제의 평화적 해결을 공식적으로 연계시켰는지, 그런 연계가 바람직한 것이었는지, 시간을 끌고 축소된 규모로 비교적 안전한 지역으로 파병한 것이 실제 미국에게 얼마나 도움이 되었는지, 또 북핵 문제의 평화적 해결과 주한 미군 감축의 순연에 얼마나 효과가 있었는지는 논란의 대상이다. 박선원의 경우에는 2003년 10월의 한미 정상회담에서 부시 대통령이 서면으로 북한에 대한 안전보장을 제공할 용의를 밝힌 것은 이라크 추가 파병의 효과라고 평가한다. 또 2004년 자이툰 부대 파병을 마무리할 무렵 시작된 협상을 통해 주한 미군의 감축 일정을 조정했다고 소개하면서, 이라크 파병이 이 문제에서도 일정한 효과가 있었음을 암시한다.[33] 노무현 대통령의 평가는 모호하고도 흥미롭다: "미국 정부와 부시 대통령은 대단히 고

---

32 유시민(2010), p. 244.

33 박선원(2010), p. 219, 224, 각주 34; 이수혁, 『전환적 사건』, (서울: 중앙북스, 2008); Yoichi Funabashi, *The Peninsular Question: A Chronicle of the Second Korean Nuclear Crisis* (Washington, D.C.: Brookings Institution Press, 2007); 김종대, 『노무현, 시대의 문턱을 넘다: 한미동맹과 전시작전권에서 남북정상회담에 이르기까지』, (서울: 나무와 숲, 2010).

맙다는 인사를 보내왔다. 자이툰 부대의 존재는 그 이후 한미관계와 여러 현안들을 처리할 때마다 미국에 우리의 입장을 이해시키는 데서 중요한 정서적 버팀목이 되었다."[34]

미국의 감사 인사는 외교적 예의에 불과하고, "정서적 버팀목"은 "미국의 존재가치 자체에 짓눌리는" 우리 정책결정자들의 위안이지 이라크 파병의 실제 효과에 대한 증거는 아닐 수 있다. 이라크 전후 처리의 '고난'과 2006년 중간선거에서 공화당의 패배가 한국에게 북핵 문제의 평화적 해결의 기회였다는 노무현 대통령의 (앞서 지적한) 회고 자체는 미국 측 결정에 우리의 영향이 크지 않다는 방증으로 읽힐 수도 있다. 이라크 파병의 실제와 상대적 효과는 (어쩌면 측정 불가능할지도 모르지만) 미국 측 정책결정 과정에 대한 면밀한 분석을 요구한다. 자주국방, 구체적으로는 전시 작전통제권 환수의 효과와 비용에 대한 논란도 마찬가지이다. 이러한 검토에서 핵심적인 과제는 한미 양국 군부의 긴밀한 제도화가 한미동맹, 넓게는 한미관계에서 어떻게 작동하는지, 주한미군이 미국 국방정책에서 차지하는 위상은 무엇인지를 밝히는 것이다.

관료조직은 기본적으로 개혁에 저항한다. 이는 한국의 군부뿐 아니라 미 군부, 주한 미군도 마찬가지이다. 럼스펠드의 군사변환은 기존의 냉전형 군사력 태세의 전면적인 개편인 인력의 감축을 의미하며, 주한 미군은 대표적인 냉전형 조직이다. 이라크 전장의 인력부족으

34 유시민(2010), p. 246.

로 '시민권 장사'에까지 나섰던 상황을 고려하면, 미국이 2004년 협의에서 주한 미군 차출 규모를 축소하고 일정을 연장한 것은 한국의 이라크 추가 파병에 대한 '사례'라고 볼 수 있다. 하지만 이것은 미 군부가 민간 지도부의 군사변환에 맞서서 주한 미군의 존재 이유에 대한, 특히 중국 견제의 수단으로서의 의미를 적극 강조한 결과일 수도 있다. 2006년 미국 중간선거에서 공화당의 패배 이후 럼스펠드가 게이츠로 교체되면서, 국방부의 변환담당 부서(Office of Force Transformation)가 사라진 것은 시사적이다. 게이츠는 현재의 비정규전을 비롯해서 현재와 미래의 다양한 위협에 대비하는 균형전략을 추진했고, 여기에는 중국의 부상에 대한 대비와 전통적인 전쟁수행능력의 유지도 포함되었다.[35] 미국의 독자적인 결정에 의해 주한미군의 감축이 순연되고, 이명박 정부의 한미동맹의 '복원'이 실제는 미국에 의해 주도되었을 수도 있다.

2006년 미국의 중간선거는 부시 정부 2기 한미동맹의 거시적 소프트웨어 재조정의 교착이 타결되는 전환점이기도 했다. 양국의 갈등은 부시의 재선에서 고조되었었다. 대선 직후 노무현 대통령은 북한의 핵개발이 자위권 차원이라는 주장이 "일리 있는 측면이 있다"고 발언했다. 2005년 1월 라이스 국무장관 지명자는 의회 청문회에서 북한을 "폭정의 전초기지"로 규정했고, 부시 대통령은 제2기 취임사에서 폭정의 종식을 미국 대외정책의 궁극적 목표로 설정했다. 2월 북한은 핵보

---

35 Department of Defense, *National Defense Strategy*(Washington D.C. : Department of Defense, 2008).

유 선언으로 맞섰고, 미국은 안보정책구상(SPI)에서 전략적 유연성 협의를 제의했으며, 노무현 정부의 국가안보보장회의(NSC)는 북한 급변사태에 대한 개념계획 5029를 작전계획으로 격상시키는 양국 군부의 준비 작업을 중단시켰고, 노무현 대통령은 동북아 균형자론을 발표하였다. 박선원에 따르면, 동북아 균형자론에 대해서는 미국의 "백악관, 국무부, 국방부 모두 부정적"이었고, 개념계획 5029의 작전계획 승격 중단에 대해 "설득은 되지 않았다." 전략적 유연성에 대한 서로의 타협, 한국은 미국의 전략적 유연성의 필요를 인정하고 "미국은 한국인의 의지와 관계없이 한국이 동북아 지역 분쟁에 개입되는 일이 없어야 한다는 한국의 입장을 존중한다"는 타협도 2007년 1월에야 이루어졌다. 2월에는 2/13합의로 9/19 공동성명 프로세스로의 복귀가 이루어졌고, 같은 달 한미 국방장관은 전시 작전통제권 전환 시기를 2012년 4월로 확정하였다.[36]

IV. 무엇을 할 것인가?

평가는 기준의 문제다. 노무현 정부의 핵심적인 대외정책 목표는 한반도 평화체제의 수립이었다. 이 기준에서 노무현 정부의 대외정책,

36 박선원(2010), p. 226, 228.

특히 북핵 문제와 한미동맹의 재조정을 놓고 갈등했던 미국에 대한 외교는 실패다. 하지만 노무현 대통령의 지적처럼, 평가의 궁극적 기준은 시대의 역사적 상황인데, 노무현 정부가 처한 국내외의 역사적 상황과 시대적 과제에 대한 기준은 명확하게 마련되지 않았다.

냉전의 종언으로 한미동맹과 한미관계의 정렬은 깨어졌다. 그 균열은 한미동맹 재조정의 구조적 압력으로 작동했지만, 동맹의 새로운 '정상상태'를 만들어내지는 못해서 동맹 재조정 과정에서 국내와 양국 간 갈등을 배태하고 있었다. 노무현 독트린은 이러한 시대의 산물이었다. 노무현 독트린은 부시 독트린과 충돌했다. 세계사적 관점에서 보면 부시 독트린과의 갈등은 '정상상태'이지만, 부시 정부와의 관계에서 노무현 정부에게 주어졌던 구체적인 제약과 기회에 대한 세계사적 비교의 기준은 나와 있지 않다. 한미동맹의 특수성에 대한 비교의 기준이 없는 것이다. 전시 작전통제권 환수 일정이나 한미 FTA의 내용이 양국의 정치적 조류에 따라 변해온 것은 분명 한미동맹이 정치를 벗어난 성역이 아님을 웅변하지만, 한미동맹 진화의 구체적인 경로와 변수는 밝혀져 있지 않다. 미국 측의 정책결정과정에서 한국의 저항이나 기여가 얼마나 어떤 경로로 영향을 미쳤는지도 분석되어 있지 않다.

노무현 정부의 실험, 미완의 개혁을 제대로 평가하기 위해서는 이러한 미완의 기준들을 먼저 마련해야 한다. 노무현 정부의 대미 외교에서 도출할 수 있는 '보편적' 교훈 혹은 '상식'은 5년 단임의 대통령이 비현실적이고 장기적인 국가전략을, 그것도 상시적인 레임덕 상황에서 추진하기는 대단히 어렵다는 것이다. 이 '교훈'은 현 이명박 정부에게도 그대로 적용되는 것으로, 이 문제의 해결은 결국 한국 민주주의가 대외전략을 추진하는 바람직한 '정상상태'에 대한 합의에 달려 있다고 할 것이다.

참고문헌

국가안전보장회의 상임위원회. 2006. 『육성으로 듣는 노무현대통령의 외교안보구상』. 서울 : 청와대 통일외교안보정책실.

김일영. 1999. "이승만 정부에서의 외교정책과 국내정치 : 북진·반일정책과 국내 정치경제와의 연계성." 『국제정치논총』 제39집 3호.

______, 조성렬. 2003. 『주한미군 : 역사, 쟁점, 전망』. 서울 : 한울아카데미.

김종대. 2010. 『노무현, 시대의 문턱을 넘다 : 한미동맹과 전시작전권에서 남북정상회담에 이르기까지』. 서울 : 나무와 숲.

노무현. 2009. 『성공과 좌절』 서울 : 학고재.

박명림. 2009. "순응과 도전, 적응과 저항 : '미국의 범위'와 한미관계 총설." 『역사비평』 통권 86호.

박선원. 2010. "전면적 동맹 재조정을 위한 갈등과 협력 : 노무현—부시 정부 시기." 역사비평 편집위원회(편). 『갈등하는 동맹 : 한미관계 60년』 서울 : 역사비평사.

배기찬. 2008. "동북아시대구상의 현실과 과제." 『한국과 국제정치』 제24권 제1호.

서재정 지음. 이종삼 옮김. 2009. 『한미동맹은 영구화하는가 : 군사동맹에서의 군사력, 이해관계 그리고 정체성』. 서울 : 한울.

유시민. 2010. 『운명이다 : 노무현 자서전』 파주 : 돌베게.

이수혁. 2008. 『전환적 사건』, 서울 : 중앙북스.

이수형. 1999. "동맹의 안보딜레마와 포기-연루의 순환 : 북핵문제를 둘러싼 한미 갈등관계를 중심으로." 『국제정치논총』 제39집 1호.

______. 2009. "중견국가와 한국의 외교안보정책 : 노무현 정부의 동맹재조정 정책을 중심으로." 『국방연구』 제52권 제1호.

이수훈. 2008. "한미동맹복원론에 대한 비판적 고찰." 『한국과 국제정치』 제24권 4호.

이혜정. 2004. "한미동맹의 기원의 재조명 : 한미 상호방위조약의 발효는 왜 연기 되었는가?" 『한국정치외교사논총』 제26집 1호.

_____. 2006. "동아시아 외교와 한미관계의 전환."『동아시아시대 새로운 외교지형의 구축』.

_____. 2009. "미국 공화당의 위기 : 보수의 역사적 정체성과 정치적 과제." 『의정연구』 27권.

장노순. 1996. "교환동맹모델의 교환성 : 비대칭 한미안보동맹." 『국제정치논총』 제36집 1호.

청와대. 2009. 『성숙한 세계국가 : 이명박 정부 외교안보의 비전과 전략』. 서울 : 청와대.

Brazinsky, Gregg A. 2007. *Nation Building in South Korea : Koreans, Americans, and the Making of a Democracy.* Chapel Hill : University of North Carolina Press.

Cumings, Bruce. 1984. "The Origins and Development of the Northeast Asian Political Economy : Industrial Sectors, Product Cycles and Political Consequences." *International Organization* 38-1.

Department of Defense. 2008. *National Defense Strategy.* Washington, D.C. : Department of Defense.

Dunne, Tim. 2003. "Society and Hierarchy in International Relations." *International Relaitons* 17-3.

Funabashi, Yoichi. 2007. *The Peninsular Question : A Chronicle of the Second Korean Nuclear Crisis.* Washington, D.C. : Brookings Institution Press.

Gelb, Leslie. 2009. *Power Rules : How Common Sense Can Rescue American Foreign Policy.* New York : Harber Perennial.

Hhn, Maria, Moon, Seungsook and Hohn, Maria (eds.), 2010. *Over There : Living with the U.S. Military Empire from World War Two to the Present.* Durham : Duke University Press.

Larson, Deborah Welch and Shevchenko, Alexei. 2010. Status Seekers : Chinese and Russian Responses to U.S. Primacy. *International Security* 34-4 Spring.

Lee, Gerald Geunwook. 2006. "South Korea's Faustian Attitude : The Republic of Korea's Decision to Send Troops to Iraq Revisited." *Cambridge Review of International Affairs* 19-3.

Ma, Sang Yoon. 2009. "From 'March North to Nation-Building : The Interplay of US Policy and Korean Politics during the Early 1960s." *Korea Journal* 49-2 Summer.

Moon, Katharine H.S. 1997. *Sex among Allies : Military Prostitutions in U.S. – Korea Relations.* New York : Cambridge University Press.

Morrow, James D. 1991. "Alliance and Asymmetry." *American Journal of Political Science* 35-4.

Wendt, Alexander. 2003. "Why a World State is Inevitable." *European Journal of International Relations* 9-4.

Woo, Jung-En. 1991. *Race to the Swift.* New York : Columbia University Press.

4장

탈냉전적 분단의 극복을 위하여 : 한반도 평화체제와 한미관계

박인휘 (이화여자대학교)

I. 머리말

한반도 평화체제는 행위자의 범위, 모멘텀의 확보, 행위자 간 관계 설정, 로드맵 수립 및 과정의 관리, 제도화 수준 등의 관점에서 매우 복잡한 사안이다(신욱희 2012, 35-36). 평화체제 논의의 내용과 결과는 남북한 당사자를 포함한 동북아 지역, 그리고 세계적 수준에서의 물질적 및 관념적 구조와 상호의존적 관계를 가지는 까닭에 논의의 정당성과 추진 동력의 확보가 더욱 어려운 것으로 판단된다. 한반도 평화체제를 논의한 기존의 연구들을 살펴보면, 비록 과학적으로 엄밀한 표현은 아니지만 '남북관계 및 북미관계의 정상화 방안'의 모색으로 압축된다(신욱희 2012 ; 김근식 2011 ; 장달중 이정철 임수호 2011 ; 서보혁 2010 ; 임수호 2009).[1] 연구자의 관점과 입장에 따라 평화체제를 남북관계 중심으로 접근하느냐, 혹은 북미관계 중심적으로 접근하느냐의 문제는 있을 수 있지만, 기본적으로 한반도 평화를 구축하기 위한 남-북-미 사이의 상호의존적 관계를 지향해야 한다는 문제의식에는 공감하는 것으로 판단된다.

주지하는바 북한 문제는 동북아 안보 복합성(security complex)이 안고 있는 '근대-탈근대 문제의 공존'이라는 차원에서, 평화체제의 결과로서 얻을 수 있는 평화의 실천은 한반도적 차원을 넘어서는 지역적 혹은 글로벌 수준의 함의를 가진다. 특히 과거 김대중 정부와 노무현 정부의 10년 동안 '리버럴' 세력이 전개한 대북정책, 그리고 그것의 반작용으로 등장한 보수정권의 대북정책 모두 북한사회의 의미 있는 변화를 유도하지 못하였다는 차원에서 북한문제에 대한 보다 근본적인 접근법이 요구되는 시점이다. 이러한 배경에서 한반도 평화체제 구상과 관련하여 한국과 미국이 한반도 평화체제와 관련하여 어떠한 비전과 실천의지를 공유하는가 하는 문제는 매우 중요한 과제가 아닐 수 없다.

미국의 아시아중시정책(혹은 아시아로의 회귀), 중국의 부상, '사상강

1 물론 학자들의 관점에 따라 한반도 평화체제의 핵심 목표와 내용을 조금씩 다르게 설명하는 특징이 발견되고 있다. 대표적으로 남-북-미 관계의 상호의존성 및 개선과 같이 행위자 중심으로 접근하는 시각이 있고, 또한 정전체제 종식 및 군사적 대결 청산과 같이 내용 중심적인 접근이 있을 수 있다.

국'과 '군사강국'을 이룩한 북한이 마지막으로 달성해야 할 경제강국, 그리고 미중관계의 중요성 증대에 따른 한국의 전략적 자율성 축소 등의 요소가 서로 상호작용하여 한반도평화체제에 대한 논의의 모멘텀이 형성될 수만 있다면, 2013년 이후 새로운 정부에서는 한반도 평화를 위한 의미 있는 외교적 성과를 기대해 볼 수도 있을 것이다. 현 시점에서 한반도 및 동북아 안보는 한마디로 새로운 구조적 변화를 맞이하고 있다. 문제는 결국 북미간 협상 동력을 어떻게 살릴 수 있을 것인지, 그 과정에서 발생할 위기상황들을 관리할 능력이 있는지, 이와 병행하여 한반도 평화체제에 대한 큰 그림을 그리고 있는지, 그리고 '평화체제'라는 거시적인 목표의 실천과 관련한 주요 쟁점들에 대한 전략을 준비하고 있는지 등의 문제들이 가까운 미래의 핵심 현안으로 다가오고 있다.[2]

보다 구체적으로는 1) 한반도 평화체제의 본질은 무엇이고 어떻게 규정되는지, 2) '핵' 문제와 관련해 '평화체제'를 '결과론'으로 이해해야 하는지 '수단론'으로 이해해야 하는지, 3) 평화체제 참가 당사자들의 범위를 누가 어떻게 정해야 하는지, 4) 군축문제 등 군사안보적으로 민감한 현안들을 평화체제 논의 과정에서 어떻게 접목시킬 것인지 등을 둘러싼 사안들에서는 아직 국민적 합의가 없는 상태이다(이상

2 특히 박근혜 정부는 대북정책의 핵심 내용으로 "한반도 신뢰프로세스"를 내세우고 있는데, 이는 남북관계 개선과 한반도 평화의 핵심 전제조건으로 신뢰구축을 강조하고 있는 것으로 이해된다. 그렇다면 외교적 신뢰형성을 전제로 한 북미 및 남북간 평화협정 논의는 어떤 형태로든 박근혜 정부의 신뢰프로세스와 본질적인 내용의 차원에서 맞닿아 있다는 점을 지적할 수 있다.

현 2007 ; 이종석 2008 ; 전재성 2006). 이와 관련해서 우리에게 가장 중요한 사실은 한반도 평화체제의 실현은 '남북한 관계'와 '한미 관계'의 상호 의존성 속에서만 이뤄질 수 있다는 전략적 사고가 필요하다는 점이다. 한국과 북한에 각각의 정부가 들어선 이후 한반도 냉전 구조의 성립, 발전, 심화의 과정에는 '북한변수'와 '미국변수'라는 두 가지 외교안보축이 핵심적으로 작동하였던 것처럼, 한반도 냉전 구조의 청산과 평화정착의 과정에서도 '북한변수'와 '미국변수'가 핵심적인 역할을 담당할 것이기 때문이다.

이상과 같은 문제의식에서 본 논문의 목적은 한반도 평화체제 수립의 진정한 출발이라는 차원에서 한미관계의 향후 비전과 과제를 논하는 데에 있다. 구체적으로 1) 기존 평화체제 논의의 문제점 및 평화체제 논의와 북핵문제를 어떻게 연결시킬 것인지, 2) 미국은 동아시아와 한반도에서 무엇을 원하는지, 3) 오바마 행정부 2기 이후 북미관계 변화의 전망은 어떠한지, 4) 향후 평화체제 논의 과정에서 한미동맹이 해결해야 할 대표적인 과제는 무엇인지 등을 살펴보고자 한다.

II. 기존 평화체제 논의와 북핵문제

1. 기존 평화체제 논의 분석

지금까지의 한반도 평화체제 논의를 살펴보면 대체로 세 가지 시기에 걸쳐 진행된 특징이 발견된다. 첫 번째 시기는 한국전쟁 직후 전쟁의 최종적인 평화적 해결을 위해 1954년 4월 26일부터 6월 15일까지 진행된 '제네바 정치회담'을 들 수 있는데, 당시 유엔군 및 북한을 중심으로 한 당사자들의 정치선전이 주된 목적이었다고 볼 수 있다. 핵심 의제는 외국군 철수와 한반도문제의 평화적인 해결을 모색하는 것이었는데, 외국군 철수의 시기 및 우선순위와 남북한 총선거의 방법을 둘러싼 정치적 논쟁이 이어졌다(장달중 · 이정철 · 임수호 2011, 228-30). 동 회담은 결국 정전 상태의 공고화를 통해 평화로의 점진적인 발전을 추구한다는 소극적인 차원에서의 평화체제 합의를 도출하는데 그쳐야했다. 이런 관점에서 당시 진행된 제네바 정치회담은 어떤 의미에서 평화체제 논의를 위한 시작이었기 보다는 한국전쟁의 종전 과정의 마무리라는 해석이 가능할 것이다.

한반도 평화체제 논의의 두 번째 단계는 1972년 1월 10일 김일성의 요미우리 신문 인터뷰에서 비롯되었다는 분석이 가능하다(신욱희 2012, 37-40 ; 장달중 · 이정철 · 임수호 2011, 242-52). 기존 연구자들이 지적하고 있듯이 평화체제 논의 1단계 이후 평화체제와 관련한 북한의 주장이 반복적으로 제기되었지만, 그러한 주장이 종전협정을 대체할 새로운 평화의 구축이라는 의미는 아니었고, 대신 정전상태에 대한 안정적인 관리의 의미를 가진다고 볼 수 있었다. 1972년 이전 북한의 평화체제 주장은 상대방에 무력을 행사하지 않겠다는 약속을 의미하였고, 따라서 지금의 평화체제 논의가 의미하는 종전협정의 대체라는 차원까지 이르지 못하였다. 이러한 배경에서 요미우리 신문 인터뷰에서 김일성이 주장한 "정전협정을 대체할 남북 평화협정을 체결하자"

는 주장은 현재적 의미의 평화체제와 맞닿아 있는 평화체제 논의의 새로운 국면으로의 진입을 의미하고 있다.[3] 북한은 1974년 3월 최고인민회의 제 5기 3차 회의에서 미국에게 평화협정 체결을 제안하게 되고, 한반도 문제의 해결을 위한 북미관계의 중요성을 전면에 부각시키고자 노력하게 된다. 한국 정부는 북미접촉을 강조하는 북한의 주장에 대해 부정적인 입장을 취하면서, 한국문제의 당사자주의를 강조하고 남북관계 개선을 위한 북한의 보다 성의 있는 태도변화를 촉구하게 된다.

1972년 요미우리 신문 및 1974년 최고인민회의 제안과 일정한 연관성을 가지면서 1979년 미국은 북한에게 남북미 3자회담을 제안한 바 있다. 카터 행정부의 포괄적인 대한반도 정책과 조화를 이루면서, 당시 미국의 주한미군 지상군 철군 계획과 연계되어 있었고 또한 북한의 군사력 증대를 억지하는 하나의 방편으로 3자회담을 제안하게 된 것이다(신욱희 2012, 40-42). 당시 박정희 대통령이 남북한 및 남북미 고위회담에 대해서 얼마나 진정한 관심을 가지고 있었는지, 카터 행정부는 3자회담 제안에 대한 북한의 향후 반응에 대해서 얼마만큼 진지하게 고민하였는지 등과 관련해 정확한 판단은 불가능하다. 왜냐하면 지금도 우리 정부는 유사한 오류를 범하고 있지만, 미국의 대한반도 정책이 동북아 지역정책 및 글로벌 안보정책과 어떻게 결합하고 있는지에 대한 한국의 전략적 판단이 부족하고, 미국 역시 북미관계 개

3 신욱희 논문에서 재인용 참고, 신욱희, "북미관계와 한반도 평화체제 : 역사적 고찰," 『한국정치외교사논총』 33권 2호, pp. 38-9.

선에 진지한 관심을 가지고 있다고 판단할 근거가 부족한 상황에서, 3자회담 역시 일정한 수준에서 외교적 레토릭의 성격을 가질 수밖에 없었기 때문이다.

1980년말 이후 탈냉전적 전환기를 경험하면서 한반도 평화체제 관련 논의는 새로운 단계에 접어들게 된다.[4] 북방정책에 대해서는 기본적으로 다양한 평가가 있을 수 있지만, 우리 정부가 당시 세계적이고 역사적인 차원에서 진행된 냉전 종식의 외교안보환경을 한반도적 차원에서 활용해 보고자 한 의도 자체는 충분히 인정되어야 할 것이다(전재성 2012). 북방정책 추진과 유사한 시기인 1988년 북경에서 북미간 실무회담이 열리고, 북방정책은 남북한이 각기 국제사회와 교차승인하는 과정으로 추진될 것으로 예상된 바 있다. 하지만 결과적으로 북한의 핵전략과 북한의 대미 및 대일관계 개선의 부재로 인해 한반도 평화체제 구축의 실질적인 결실로 이어지지는 못했다. 그럼에도 불구하고 탈냉전적 전환이라는 외교안보환경은 남북한 모두에게 냉전 종식이라는 역사적 사건이 한반도적 차원에서도 연계성을 가져야 한다는 매우 근본적인 문제의식을 제기하였고, 한반도에서의 평화구축을 위해 구체적이고 실질적인 노력을 추진하게끔 만들었던 사실은 큰 의미를 가진다. 이런 이유에서 탈냉전 이후의 한반도 평화체제 논의는

---

4 1980년대 이후의 평화체제 논의가 보다 다양한 국제행위자의 참여 및 동북아와 글로벌 사이의 지역적 상호작용 등에 대한 고려를 포함하고 있다는 차원에서, 탈냉전 전환기 이후의 평화체제 논의는 이전의 논의와 비교하여 더욱 중층적이고 복합적인 논의 구조를 가지는 특징을 보이게 된다.

이전에 경험한 한국전쟁 직후 및 데탕트 시기인 1970년대의 평화체제 논의와는 근본적인 차이점을 가진다고 말 할 수 있다.

소위 1차 북핵 위기로 알려진 1993년 초 북한의 NPT 탈퇴 선언 이후 북미간에는 '제네바합의'라는 외교적 성과를 거두게 된다. 제네바합의의 핵심 사항은 대북 에너지지원과 북미관계 개선이라고 볼 수 있는데, 군비축소 및 장거리미사일개발 등의 과제들이 해결되면 미국과 북한 사이에 고위급 외교관계의 개선이 가능할 수 있다는 합의가 도출되었다. 이어서 1999년 미국의 페리 대북정책조정관이 작성한 페리보고서에 의하면 미국의 대북제제와 북한의 장거리미사일을 협상조건으로 교환하면서, 이른바 '페리프로세스'를 통한 북미관계의 새로운 전기를 마련하게 된다. 이후 2차 북핵 위기가 발생한 후 2005년 9.19 선언과 2007년 2.13 합의를 통해 한반도평화체제의 중요성에 대한 인식을 더욱 분명하게 공유하면서, 미국과 북한 양국은 북미관계의 개선이 한반도평화체제 확보를 위한 핵심적인 이슈임을 확인하게 된다.

지금까지의 논의에서 보았듯이 평화체제 논의는 냉전 시기와 탈냉전 시기로 구분해서 이해할 필요가 있는데, 전자의 경우 평화체제 논의가 상대적으로 정전체제의 안정적인 관리라는 관점에서 다뤄진 경향이 있다면, 후자의 경우 남북한 및 미국이 한반도 안보불안의 근원적인 해결책으로 한반도 평화체제 구축의 필요성에 대해서 공감하고 있다고 볼 수 있다. 그런데 현 시점에서 남북관계 및 북미관계의 발전에 가장 큰 걸림돌이 되는 사안은 바로 '북핵문제'이기 때문에, 또한 북한이 사상 강국과 핵을 통한 군사 강국을 핵심 국가정체성으로 설정하고 있는 마당에, 평화체제 논의의 가장 중요한 문제점은 북핵문제와 한반도평화체제의 결합을 어떻게 효율적이고 전략적으로 추진하느냐에 있다고 해도 과언은 아닐 것이다.

2. 북핵문제 : 의도와 동북아적 함의

북핵문제가 한반도 평화체제 논의 추진의 가장 큰 걸림돌이라는 지적에 동의한다면, 또한 북한이 2012년 4월 자국의 헌법에 핵보유를 명문화함으로써 핵포기의 실현 가능성이 더욱 요원해졌다는 점에 동의한다면, 북한이 핵전략을 통해 얻고자 하는 북한 차원의 국가이익에 대해서 분석해 볼 필요가 있다. 소위 북핵 1차 위기로 알려진 1992~3년을 기준으로 보자면 2013년은 북핵문제가 발생한지 20년이 된 시점이다. 지난 20년간 북한이 지속적으로 추구한 핵개발전략으로 인해 북한의 경제 상황이 개선되거나 혹은 국제사회로부터 주권과 안보를 확약받지 못했음에도 불구하고 최근까지 핵개발을 포기하지 않고 있다. 북한은 핵전략을 통해 어떠한 북한식 국가이익을 확보한 것일까? 심각한 경제위기와 대외관계의 총체적인 실패에도 불구하고 핵에 집착하는 이유는 무엇일까? 이것은 한 마디로 북한이 규정하고 있는 핵무기의 안보적 기능이 국제사회와 차별적이기 때문이다. 한 마디로 얘기하자면, '집권세력의 안보(leadership security)'가 언제나 북한의 '국가안보(national security)' 보다 상위의 가치로 다뤄지기 때문이다(박인휘 2007, 230-32).

북한이 보이는 핵에 대한 집착은 2011년 말 김정일의 사망 이후에도 아무런 변화를 보이지 않고 있다. 즉, 기존 최고통치자가 사라지고 세습통치가 이어지면서 '북한식 안보정체성'의 변화를 모색할 기회를 상실한 것이다. 따라서 북핵 개발이 과거 김정일의 집권 시기에는 물론, 대를 이은 김정은을 중심으로 한 집권세력의 안전을 확보해 주는 가장 효과적인 수단이라고 믿고 있으며, 김정일 및 김정은으로 대표되는 집권세력의 안보는 북한이라는 포괄적인 사회의 국가안보와 직결된다고 믿고 있다. 이러한 시각은 국가안보가 사회 구성원들의 합의를 전제로 하고 있으며, 대다수 사회구성원들을 위한 국가이익으로 간주하고 있는 국제사회의 보편적인 이해 방식과는 사뭇 대조적이다 (Weaver 1995).

하지만 북한은 시기적으로 핵외교 20년을 경험하면서 핵전략을 통해 확보할 수 있는 북한 집권세력의 안보이익과 북한의 포괄적인 국가이익 사이의 균형에 대해서 지속적으로 고민한 것으로 판단된다. 한 마디로 핵개발을 통한 생존의 보장이 다른 어떤 이익보다도 우선시 한다고 생각한다면, 핵개발 중단 및 포기를 전제로 한 한반도 평화체제의 추진은 더욱 지난한 일이 아닐 수 없을 것이다.

그렇다면 2013년 이후 소위 '동북아 외교 빅뱅의 시대'를 맞이하여 현재의 국면을 북한의 외교적 목표를 관철시키기에 유리한 모멘텀이라고 판단할 수 있을까? 돌이켜 보면 과거 부시행정부의 '공세적' 대북 관여(engagement) 전략과 현 오바마 행정부의 '전략적 인내(strategic patience)' 모두 성공적이지 못하였다. 기본적으로 미국의 대북정책이 효과를 거두기 위해서는 한국을 포함한 주변국들의 협조가 필수적이었지만 미국은 지난 2000년 정상회담 이후 생겨난 남북한 간 상대에 대한 심리적 위협의식의 감소, 전통적인 후견인 국가로서 북한 정권의 생존에 대한 최소한의 책임의식을 가지고 있는 중국의 지원 등에 대한 전략적 판단이 부족했던 것이다. 즉 중국의 후견 국가적 역할과 북한의 지속적인 내구력의 향상 등의 요인들이 미국과 국제사회의 제재의 실효성을 상당 부분 상쇄시키는 역할을 수행한 것이다. 이러한 상황에서 미국과 북한의 근본적인 시각차를 전제로, 어느 일방의 주장이 외교적인 승리를 거두기는 현실적으로 매우 어려웠다.

이와 함께 북한의 핵개발전략은 동북아라는 매우 구체적으로 설정된 지역적 범위를 전제로 추진되는 경향을 보인다. 따라서 북핵 문제가 가지는 동북아적 함의에 대해서도 다시 한 번 검토해 볼 필요가 있다. 기본적으로 한반도 평화체제는 남북관계의 개선과 북미 및 북일관계의 개선이라는 두 가지 차원의 외교정상화가 등가성을 가지고 추진되어야 하기 때문에 동북아지역안보의 핵심 현안이라는 정체성을 가진다. 보다 구체적으로 동북아 지역안보의 핵심 사안들인 G2 시대 미중 간 세력관계의 재설정, 중-일 간 새로운 경쟁구도, 지역안보 다자기구 출범을 위한 다양한 모색 등의 이슈들은 한결같이 북핵문제와 깊이 연관되어 있다. 다시 말해 한반도 평화체제는 동북아지역안보의 안정적이고 평화로운 관리를 위한 핵심적인 전제조건이라는 의미를 가지고 있는 것이다. 미국과 중국이 북핵 문제에 대한 지역적 차원의 공동 해결 필요성을 보다 구체적으로 인식하게 되고 이러한 인식이 제도적인 차원에서 구현된다면, 북핵문제의 해결은 좀 더 구체적인 로드맵을 가질 수 있을 것이다. 이런 관점에서 북핵문제의 해결과 필연적으로 맞닿아 있는 한반도 평화체제 구축은 한반도는 물론 동북아 지역의 안보의 근본적인 변화를 야기할 수 있는 사안이라는 점을 다시 한 번 강조하고 싶다.

3. 미국의 한반도적 이익

앞서 살펴본 바와 같이 핵문제 해결 및 이와 연동된 한반도 평화체제의 확보는 북미관계 개선을 핵심 내용으로 설정하고 있으며, 북미관계의 개선 가능성은 결국 미국이 한반도 및 동북아로부터 추구하는 국가이익이 무엇인가에 대한 문제로 집약된다. 앞서 언급한 바와 같이 탈냉전 이후 지난 20년 동안 계속되어온 북핵문제는 결과적으로 탈냉전적 분단구조의 핵심요인이 되었다. 그런데 흥미로운 점은 국제사회에서 통칭되는 일반적인 불량국가(rogue regime)들과는 달리, 북한과 미국은 1994년 제네바합의, 2005년 9/19선언, 2007년 2.13 합의 등 지금까지 수차례에 걸쳐 평화적 외교관계에 합의했지만, 공교롭게도 그러한 합의가 영구적인 평화정착으로 이어지지 못하고 있다. 결국 남북미로 이어지는 삼자 관계의 비정상을 근본적으로 해결하지 않고서는 북핵문제가 해결되지 않음은 물론 한반도 안보불안 역시 근본적으로 해소되지 않음은 자명한 이치이다(박인휘 2007, 240−45).

그렇다면 핵을 보유한 북한을 놓고서 미국이 한반도에서 추구하고 있는 근본적인 이익은 무엇일까? 이러한 이익은 한반도평화체제와 상충될 것인가? 평화체제 논의와 관련한 대부분의 핵심 쟁점들은 미국의 대동북아 및 대한반도 전략과 상호의존적이다. 따라서 미국이 한반도 문제 및 동북아 지역에서 가지는 미국의 국가이익을 이해하는 것은 성공적인 평화체제 논의를 위해서 매우 중요한 전제조건이 아닐 수 없다. 기본적으로 미국에게 있어 한반도 문제는 동북아 안보 구조의 하위단위로서의 성격을 갖는다. 미국이 상정하고 있는 동북아 안보 구조는 미국의 압도적인 군사적 우위를 전제로 하고 있다. 현실적으로는 미일동맹과 한미동맹이 동북아 안보구조를 지탱하는 핵심축이고 동북아 안보유지를 위협하는 위협요인들에 대처하는 대응전략 역시 이 두 동맹축의 적극적인 활용을 전제로 구체화되는 것이다.[5]

또한 이 지역 국가들 간 암묵적인 동의 중 하나는 중국의 근대화가 성공하고 이를 발판으로 한 정치적 헤게모니 프로젝트가 진행된다면 이 두 동맹축이 여기에 대한 미국 중심적 방위구조에 구체적으로 편입될 것이라는 전제가 또한 깔려있다. 동북아 지역에서 작용하는 미국의 군사적 역할과 패권적 지위에 관련한 한국 정부의 승인 역시 이러한 범주 하에서 이뤄지고 있으며, 결과적으로 미국의 북한 "핵외교"에 대한 대응전략 및 향후 예상되는 한반도 평화체제 과정 역시 동북아 전체의 '안보복합구조'의 대응이라는 차원에서 이뤄질 것이다.

그렇다면 한반도와 관련한 미국의 국가이익은 매우 자명하다. 한

---

5 한반도를 포함하여 보다 포괄적인 차원에서 미국의 동아시아적 이익에 대한 논의와 관련해서는 참고, 박인휘, "미국의 동아시아 vs. 동아시아의 미국," 손열 엮음, 『매력으로 엮는 동아시아 : 지역성의 창조와 서울컨센서스』(서울 : 지식마당, 2007).

반도에 남한 중심의 자유민주주와 시장경제를 적극적으로 실현하고자 하는 정체성의 통일정부를 수립하고, 주한미군이 비록 규모의 축소와 군사적 성격의 전환을 경험하더라도 통일 이후에도 주둔하여 동북아 전초기지에 미국의 국가이익이 지속되도록 노력하는 것이다. 또한 동아시아에 가장 성공한 민주주의를 경험하고 있는 대한민국을 군사안보뿐만 아니라 경제, 사회, 문화적 지역 파트너로 머물게 하여 미국이 추구하는 동아시아적 이익과 글로벌 이익에 도움이 되는 외교협력자로 삼는 것이다. 미국은 철저하게 이러한 맥락에서 북핵문제를 바라보고 한반도 평화체제 문제를 접근할 것이다. 오바마 행정부 1기 동안 4년에 걸친 매우 공고한 수준의 한미동맹은 이러한 미국의 대한반도 이해관계가 우리의 외교안보적 이익과 적극적으로 결합한 결과로 해석된다.

한미동맹은 대내외적으로 제기되는 다양한 문제점에도 불구하고 우리의 경제성장과 이를 바탕으로 한 민주주의 발전의 중요한 초석이었음을 부인할 수는 없다. 전략동맹, 복합동맹, 그리고 최근에는 한미 FTA의 실현을 통해 한미관계의 평면적 확산을 넘어서 입체적 강화로까지 이어지고 있다는 평가가 내려지고 있다. 물론 양국 사이에 새로운 동맹이득 창출을 위한 외교적 과제가 남아 있는 것은 사실이다. 특히 한반도의 안보환경이란 매우 복합적이어서 동아시아가 지닌 전근대(동북공정, 독도문제 등), 근대(지역안보부재, 한미동맹 등), 탈근대(대량살상무기-북핵, 환경, 인간안보 등)의 문제를 한미가 함께 풀어야 할 과제를 안고 있다. 그럼에도 이명박 정부 동안 북한문제에 대해서 한국 정부가 확보한 정책적 자율성은 중요한 의미가 있으며, 또한 조금 다른 차원으로 2015년 전작권 전환은 한미 간 미래 동맹이득을 건설적으로 발굴해가는 의미 있는 단초로 여겨진다. 이러한 배경에서 한반도 평화체제 논의 과정에서의 한미동맹의 가치 공유 및 실천적 협력은 한국과 미국 두 국가의 미래 국가이익은 물론 동북아 및 세계 평화의 관점에서도 매우 중요한 함의를 가진다고 볼 수 있는 것이다.

III. 미국의 대북정책 변화 가능성

1. 북한문제의 새로운 국면

지난 2006년을 전후로 평화체제를 둘러싼 논쟁적인 논의를 경험한 바 있고, 향후 김정은의 권력승계가 일정 수준에서 진행되면 한반도의 근본적인 평화나 국내정치적 논리로 인해 어떤 형태로든 평화체제 논의가 본격적으로 시작될 것으로 전망된다. 과거 2006년 APEC 정상회담에 참여한 부시 대통령이 '한국전의 종전선언' 가능성에 대해서 언급하면서부터 노무현 정부 시절 소위 1차 평화체제 논의를 경험한 바 있다. 그런데 당시 미국 발(發) 평화체제 논의의 근본적인 배경은 미국의 전략적 초점이 한반도 문제에 맞춰져 있기 보다는 오히려 다른 몇 가지 설명변수에 의해 설명되어야 하는 측면이 있었다. 이라크 문제의 어려움, 중동-동북아 간 외교성과 교환, 2006년 중간선거 패배, 졸릭 부장관, 젤리코자문관, 힐 차관보 등으로 대표되는 국무부 관료들의 의지와 능력, 라이스 국무장관의 정치력 등의 복합적인 요인들이 작용했었던 것으로 판단된다(김현 2008). 하지만 향후 전개될 소위 '2차 평화체제 논의'는 한국, 미국, 중국 모두 외교적인 협상을 통한 북한문제의 진지한 해결에 공감하고 있다는 판단이 가능하다. 미국의 이러한 대북 정책 변화는 무엇보다도 중국을 포함한 동북아 국가들이 어떠한 형태의 동북아 안보파괴도 받아들일 수 없다는 공감대가 형성되어 있다는 미국 나름의 판단이 작용한 것으로 풀이된다.

북한의 핵개발 의도가 정확하게 무엇이었는지는 알 수 없으나 북한의 핵전략이 가지는 미국적 함의는 절대적인 것으로 보인다. 북한은 지난 20년간 거듭 핵관련 기술 및 물자의 한반도 밖으로의 유출을 절대 반대한다는 입장을 밝혀왔다. 또한 논리적 모순이 있음에도 불구하고 2012년 4월 30일 북한 헌법의 서문에 언급하기 이전까지, 한반도 비핵화는 김일성의 유훈임을 거듭 강조한 바 있다. 따라서 북한은 동북아에서 '제한된' 전략적 의미만을 가지는 핵보유국 지위를 시도하고 있음을 알 수 있다. 즉 미국의 글로벌 안보이익을 해치지 않을테니 동북아에서의 제한된 의미의 핵무기를 상징하는 북한의 핵을 '일정 기간' 용인해 달라는 요구였던 것이다.

북한의 외교안보적 목표는 핵외교를 활용해 기본적으로 탈냉전기 안보환경 속에서 북한의 생존을 어떻게 보장하느냐의 문제와 관련되어 있는 것으로 이해된다. 그러한 목표는 크게 두 단계의 단계적 전략으로 구성되어 있다. 핵실험으로 마무리된 것처럼 보이는 탈냉전기 북한외교 1단계의 목표는 한반도 안보불안의 정체성을 북미 간 대결구도로 특화시키고, 북한의 '핵포기'가 미국(혹은 국제사회)의 북한 끌어

안기의 핵심적인 전제조건으로 판단하게 만드는 것이다. 2013년 현재의 시점에서 보자면 북한의 그러한 목표는 어느 정도 달성되었고, 이제 탈냉전기 북한 외교 2단계 국면에 접어들고 있는 것으로 판단된다. 그것은 '핵포기' 과정을 최대한 여러 단계 국면으로(복잡한 검증단계, 장기간의 사찰, 미국과의 다양한 협상 과정, 장거리미사일 문제의 분리 등) 분절시키고, 핵포기를 통해 '평화협정' '북미간 외교 정상화' '국제사회의 지원' '남한 중심의 한반도 통일 지연' 등의 국가목표를 성취하고자 노력할 것으로 예상된다.

미국의 입장에서 이해하자면 이러한 북한의 전략적 요구는 결국 '동북아 평화비용' 개념으로 해석된다. 동북아가 가지는 세계안보 및 경제에서의 중요성을 존중하겠으니 그러한 경제적 역동성이 지속되기 위해서는 북한 체제의 유지를 위한 일종의 '평화비용'을 주변국가에서 -특히 미국- 지불하라는 주장인 것이다. 그리고 궁극적으로는 미국과 일본이 북한을 국제사회의 정상 국가로 인정함으로써 근본적인 체제위협을 제거해 달라는 것이다. 즉, 북한의 생존전략은 '동북아평화의 전제조건'과 맞닿아 있다는 셈인데, 다시 말해 동북아의 안정적인 성장과 평화를 위해서는 국제사회가 북한문제에 대한 공동의 책임을 지라는 논리로 판단된다. 글로벌 안보질서는 물론 특히 동북아 안보질서가 미국과 중국 간 대결양상으로 전개되면서, 북한의 이러한 주장은 더욱 외교적 실효성을 얻고 있다.

북한의 이러한 주장은 기본적으로 한국, 일본 등 동맹국의 동의 없이 미국이 군사력을 동원한 대북 제재를 감행하기에는 불가능하다는 전략적 판단이 깔려 있는 것으로 판단된다. 최소한의 생존력 확보와 중국의 지속적인 지원만 보장된다면, 북한이 핵무기 보유 의지가 외부 요인에 의해서 포기될 수 없다는 강력한 입장을 견지하고 있는 것이다. 결과적으로 어떤 형태로든 북한 스스로에 의한 체제 변화 노력 없이 어떻게 핵무기 문제를 해결할 것인가는 한국과 미국의 전략적 고민으로 고스란히 넘어오게 된다. 모든 동북아 행위자가 '안정적인 동북아 관리'를 희망한다는 사실과 북핵 문제의 평화로운 해결이라는 거시적인 가이드라인을 지키고자 하는 미국의 정책 기조는 북핵문제 20년을 계기로 북한문제에 대한 새로운 접근을 요구하고 있는 것이다.

2. 2013년 이후 오바마 행정부 대북정책

북핵문제 20년을 계기로 한 북한문제의 새로운 접근은 공교롭게도 오바마 행정부 2기의 출범과 궤를 같이 하고 있는 관계로, 2013년 이후 향후 미국의 대북한 정책 변화 가능성에 대해서 잠시 살펴보기로 한다. 지난 4년간 북미관계는 기본적으로 매우 침체된 측면이 있는데, 주지하는바 6자회담이 한 번도 개최되지 못했고 우여곡절 끝에 추진된 '2.23 합의' 역시 동력을 받지 못하면서 북미 간 관계개선으로 이어지지 못하였다. 오바마의 외교정책에서 북미관계의 상대적 저발전은 여러 이유가 있을 수 있지만, 대체로 테러와의 전쟁을 마무리 지어야 하는 오바마 외교정책의 종합적 특징과 정책적 우선순위를 고려할 때, 북한문제는 상대적으로 비중이 적게 다뤄졌을 가능성이 많다. 또한 오마바 정부 1기 4년 동안 유지되었던 한미관계의 특징을 고려하면, 이명박 정부가 추진한 대북정책의 기조를 일정 부분 존중한 측면이 있고, 여러 가지 전략적 고려에서 남북관계와 동떨어진 차별적인 북미관계를 추진하는 것은 오바마 행정부에게 적잖은 부담으로 작용했을 가능성이 있다.

2013년 이후 미국의 대북정책은 미국이 추구하는 포괄적 세계 안보정책 기조에 종속적일 수밖에 없다. 다시 말해 미국의 대외전략은 언제나 세계안보 전체의 안정성이라는 문제와 특정 지역의 안정성이라는 문제 사이의 상호작용을 강조하는 특징을 보였다. 국제정치는 예기치 못한 특정 사건이 선행하고, 이와 관련된 정책적 준비가 후행하는 사례가 종종 있으므로, 현재 미국 정책당국에서 북한 문제가 최우선 순위로 다뤄지지 않고 있다는 점은 언제든지 변경될 수 있다고 본다. 또한 설사 향후 북미 간 대화의 모멘텀이 형성된다 해도 한반도 문제와 관련하여 동맹파트너인 한국, 그리고 북한 문제의 핵심 관여자인 중국과의 '외교안보적 이익의 공유'를 동시에 강조할 것으로 보인다. 공고하게 자리잡은 미국의 동맹파트너인 한국은 미국의 차기 정부에서도 중요한 외교적 자산이 아닐 수 없고, 전 세계 지역별 주요 동맹국들의 지지와 협조가 반드시 필요한 상황에서 북한 문제에 대한 한국의 발언권은 조금씩 증대하게 될 것이다. 한 마디로 차기 미국 정부는 한국과 중국의 협조 하에 북미관계 개선을 위해 노력할 것으로 전망된다.

과거의 경험과 전략적인 고려사항 등을 함께 고려해 보면, 2013년 이후 오바마 행정부의 대북정책은 당분간의 대북제제를 위한 국제공조체제를 유지한 후, 다자적 대화창구와 양자적 대화창구를 함께 모색할 것으로 예상된다. 장기적으로 미국은 한미공조의 틀을 깨지 않으면서 또한 중국을 적극적으로 끌어들여 '다자주의'와 '양자주의'를 적극적으로 결합시키고자 할 것으로 예상된다. 북한 핵이 가지는 이슈의 특수성과 관련 주변국가의 한반도적 이해관계를 고려하면, 다자주의적 대화창구의 유지는 필수적인 사항이며, 동시에 한반도 평화 관련 논의의 실질적인 주체는 북한과 미국일 수 있다는 차원에서 양자적 대화창구 역시 필수적일 것으로 보인다. 이론적인 관점에서 설명하면, 제도적 완결성을 축적하기 시작한 6자회담의 형식을 존중하고 내용 측면에서는 북미간 양자 접촉이 실현되는 것인데, 이러한 전략은 동아시아 지역주의의 출현이 미국의 동아시아적 국가이익에 위배되지 않는다는 입장과 일견 조응하는 것으로 이해된다. 기본적으로 '외교'는 항상 '구조적 상황'과 '이슈의 특수성'이 어떻게 결합하느냐에 따라 결과의 가변성을 예측하기 어려운 속성을 가진다. 따라서 2013년 미국 행정부가 직면한 '구조적 상황'과 '북핵문제'로 대표되는 한반도 문제의 '이슈의 특수성'이 어떤 형태로 결합할 것인지, 그리고 그러한 결합이 미국 행정부로 하여금 어떠한 대북정책으로 이어지게 만들 것인지 일정 수준의 예측 불가능성이 항상 존재한다는 점을 명심해야 할 것이다.

IV. 한반도 평화체제와 한미협력 : 주요 과제

지금까지 본 논문은 한반도 평화체제 논의와 관련해 북핵문제의 중요성, 2013년 이후 평화체제 논의의 부상 가능성, 미국 오바마 행정부 2기의 대북정책 전환 가능성 등을 살펴보았다. 기본적으로 한반도 평화체제와 관련해 다양한 수준과 내용을 중심으로 논의가 전개될 수 있다. 논의를 가로지르는 핵심 내용은 '북핵'-'한미동맹' - '평화체제' 이 세 가지 대상의 상호작용 방식이다. '평화체제' 논의를 전략적으로 활용해 '북핵' 문제를 해결하는 것이 '한미동맹'의 미래를 자연스럽게 재정립할 것이라는 대북온건주의자들의 견해와 한미동맹을 전략적 활용의 기반으로 북핵 문제를 해결하고 이것을 전제로 평화체제를 이룩하자는 보수주의자들의 견해에는 나름대로 상당한 거리가 있어 보인다. 다만 현실적으로 3차 북핵 실험 이후 북한을 상대로 비핵화를 우선적으로 요구하는 것이 무의해졌다는 인식이 확산되었다. 결과적으로 북핵문제의 해결을 선결 과제로 요구했던 일부 보수주의자들의 입장이 다소 완화되는 현상이 발생할 것으로 기대된다. 특히 오바마 정부 1기 후반부에 잠시 나타났던 미국의 대북 협상 의지가 어떤 형태로든 2013년 이후 다시 등장할 것이라는 전망과 함께, 김정일 사망을 계기로 북핵문제 해결과 평화체제 논의가 일정 수준에서 병행되어야 한다는 생각이 확산되고 있다. 이러한 관점에서 한반도 평화체제는 기본적으로 두 가지 사안을 핵심 내용으로 한다. 하나는 남북한 간의 대결구도를 청산하고 한반도 통일정부 수립이라는 거시적인 목표를 위해 군사적 신뢰구축, 사회문화 교류 활성화, 경제통합 등의 과제들을 이뤄나가는 것이다. 또 다른 하나의 축은 이와 함께 북한에게 국제적인 수준에서 정상국가로서의 지위를 부여하고, 나아가 미국, 일본으로 대표되는 국제사회와 정상적인 외교관계를 수립하게 만드는 것이다. 물론 이러한 과제들과 함께 동북아안보 다자주의 등의 실천이 가시화될 수 있다. 이 과정에서 우리는 '북한 핵 완전폐기(핵시설 폐기, 핵물질 폐기, 핵무기 폐기)' '6자회담 상시화' '한국전 종전선언' '남북한 평화협정' '군사분쟁지역 해결' '국가보안법' '북미 및 북일 수교 협상' 등의 오랜 과제들을 하나씩 해결해야 할 것이다(김근식 2011, 203-32 ; 장달중·이정철·임수호 2011, 7장 ; 임동원·백낙청 2010, 219-45 ; 한반도포럼 2012). 그렇다면 우리의 국가이익을 전제로 한 진정한 의미의 한반도 평화체제 수립을 위해서 한미 양국이 논의하고 협력해야 할 주요 과제는 무엇인가? '전략적' 입장과 '주요 현안'을 구분하여 제시해 보도록 하겠다.

1. 한-미-일 간 평화적 협상의 연대

우선 가장 중요한 사실은 한국과 미국 및 일본 내부에 존재하는 협상파들의 연대와 모멘텀 유지가 필요하다는 점이다. 온건주의자들의 경우 북핵의 주된 목적은 서방 세계와의 외교적 협상력을 제고하는 데 있다고 믿으며 어떠한 상황에도 북핵 문제는 평화로운 외교수단을 통해서 해결되어야 함은 물론 이를 위해 보다 폭넓은 외교수단과 대북 접근방식이 채택되어야 한다는 데 동의한다. 이러한 생각은 과거 부시 행정부 초기의 일방주의적 접근이 가지고 있는 문제점을 부각시키는 판단의 근거였다. 한, 미, 일 협상파들의 대북접근에서 특히 의미 있는 점은 현 북핵문제의 해결이 북한사회가 국제사회의 책임 있는 구성원으로 안착할 수 있는가를 가늠하는 중요한 사안이며, 대화와 협상을 통한 평화로운 북핵 문제 해결은 결과적으로 북한정권이 국제사회의 기준과 규범들을 따르게 만드는데 결정적인 도움이 된다는 것이다.

다시 말해 보수주의자들의 주장이 받아들여져 무력사용 가능성을 포함한 대북 강경 외교정책이 채택된다면 결국 북한 정권이 가지고 있는 일탈성과 비합법성을 치유하는 데에 아무런 도움이 되지 못한다는 점을 강조하고 있는 것이다. 이들 국제 온건주의자들은 서울-워싱턴-도쿄로 이어지는 소위 "온건주의 연합" 필요성을 강조한다. 온건주의자들의 유대는 논리적으로 한, 미, 일 삼국 간에는 북핵문제의 평화로운 해결과 한반도 평화 정착과 관련해 개별적이고 구체적인 국가이익이 공존하고 있다는 주장과 동시에 이념적으로 북한정권의 정상화 과정 및 남북한 정상화 단계는 일련의 평화적 단계를 거쳐야 한다는 주장에서 비롯되고 있다.[6]

---

6 참고로 과거 매우 오랜 기간 동안 한국과 국제사회는 북핵문제가 우리의 정책적 노력 여부에 따라 해결될 수 있을 것이라는 상대적 '낙관론'과 외부 세계의 노력과는 무관하게 북핵은 지속될 것이라는 상대적인 '비관론' 사이에서 정책적 논쟁을 경험한 바 있다.

이런 배경에서 평화로운 대북 협상과정과 평화체제 논의에서 미국 주도의 국제 온건주의자들이 대북 협상과정에서 대화와 평화로운 외교수단을 지속적으로 개발하고 현실화할 수 있는 온건주의적 모멘텀을 지속할 수 있느냐가 향후 매우 중요한 과제라고 생각한다. 다시 말해 국제공조체제를 구조적으로 정착시키고 한미일 내 온건주의자들 간의 논리적 및 정서적 유대감을 장기적으로 유지하는 것이 중요하다. 물론 외교정책 결정과정에서 일정한 수준의 강경-온건 대결 및 공존은 불가피하므로 미국의 대북 협상과정에서도 대화와 강압의 외교정책은 혼재할 수 있다. 또한 이들 국제적 수준의 온건파들 간에 정책적 및 이념적으로 완전한 동질성을 발견한다는 것도 불가능한 일이다. 다만 북핵 문제 해결을 위한 해법 모색과 관련한 한반도 평화체제 논의 과정에서, 직접적인 해결책은 평화로운 수단이어야 궁극적으로 북한 사회를 국제사회에 정상적으로 연착륙시킬 수 있다는 논리의 정당성을 놓치지 말자는 것이다. 일단 북한 정권이 국제사회와의 대화창구에 참여하게 된다면 그러한 모멘텀을 유지하고 지속적으로 재생산하는 일이 중요하다.

한-미-일을 핵심으로 한 국제 온건주의 연합은 지금까지 북한이 핵무기 개발의 논리적 정당성을 대외에 널리 알리는 데 노력하면서도 동시에 자국이 원하는 조건이 충족된다면 북핵 프로그램을 포기할 수도 있다는 가능성을 항상 열어놓고 있다는 점에 주목해야 한다고 강조한다. 지금까지의 미국의 딜레마는 현실적으로 북한이 요구하는 바를 전적으로 수용할 수도 없으면서, 동시에 대북 강압정책이 결과적으로 북미관계의 악화는 물론 동북아 안보위기만을 초래하였다는 사실에 있다. 한미일 삼국 내 협상파들 간 온건주의 연합은 우선 북한 정권에게 이들이 주도하는 대북 협상은 북한 정권에게 그나마 유리한 안보환경을 제공할 것이라는 믿음을 줘야할 것이고, 미국 행정부에게는 현실적으로 대북 강압정책이 실효성이 없음을 환기시키면서 북한이 국제사회와의 대화채널을 열어두고 협상 테이블에 참여한다는 자체가 갖는 상징적인 의미를 지속적으로 강조해야 할 것이다.

2. 남-북-미 간 신뢰구축

한반도 평화체제의 핵심은 '종전선언과 한반도 대결구도의 청산'에 있다고 본다. 이러한 목표는 '한국-북한-미국'으로 이어지는 3자간 '상호신뢰'를 가능케 하고, 이는 한반도 평화 프로세스를 가속화하는 가장 중요한 전제조건이다. 따라서 향후 오랫동안 진행될 수 있는 한반도 평화 프로세스는 '남-북,' '한-미,' 그리고 '북-미' 간의 상호신뢰를 바탕으로 한 안정적인 외교관계를 전제로 한다. 한미 양국은 한미동맹의 동맹이득을 새롭게 규정하여 남북미 간 신뢰관계 형성에 노력해야 할 것이다.

북한으로의 다가감은 미국으로부터의 멀어짐이고 북한으로부터의 멀어짐은 미국으로의 다가감이라는 이분법적 사고는 한반도 평화를 위한 전략적 사고의 근본적인 한계를 드러낼 뿐이다. 우리의 외교안보 정책이 추구하는 가장 중요한 목표는 남-북-미 간 신뢰구축을 통한 한반도 평화통일을 추진하는 것이다. 아직까지 우리 국민들의 상당

수는 한미관계와 남북한 관계를 상호 '상쇄적' 요소로 파악하는 경향이 강하다. 즉 남북한 관계 진전을 위해서는 한미외교 관계의 일정한 손실이 불가피하고 동시에 한미관계의 강화를 위해서는 남북한 관계의 일정한 손실이 불가피한 것으로 인식하는 것이다. 대북 및 대미 관계에 있어서 이러한 이분법적 사고는 한반도 통일 및 이를 위한 외교안보적 환경 조성이라는 차원에서 매우 바람직하지 못하다. 결국 남-북-미 로 이어지는 삼자 간 상호신뢰 구축을 이뤄낼 수 없다면 한반도 통일은 달성할 수 없다. 따라서 '남북관계 vs. 한미관계'의 대립구도를 청산하고 한반도 문제의 '한반도화'와 '국제화'를 동시에 확보할 수 있는 한반도 평화프로세스 추진을 핵심적인 외교안보 목표로 설정해야 할 것이다.

3. 6자회담의 재개 및 제도적 완결성 제고

언제부터인가 미국 정책결정자들 사이에서 현실적으로 6자회담은 '다자주의'와 '양자주의'를 효과적으로 결합시키는 동북아 특유의 안보논의 기구라는 인식이 자리잡고 있다. 즉 6자회담은 다자간 미팅과 북미 사이의 양자 간 미팅의 성격을 겸하고 있다는 전략적 이해가 자리잡고 있는 것이다. 비록 2008년 이후 지난 4년간 6자회담이 한 차례도 열리지 못했지만, 북한에게 국제사회적 책임감을 요구하고 핵문제 처리와 관련한 책임과 비용을 미국이 고스란히 떠안지 않겠다던 6자회담의 취지는 현재까지 이어오고 있다. 북핵 문제의 과제를 넘어 한반도 평화체제 논의의 실질적인 추진을 위해서는 6자회담이라는 제도적 창구가 병행해서 작동하여야 한다. 예를 들어 평화체제의 국제적 보장의 문제, 참가자 선정 논의 문제, 혹은 세부 사안의 우선순위 문제 등의 논의와 관련하여 6자회담은 나름대로 매우 의미 있는 창구가 될 수 있을 것으로 전망한다.[7]

특히 과거 2000년 클린턴 행정부 시절 북미관계 개선 가능성이 점쳐지다가 역시 클린턴 대통령의 임기 말이라는 특수한 환경과 당시 북한 정권의 과다한 '몸값 부풀리기' 협상전략으로 인해 북미 관계 개선이 결실을 맺지 못하였던 점을 상기할 필요가 있다. 여기에는 무엇보다도 당시 북미간 '양자주의' 차원에서 진행되던 북핵문제 처리 방식이 다음 행정부 집권 이후 정권교체라는 상황에서 동력을 완전히 상실한 것이다. '북핵문제'와 '평화체제'는 서로 효과적으로 결합되어야 함을 생각해 볼 때 집권 2기에 접어드는 오바마 행정부는 과거의 외교적 손실을 다시 반복해서는 안 될 것이다. 하지만 향후 6자회담이라는 다자적 구속력은 미국과 북한 모두에게 상대적으로 정권 교체적 변수로부터 자유로울 수 있다는 장점을 제공한다. 또한 핵 불능화가 논의되는 단계에서는 6자회담의 재개는 물론 '6개국 외무장관회담' 등과 같은 가시적 조치들이 동반되어야 하고, 만약 6개국 외무장

7 2012년 말 북한의 장거리 발사체 실험의 제한적인 성공과 2013년 2월 3차 핵 실험을 결정적인 계기로 6자회담 무용론이 급속히 확산되고 있다. 하지만 6자회담을 대체할 국제대화 레짐이 만들어 지지 않는 한 북핵이 가지는 국제안보적 문제를 논의할 다자적 틀의 중요성을 고려할 때, 미국은 6자회담의 폐기를 쉽게 선택하지 않을 것으로 보인다.

관이 '동북아 평화를 위한 지역안보선언'에 준하는 합의라도 도출하게 된다면 6자회담의 제도화 및 이를 통한 동북아 안보구도의 정착은 매우 중요한 과제가 될 것이다.

이러한 배경에서 북한 정권 역시 보다 진지한 자세로 북핵 문제 처리 협상에 임해야 한다. 비록 지금 순간에는 북한의 '핵외교'가 일정한 성과를 거두고 있는 것처럼 보일 수 있지만, 이미 북한은 자국민의 희생, 국제사회로부터의 오명, 북한 정권의 자생력 상실, 한국사회의 갈등 유발 등 너무도 많은 대가를 지불하였다. 돌이켜보면 북한 정권은 소위 '벼랑끝(brinkmanship)' 외교전술이 스스로의 안보환경을 개선시켜주는 데 아무런 도움이 되지 못했다는 사실을 깨달았어야 한다.

앞서 언급했듯이 2000년 남북정상회담을 계기로 북한과 미국 사이에서는 조명록 국방위 제1 부위원장과 울브라이트 국무장관 간 교차방문이 있었고 양국간 '공동 코뮤니케'가 만들어졌으나 가시적인 성과를 거두지는 못하였다. 당시 논의가 양자 중심적으로 진행되어서 위기발생 시 대응능력이 떨어졌기 때문이기도 하지만 무엇보다도 북한이 '실기'한 측면이 크다. 특히 현재의 경우 과거에는 외교적 관심이 상대적으로 적었던 '인권' 문제 등이 동시에 제기되고 있다. 그만큼 북핵 문제 협상 과정에서 돌발변수 발생의 가능성이 크다는 것을 의미하고 있다.

4. 평화체제 규정 및 당사자의 문제

한반도 평화체제를 개념적으로 어떻게 규정할 것인가의 문제는 매우 어려운 과제이다. 과거 1차 논쟁 당시 논의되었던 다양한 주장들을 종합해 보면 한반도 평화체제는 어느 하나의 통일된 개념이라기보다는 여러 요소를 포함하는 다양한 측면으로 구성된다고 보고 있다. 종합적으로 한반도 평화체제는 '법적 측면' '군사적 측면' '국제적 조건' 등을 포함하고 있는 것으로 이해된다. 이러한 관점에서 한반도 평화체제는 한반도에 평화가 완전히 정착된 상태를 뜻하는 결과적 상황이 아니라 과정적 차원에서의 평화체제라는 이해가 필요하다. 종전선언을 포함하여, 군축문제, 정치사회적 신뢰 구축 문제, 북한 정권에 대한 국제적 승인 문제 등 여러 과제들이 논의되고 해결되는 과정이 곧 한반도 평화체제의 규정이라는 사실이다.

이와 관련해 필연적으로 제기되는 문제가 '그렇다면 한반도 평화체제 당사자의 범위를 어디까지 포함시킬 것인가'의 문제이다. 다양한 논의를 종합해 보면 대체로 '평화협정'의 당사자는 남북한과 미국 및 중국이 참여하는 4자의 형태가 가장 바람직한 것으로 알려져 있다. 하지만 북한의 경우 오랫동안 한반도 문제의 해결을 북미 간의 대결을 중심으로 접근하려 하는 전략을 구사해 왔으며, 미국과 중국은 물론 다른 6자회담 참여국이 '참여자 문제'와 관련해 어떠한 입장을 갖는지 분명하게 밝혀지지 않은 상태이다. 만약 종전선언과 평화협정이 연결된다면 북한은 우리의 배제를 주장할 수도 있고, 정전협정 이후의 실질적 관여자를 중심으로 접근해야 한다는 관점에서 중국을 배제해야 한다는 주장을 제기할 수도 있다.

과거 우리 정부는 평화협정의 경우 남북이 주체가 되고 미국과 중국이 국제적으로 승인하는 형태의 방식을 고려해왔던 것으로 알려져 있다. 당사자의 문제는 평화체제 추진 과정에서 제기되는 다양한 문제들을 가장 효율적으로 해결할 수 있는 방법과 전략적으로 맞물려야 한다고 본다. 군사적 신뢰, 북한 정권의 국제적 승인, 한반도 문제의 제도적 정착 등의 장기적인 사안들을 모두 고려해 보면 남북한과 미국 및 중국이 실질적인 당사자로 참여하고 6자회담국인 일본 및 러시아가 일부 사안에 대해서 개별적으로 참여하는 것이 가장 현실적인 방안이 될 수 있을 것으로 판단된다.

5. 한반도 평화와 동북아 안보기구의 연계

한반도 평화체제 수립은 자연스럽게 동북아 수준에서의 안보다자주의 출현과 연결되어 있다. 북핵 문제 해결을 위한 6자회담이 향후 이 지역을 대표하는 안보다자주의 역할을 담당할 수 있을 것이라는 기대가 높다. 물론 북핵 문제 이외의 군사안보 이슈가 동북아 국가들의 대화 어젠다로 설정되기에는 많은 어려움이 있다. 전통적으로 동북아 지역협력 부재는 '정치, 경제적 구조 차이,' '특정 리더 국가 부재,' '공동체의식 결핍,' 등의 요인 때문인 것으로 알려져 왔으며, 특히 이 지역 국가들은 지역다자주의 경험이 매우 일천한 상태이다.

하지만 한미 양국은 상시적인 대화 채널의 확보가 안정적인 국제관계의 필수 조건이라는 보편적인 신념을 바탕으로 차제에 확보된 6자회담이라는 공간이 점진적으로 동북아 지역안보 논의의 장이 될 수 있도록 노력해야 한다. 이 목표는 우리와 미국의 국가이익 모두에 부합하는 것으로 판단된다. 한국의 경우 세계 어느 국가보다도 동북아적 정체성이 강한 국가로서 동북아안보의 제도적 안정이 우리의 국가이익에 필수요건이고, 미국의 경우 최근에 동아시아 지역에서 양자주의와 다자주의의 결합 및 동아시아 안보의 외연 확대를 통해 미국의 군사안보적 이해관계가 다양한 층위에서 유지될 수 있도록 노력하고 있다. 이러한 배경에서 한반도 평화체제 논의 과정이 동북아 안보 다자주의와 연계될 수 있다면 한미 모두에게 전략적 이익이 될 것으로 보인다.

6. 유엔사와 한미연합방위 체제

평화체제로의 진입은 유엔사의 존속여부와 연합방위체제의 근거에 대한 근본적인 문제점을 야기한다. 구체적으로 평화체제는 유엔사의 해체 및 연합사의 급격한 위상변화를 수반하지 않을 수 없을 것이다. 주지하는바 연합방위체제는 1953년 10월 한미상호방위조약과 한미주둔지위협정(SOFA), 한미안보협의회(SCM), 한미연합사(CFC) 등으로 구성된 총체적인 법적 근거로서의 의미를 가지기 때문에 이러한 사안들에 대한 전반적인 검토와 전략 수립이 필요하다(박기덕·이상현 2007). 작전통제권이 환수되고 CFC가 해체된다면 새로운 군사협력 및 작전

지휘권를 갖춘 한미연합방위체제가 창출되어야 할 것이다 (새로운 작전 협조수행 기구 창설). 새로운 방위체제는 한국의 자주권과 군사발전을 보장하는 가운데 미래지향적 동반적 군사협력체제를 모색해야 할 것이다. 이 과정에서 NATO(다자-직렬형 군사동맹체제), 미일동맹(병립형 작전협력체) 등은 의미 있는 참고사례가 될 것으로 보인다.

7. 주한미군의 전략적 유연성 문제

평화체제에 따른 주한미군의 변화가 발생하면 주한미군의 전략적 유연성이 어떻게 될 것인가 하는 문제 역시 우리의 중요한 전략적 과제 중 하나이다. 기본적으로 한반도 평화체제는 남북한은 물론 주변 동북아 지역의 군사긴장 완화와 상시적인 평화를 전제로 한다. 이러한 상황에서 미국이 어느 정도 수준에서 주한미군의 전략적 유연성을 강조할 것인지는 아직 정확히 예측할 수 없다. 지금까지 한미는 '한국 국민의 입장이 존중될 것을 전제로 한 주한미군의 동북아 분쟁지역 개입'이라고 밝히고 있으므로 향후 해석에서 오는 이견의 소지가 남아 있다.

미국은 어차피 국가적인 차원에서 군사변환을 적극적으로 추진하고 있으며, 이를 바탕으로 군사안보의 새로운 개념정립 및 전략수립을 강조하고 있다. 이런 배경에서 전략적 유연성을 우리의 국가이익 차원에서 어떻게 연결시킬 것인가 하는 문제는 향후 중요한 과제로 남는다. 이와 관련해 한반도 평화체제 구축 과정에서 전략적 유연성의 원칙과 절차를 확립하고 상황에 따른 적절한 통제기구를 마련하는 방안이 모색되어야 할 것이다. 한미 양국은 양국의 국민은 물론 주변국과 외교적 충돌을 야기하지 않을 가이드라인을 마련해야 한다. 만약, 평화체제 논의 과정에서 북한이 주한미군의 완전 철군을 주장한다면 최소한의 주한미군 규모를 전제로 동북아 지역안보군 개념의 전략적 유연성 논의가 핵심 쟁점 사안으로 등장할 수 있을 것으로 생각한다.

V. 맺음말

2013년 동북아 외교가 격변의 시기를 맞이하면서 그 가운데에 북한문제가 자리잡고 있다는 판단은 우리에게 매우 분명한 외교과제를 설정하게 만든다. 한반도 평화체제 확립이라는 국가적 목표를 달성하기 위해서 우리는 핵심적으로 두 곳의 외교파트너를 가지고 있다. 하나는 북한이고 다른 하나는 미국이다. 북한의 경우 북한 외교정책의 궁극적인 목표가 어디에 있는지는 정확히 알 수 없다. 짐작컨대 '남한 중심의 한반도 통일을 저지시키고 가능하면 북한 체제를 오랫동안 유지하면서, 외교적 역량을 총동원해 기회가 온다면 북한 중심의 한반도 통일정부를 수립하는 것'으로 추정된다. 이런 관점에서 보면 북한의 '핵외교'는 나름대로 성과를 거두었다고 볼 수 있다. 북한은 미국을 포함한 국제사회의 다양한 비난과 외교적 공격을 '핵개발'에 집중하는 데 성공하였다. 다소 극단적으로 말해서 북한과의 외교적 거래의 조건은 '비핵화'가 유일하므로 북한이 비핵화의 약속만 지켜준다면 우리 정부와 미국으로 대표되는 국제사회는 소위 북한 '살리기'에 적극 동참할 수밖에 없는 상황이 되어 버렸다.

한반도 분단 구조는 국제적 요인이 포함되므로 분단 구조의 종식 역시 한미 양국간 협력을 통해 국제 수준의 분단요인을 제거하도록 노력해야 한다. 비록 한미동맹의 새로운 정체성 개발에는 상당한 어려움이 따르고 있는 실정이지만 한미 FTA, 전작권 전환 등을 계기로 한미동맹이 새로운 동맹이득을 창출하고 이러한 협력을 바탕으로 북핵문제를 해결해서 한반도 평화체제의 실질적인 목표가 실현되기를 희망한다. 또한 북핵 문제가 가지는 사안의 '국제성'으로 말미암아 북핵 해결을 전제로 한 한반도 평화체제는 필연적으로 한미 간 긴밀한 협력을 요구하고 있다는 점을 분명히 해야 할 것이다.

북한 '핵외교'가 한반도 및 동북아 안보의 핵심으로 자리 잡은 지언 20년, 앞으로 이러한 상황이 시간적으로 얼마동안 지속될 수 있을지 몰라도 3세대 권력승계와 함께 경제강국의 매우 절실한 목표에 직면할 북한의 곤경을 고려해 볼 때 한반도평화체제 논의의 모멘텀은 한반도 안보구조를 근본적으로 개선할 수 있는 중요한 의미가 있다. 물론 탈냉전의 안보 환경이 한반도에 잘 적용되지 않는 이유에는 우리 정부의 외교적 아마추어리즘을 포함해 여러 가지 이유가 있다고 본다. 하지만 결과적으로 장기적인 관점에서 북한의 이러한 부분적인 전략적 성공 역시 한반도 평화실현을 위한 긍정적인 요소가 될 것이라고 믿는다. 향후 숨 가쁘게 진행될 한반도의 국제정치에서 더욱 치밀하고 미래를 내다보는 전략적 사고를 기대해 본다.

참고문헌

김근식. 2011.『대북포용정책의 진화를 위하여』. 파주 : 한울

김성한. 2011. "미국 오바마행정부의 아시아로의 회귀."『일민국제관계연구』16권 2호, 103-36.

_____. 2007.『북핵, 한미동맹, 평화체제의 삼각관계와 한국의 대응』. 서울 : 외교안보연구원.

김현. 2008. "부시 행정부의 외교정책이념과 대북한 정책."『국가전략』14권 1호, 123-53.

박건영. 2007. "한반도 평화체제 구축과 동북아다자간안보협력을 위한 한국의 전략." 참여정부출범 4주년 기념심포지움 : 한반도와 동북아 평화.

박기덕·이상현. 2007.『북핵문제와 한반도 평화체제』. 성남 : 세종연구소.

박인휘. 2011. "한반도 안보-안보부재의 정치학."『한국정치학회보』45권 2호, 229-49.

_____. 2007. "북핵문제의 복합성, 미국의 딜레마, 그리고 동북아 안보의 변화."『한국정치외교사논총』28권 2호, 229-54.

_____. 2007. "미국의 동아시아 vs. 동아시아의 미국." 손열 엮음,『매력으로 엮는 동아시아 : 지역성의 창조와 서울컨센서스』. 서울 : 지식마당, 185-236.

서보혁. 2010. "이익균형론을 이용한 한반도평화체제 재론."『통일정책연구』19권 1호, 1-22.

신욱희. 2012. "북미관계와 한반도 평화체제 : 역사적 고찰."『한국정치외교사논총』33권 2호, 35-62.

이상현. 2007. "한반도 평화체제 구상의 쟁점 : 협의의 구성을 위하여."

『이화여대 통일연구원, 21세기 한반도 평화의 근원적 모색』. 서울 : 한학문화.

_____. 2006. "한반도 평화체제와 한미동맹." 『한국과 국제정치』 22권 1호, 225-56.

이종석. 2008. "한반도 평화체제 구축 논의, 쟁점과 대안 모색." 『세종정책연구』 4권 1호, 5-32.

임동원·백낙청 외. 2010. 『다시 한반도의 길을 묻다』. 서울 : 삼인.

임수호. 2009. "전환을 모색하는 한반도." 권순우 외, 『SERI 전망 2010』. 서울 : 삼성경제연구소.

장달중·이정철·임수호. 2011. 『북미 대립 : 탈냉전 속의 냉전 대립』. 서울 : 서울대출판부.

전재성. 2012. "북방정책과 한국 대외관계의 구조적 변화." 박인휘 외 엮음, 『탈냉전사의 인식』. 파주 : 한길사.

_____. 2006. "한반도 평화체제." 하영선 (편), 『북핵위기와 한반도 평화』. 서울 : 동아시아연구원.

조성렬. 2007. "한반도 평화체제구축과 동북아 질서재편." 평화재단 7차 전문가포럼 : 2.13합의와 한반도 평화체제.

한반도포럼. 2012. 『남북관계 3.0 : 한반도 평화협력프로세스』. 서울 : 중앙일보 통일문화연구소.

Buzan, Barry and Ole W'ver. 2003. *Regions and Powers : Structure of International Security.* Cambridge : Cambridge University Press.

Buzan, Barry and Gerald Segal. 1994. "Rethinking East Asian Security." *Survival.* 36, 2. 3-21.

Carpenter, Ted Galen Carpenter. 2004. "A Hedging Strategy is Needed Toward North Korea." *The Korean Journal of Defense Analysis.* 16, 1.

Christensen, Thomas. 1999. "China, the US-Japan Alliance, and the Security Dilemma in East Asia." *International Security.* 23, 4. 49-80.

Kupchan, Charles. 2002. *The End of the America Era : U.S. Foreign Policy and the Geopolitics of the Twenty–first Century.* New York : Knopf.

Lennon, Alexander T. J. and Camille Eiss. eds. 2004. *Reshaping Rogue States(Washington Quarter Reader).* Cambridge : MIT Press.

Laney, James T. and Jason T. Shaplen. 2003. "How to Deal With North Korea." *Foreign Affairs.* 82, 2.

Layne, Christopher. 2006. *Peace of Illusions : American Strategy from 1940 to the Present.* Ithaca : Cornell University Press.

Oberdorfer, Don. 2007. "What really behind the Bush administration's course reversal on North Korea and can the negotiations succeed?" *Newsweek*, Mar 14, 2007.

Sutter, Robert. 2003. *The United States and East Asia : Dynamics and Implications.* Lanham, MD : Rowman & Littlefield.

5장
새로운 한국자본주의 모형 모색

강석훈 (성신여자대학교)

I. 서론

2008년 미국에서 시작된 글로벌 금융위기 이후 세계경제는 매우 급진적인 변혁과정에 직면하고 있다. 미국의 금융위기 자체는 불안한 가운데에서도 어느 정도 안정을 찾았지만, 선진국들은 금융위기 이후 또다시 붉어진 재정위기로 인하여 심각한 도전에 직면해 있다. 개발도상국들은 자체적인 성장 동력에 따라 어느 정도 선진국과 차별화된 경제성장의 모습을 보여주고 있지만, 기본적으로 선진국의 성장이 뒤따르지 않는 한 현재까지의 추세를 향후에도 지속하기는 쉽지 않는 상황이다.

한편 선진국, 특히 유로존(EURO ZONE) 국가에서 발생하고 있는 재정위기는 위기의 원인이 주로 경제적인 측면에 기인하지만, 위기의 해결과정은 복잡한 정치과정을 필요로 한다. 현재 남유럽국가들은 외부의 지원 없이 독자적으로 위기에서 탈출하기는 어려워 보인다. 그러나 위기탈출을 위해 외부의 지원을 받는 과정은 경제적으로 극심한 고통을 동반하는 것이기 때문에 이러한 과정은 총체적인 정치적 저항에 부딪히게 된다. 따라서 어느 정도 분리되어 왔던 경제와 정치 문제의 혼재로 인하여 현재 직면한 문제를 해결할 수 있는 정치적 해법과 경제적 해법이 서로 충돌하게 되면서 정치시스템 및 경제시스템이 총체적 난국에 빠져들어 갈 가능성이 커진다.

최근 유로존 국가에서 나타나고 있는 정치와 경제의 뒤엉킴현상은 한국에서도 유사하게 나타나고 있다. 한국경제가 비록 다른 나라에 비해 글로벌 금융위기를 모범적으로 극복하였지만, 거시경제적 성과에 비해 생활경제적 성과가 미진한 것이 현실이다. 또한 경제적 성과와 비교해 정치적 성과가 극히 미진함에 따라 정부에 대한 신뢰도가 크게 하락하였다. 정부신뢰의 하락은 생활경제적 성과의 부족함과 결합해 현재의 경제시스템 및 정치시스템에 대한 전면적인 개혁을 요구하는 상황으로 발전하고 있다. 또한 경제 및 정치시스템에 대한 불신은 글로벌화에 대해서도 영향을 미치면서 한국 글로벌화의 지속가능성에 대한 의문까지 야기하고 있다.

그러나 최근에 나타나는 각종 위기 현상의 배경에는 단순히 미국의 금융위기와 이와 연계되어 나타난 재정위기 그리고 이에 따른 경기침체라는 상황보다 더 구조적인 문제가 있다고 하겠다. 미국의 경우에는 글로벌금융위기 극복과정에서 정부지출이 비약적으로 증대됨에 따라 국가부채가 국민총생산의 100%를 초과하는 상황이 발생하였고, 이에 따라 향후 재정정책에 의한 경기부양이 쉽지 않은 단계에 도달하게 되었다. 또한 금융위기 극복과정에서 제로금리에 가까운 초저금리가 지속됨에 따라 금리수준의 조절을 통해 이루어지는 통화정책도 더 이상 효과적인 경기부양의 수단이 되지 못하고 있다. 이러한 상황은 결국 미국신용등급의 강등으로 이어지게 되는 악순환을 거듭하고 있다.

유로화통화를 사용하는 유로존 국가의 경우에는 화폐통합을 통해 각국의 통화정책이 무력화된 상태에서 유로존 국가들의 통합적인 통화정책을 담당하는 유럽중앙은행의 기능도 제대로 작동하기 어려운 상태이다. 통화통합에 따른 후유증은 유럽 국가 내 경상수지의 불균형을 야기하게 되었고, 이러한 경상수지 불균형은 유로존 국가들의 생산성이 수렴되지 않은 한 구조적으로 해결되기는 어려운 상황이다. 여기에 남유럽국가들의 경우에는 재정부실의 상태가 매우 심각하고 이에 따라 재정은 경기부양의 수단이 아니라 오히려 경기침체의 요인으로 작용하는 단계에 이르게 되었다. 결국 유로존 국가들의 경우에는 근본적인 구조변화가 수반되지 않는 경우 현재의 위기 국면에서 탈출하기는 쉽지 않은 상황이다.

경제 성장률이 저하된 상태에서 소득분배의 악화현상도 나타나고 있다. 대부분의 OECD국가에서 1980년대 중반에 비해 2000년대 중반에는 지니계수가 상승하는 모습을 보이고 있다. 특히 미국이나 영국의 경우에는 상위 1%의 소득비중이 급격하게 증가하는 반면 중산층의 실질소득은 정체되거나 오히려 하락하고 있는 상황이다[1].

결국 현재의 시장중시 경제패러다임이 소득분배의 악화 와중에서도 그동안 지속될 수 있었던 것은 높은 경제성장률을 통해 일정부분 정당화될 수 있었다. 그러나 만약 향후 경제성장률이 저하되고 또한 소득분배가 더욱 악화된다면 현재의 시장중시 자본주의는 지속가능성 측면에서 심각한 도전에 직면하게 될 것으로 예상할 수 있다.

시장중심 자본주의가 도전에 직면하게 되는 현상은 한국도 예외가 아니다. 한국경제도 1990년대 중반 이후, 더 정확하게는 1997년 외환위기 이후 시장중심 경제체제가 급격하게 확산되었는데, 이후 한국경제는 경제성장률 저하와 소득분배 악화라는 이중고에 시달리게 되었다. 물론 외환위기 이후 한국경제의 성장률 저하가 전적으로 시장중심 경제체제 도입의 결과라고 말하기는 어렵고 오히려 시장중심 경제체제의 도입을 통해 그나마 성장할 수 있었다고 표현하는 것이 정확한 표현일 수도 있을 것이다. 그러나 중요한 점은 경제성장이 실질적인 국민의 삶의 질 향상으로 연결되는 경로가 미약해진 상태가 도래하자 경제성장에 대한 국민들의 열망은 희미해지고 새로운 대안체제에 대한 열망이 더욱 커지고 있다는 점이다.

본고에서는 세계 자본주의와 한국 자본주의가 동시에 새로운 자

1 피케티와 사에즈(Piketty and Saez)(2006)에 의하면 미국에서 상위 1%의 소득점유비중은 1979년대 8.03%에서 2008년에는 17.67%로 급격하게 상승한 것으로 추정되고 있다. 또한 상위 0.1%의 소득비중은 1979년 0.62%에서 2008년에는 3.34%로 급증하였다. Piketty and Saez(2006)의 연구는 최근 자료를 이용하여 지속적으로 update되고 있다.

본주의로의 전환요구라는 거대한 도전에 직면해있다는 상황인식 하에서 새로운 자본주의를 향한 대안을 모색해 본다. 다음 2절에서는 현재 논의되고 있는 새로운 자본주의의 논의를 살펴보고, 3절에서는 새로운 자본주의와 관련된 핵심이슈들을 정리한다. 마지막 4절에서는 새로운 한국자본주의의 대안을 제안하고, 제안의 유용성과 한계점에 대하여 논의한다.

Ⅱ. 새로운 자본주의 논의의 전개 현황

1. 자본주의 4.0 논쟁

새로운 자본주의와 관련하여 주목되는 논의는 칼레츠키(Kaletsky)(2010)의 자본주의 4.0에 대한 논의이다[2]. 칼레츠키(2010)는 자본주의의 역사를 초기 자유방임적 자본주의(자본주의 1.0), 1930년대부터 시작된 정부개입 중시형 케인즈식 자본주의(자본주의 2.0), 그리고 1970년대 후반부터 시작된 대처, 레이건식 신자유주의 자본주의(자본주의 3.0)으로

---

2 물론 최근 자본주의 대안논의는 칼레츠키 이외에도 다양한 논의가 있다. 예를 들어 스티글리츠(Stiglitz) 등이 집필한 "눈먼 자들의 경제(The Great Hangover)", 브레너(Brenner)의 "엄습하는 세계자본주의의 위기(The Looming Crisis of World Capitalism)" 등이 있다.

구분한 바 있다. 그는 글로벌 금융위기를 통해 자본주의 3.0이 종료되었고 이제 새로운 자본주의로서 자본주의 4.0이 필요하다고 주장한 바 있다[3].

학술적인 관점에서 이러한 자본주의 구분에 대해 엄밀성을 부여하기는 어렵지만 이 구분은 흥미로운 가설을 보여주고 있다. 즉 자본주의의 역사는 정부와 시장 간의 관계설정이라는 측면에서 분석할 수 있으며, 양자 간의 관계는 역사적 조건과 환경에 따라 달라지게 된다는 것이다. 초기 자본주의 1.0시대에는 사유재산과 이윤추구를 바탕으로 한 자본주의 시스템이 세상의 기본 동력이며, 이러한 자본주의 시스템은 허리케인이나 해일처럼 인간의 힘으로는 어쩔 수 없는 경제철칙이라는 철학적 기반을 가지고 있었다. 이 시기에는 정부가 정의수호와 입법, 국방과 같은 의무에 한정해서 업무를 맡는 것이 적절하다고 인식되었다. 진보적인 사상가들은 기초교육 제공이나 극심한 빈곤과 육체적 착취에서 국민들을 구제하는 것도 정부의 임무에 포함시키기도 하였으나, 경제활동과 고용상황을 관리하는 것은 전혀 국가의 의무에 포함되지 않았다. 한편 극단적인 대안으로는 마르크스주의자뿐만 아니라 무정부주의 혁명가들, 유토피아를 꿈꾸는 기독교인들, 그

3 이하의 논의는 Kaletsky(2010)의 제3장의 일부를 요약하고 나름대로 재해석하였다(자본주의 4.0의 번역도 참고하였다). 사실 칼레츠키의 구분은 전통적으로 경제학에서 논의되던 초기 산업자본주의 시대, 케인즈 이론에 기반한 수정자본주의 시대, 1980년대 말 사회주의 국가의 붕괴에 따라 확대된 신자유주의적 글로벌 금융경제시대를 자본주의 버전변화로 재해석한 결과라고 할 수 있다.

리고 많은 유형이 사회주의자들이 주장했듯이 사유재산제도와 인류의 경쟁심을 없애버리는 것만이 자유방임적 자본주의를 대체한 유일한 대안으로 보기도 하였다.

자유방임적 자본주의는 20세기 초반 극심한 경기침체와 불평등의 심화현상이 나타나면서 몰락하게 된다. 대규모의 실업사태로 국민들의 분노가 깊어지자 사회주의 혁명과 파시스트 독재의 위협 때문에 민주주의 정치인들은 전통적인 경제학과는 완전히 다른 정책을 채택하게 된다. 정부의 경제정책이 매우 중요하다는 점은 과거에는 상상하기조차 어려운 일이었고, 정부와 시장의 상호작용은 경제행위에 부수적이며, 대체로 경제에 해롭다고 생각하고 있었다. 그러나 자본주의 2.0 시기에는 정부와 시장의 연결 관계가 매우 중요하며, 자본주의는 정부가 통제하지 않으면 파멸이 올 정도로 본질적으로 불안정하다는 신념이 확산되었다. 정부는 늘 옳고 시장은 일반적으로 틀리다는 철학은 1946년부터 1969년 케인즈 경제학의 황금기에 정점에 달했다. 이 시기에는 자애롭고 유능한 정부를 수립하여 국민과 경제를 자유시장의 불가피한 혼란으로부터 보호하는 것이 정치의 가장 중요한 기능이 되었다.

1970년대에 접어들면서 세계는 경기침체와 인플레이션이 결합된 스태그플레이션이라는 새로운 도전에 직면하게 되었다. 칼레츠키(2010)는 이 당시의 인플레이션이 유가급등에 원인이 있지만 근본적으로는 케인즈식 완전고용정책의 산물이라고 보았다. 그에 따르면 자본주의 경제시스템에는 노동자와 자본가 사이의 임금과 수익분배를 둘러싼 자연스러운 갈등이 존재할 수밖에 없으며, 이러한 갈등상황에서는 실업이나 실업의 공포를 통해 규율을 바로 세울 수 있다. 그러나 1960년대 후반의 전후 세대 노동자들은 장기간의 지속적인 경제성장에 따라 대규모 실업이나 대공항의 경험 없이 성장했다. 따라서 노동자들은 지속적으로 임금인상을 요구하였고, 케인즈 정책의 도입 후 완전고용을 정부의 정책목표로 설정하였던 정부는 화폐발행을 통해 이러한 요구에 대응하였다.

그러나 이러한 과정은 결국 인플레이션이라는 결과를 가져오게 되었고, 이러한 인플레이션의 악순환을 막는 방법으로는 정부의 완전고용 정책 폐기만이 유일한 대안이었다. 이러한 사회적 요구에 부응하기 위해 자유주의적 이론을 기반으로 하는 자본주의 3.0이 대두되었고 동 자본주의의 자유주의 중시 정책에 따라 1979년 이후에는 대량의 실업사태를 통해 시장기능이 복원되게 되었다. 이러한 전환에는 정부의 개입으로 자유경쟁시장이 왜곡되지만 않으면 시장은 경제안정과 완전고용 등 효율적이고 합리적인 결과를 낳으며, 자본주의 경제의 균형을 유지하게 된다는 통화주의학파 주장의 배경이 되었다.

칼레츠키(2010)는 신자유주의라고 불리는 자본주의 3.0 시대는 글로벌 금융위기가 함께 소멸되었으며, 이제 새로운 자본주의로서 자본주의 4.0이 필요함을 주장하고 있다. 그러나 그가 제시한 자본주의 4.0 대안은 정합성과 치밀성 면에서 다소 한계를 가지고 있는 것으로 평가된다[4].

4 보다 구체적인 대안내용에 대해서는 Kaletsky(2010)을 참고할 수 있다.

2. 새로운 자본주의의 주연

현재 전 세계적으로 새로운 자본주의에 대한 열망은 있으나, 그 모습이 어떠할 지에 대해서는 공감대가 별로 없는 상태로 판단된다. 새로운 자본주의의 논의는 시장의 역할을 중시하던 지난 30여 년간의 자본주의 패러다임의 공과에 대한 평가와 판단에 따라 달라질 것이다. 만약 시장중심 자본주의가 이룩한 경제적 성과에 주목하면서, 현재의 위기상황이 일시적인 경기침체를 야기할 것이지만 세계적인 대공황으로 귀착되지 않고 결국은 다시 글로벌 금융위기 이전의 경제성장궤도로 회귀할 것이라고 예상한다면 기존의 자본주의는 약간의 조정(modification)이 필요하다는 견해를 가질 수 있다. 만약 시장중심 자본주의가 야기한 경제적 불평등에 주목하고 현재의 불평등이 확대되는 추세라고 예상한다면 현재의 시장중심 자본주의는 향후 지속되기 어려운 시스템이며 근본적이고 구조적인 변화가 필요하다는 견해를 가질 수 있다.

두 가지 견해 중에서 어느 견해가 현재와 미래를 정확하게 반영하는가에 대해서는 심도 있는 다양한 논의가 필요하지만, 어느 견해를 신뢰하던 간에 현재까지 상황을 고려하면 한 가지 분명한 방향은 지금까지의 자본주의는 시장 기능에 대한 신뢰가 중심을 이루는 철학이었다면 새로운 자본주의는 시장의 실패 또는 시장 보완의 필요성이 강조되는 방향으로 나아갈 것이라는 점이다. 그러나 이와 같은 견해를 가지고 있다고 해도 시장의 실패나 시장한계의 보완 주체에 대해서는 논란이 있을 수 있는데, 여기에서 대안적 주체로서 정부, 기업,

또는 정부도 기업도 아닌 제3섹터를 고려해 본다.

시장실패나 시장의 한계를 보완하기 위해 정부의 기능을 강화하자는 논의는 지난 자본주의 변천사를 감안할 때 자연스럽게 제기될 수 있는 대안이다. 이는 최근 전개되고 있는 글로벌 금융위기의 근본원인을 시장 불안정성과 정부 규율 실패로 판단하는 경우 당연히 제기될 수 있는 대안일 것이다. 그러나 정부 개입의 증대는 과거와 같은 케인즈식의 방법, 즉 재정 규모와 기능 확대를 통해 시장을 보완하자는 주장은 선진국들의 재정상황을 고려할 때 대안으로서의 한계로 작용할 것이다. 정부가 대안이라면 과거와 같은 양적인 정부의 역할 증대가 아닌 질적, 기능적인 정부의 역할 증대일 것으로 예상된다. 질적, 기능적인 정부역할의 증대는 공정경쟁의 제고, 기회사다리 확대, 사회통합 등의 각 분야에서 정부가 제도적 기반을 확충하고, 리더십을 발휘하는 것을 의미한다[5].

시장실패나 시장의 한계를 보완하기 위해 기업의 역할을 강조하자는 논의는 주로 "기업의 사회적 책임"이라는 명제를 통해 전개된다. 이 논의는 현재 각국에서 "가난한 국민, 부유한 기업"이라는 현상이 나타나고 있는 바, 부유한 기업들이 가난한 국민들을 위해 전통적으로 기업에게 요구되던 사회적 책임인 이익과 고용창출의 책임에서 더 확대한 사회적 책임을 공유하자는 논의이다.

이러한 논거의 배경에는 현실적으로 대부분의 선진국 정부가 재

5 이 부분은 후술하는 3.1 시장과 정부에서 좀 더 자세히 다룬다.

정적으로 부실한 상태이기 때문에 그동안 가계로부터의 조세수입을 바탕으로 사회적 자본을 공급하던 정부의 역할이 한계에 도달했다는 점이다. 이 상황에서 기업들은 기업의 이익극대화를 위한 사적 자본(private capital) 투자뿐만 아니라 정부를 대신하여 사회적 자본(social capital)에 대한 투자도 확대해야 한다는 주장에 바탕을 두고 있다. 기업의 사회적 역할을 중시하자는 논의는 현재 국민경제의 부가가치 배분 상태를 고려할 때 충분히 제기될 수 있는 대안이지만, 과연 어디까지를 기업의 사회적 역할이라고 할 것인가는 논쟁을 일으킬 수 있다[6].

시장실패나 시장의 한계를 보완하기 위해 제3섹터의 역할을 강조하자는 논의도 제기될 수 있다. 이는 이미 지적하였듯이 재정이 부실한 상태에서 정부의 역할은 제한적일 수밖에 없으며, 본질적으로 사적 책임이 있는 기업에게 사회적 책임을 요구하기는 근본적으로 한계가 있기 때문에 정부나 기업이나 모두 새로운 자본주의의 주체가 되기에는 미흡하다는 논거에 근거한다. 이에 대한 대안으로서 정부나 기업이 아닌 제3섹터가 새로운 자본주의의 주체가 되어야 한다는 주장이 제기될 수 있다. 이미 정치적으로는 제3섹터가 하나의 대안으로 자리 잡고 있다는 현실을 고려할 때, 경제적 측면에서도 제3섹터가 자본주의의 질서를 유지하고 발전시키는 역할을 수행할 수 있다는 주장으로 연결될 수 있다는 것이다. 최근 스마트기기(Smart Device)와 사회네트워크 서비스(Social Network Service)가 확산됨에 따라 제3섹터 중

6 이 부분은 후술하는 3.2 기업의 사회적 역할에서 좀 더 자세히 다룬다.

심 자본주의의 환경이 마련되고 있다고 하겠다.

그러나 현재 나타나고 있는 정치부문에서의 제3섹터의 중요성 증대가 자본주의의 유지 및 발전 주체로서 제3섹터의 부상으로 연결될지는 판단하기 어렵다. 경제적인 측면에서 볼 때 제3섹터의 부상이 집단지성(crowd sourcing)과 개방형 혁신(open innovation)이라는 장점을 극대화하면서 자본주의의 발전에 기여하게 될지, 아니면 쏠림현상과 포퓰리즘이 확산이라는 단점이 극대화되면서 자본주의의 퇴보에 기여하게 될지 판단하기 어려운 상태이다.

Ⅲ. 새로운 자본주의 논의의 핵심 이슈

1. 정부와 시장

새로운 자본주의 논의를 촉발시킨 기제는 미국에서 시작된 글로벌 금융위기라고 할 것이다. 미국 부동산시장에서 시작된 금융위기는 미국 실물경제에 부정적인 영향을 미치고, 이 위기는 개방화된 금융시장 경로를 통해 세계 각국에 금융위기를 야기하였으며, 다시 신용경색이라는 경로를 통해 실물부문의 위기로 연결되었다. 선진국들은 이러한 위기 상황에 대처하기 위해 막대한 재정을 투입하였고, 이 과정에서 경제 근간이 취약한 국가들의 경우에는 다시 재정위기가 발생하였다. 특히 이러한 현상은 남유럽국가에서 부각되었는데, 남유럽

국가의 재정위기는 다시 독일과 프랑스 등의 금융기관 부실화를 야기하여 이들 국가에서 금융위기의 발생 가능성이 높아지고 있다. 금융위기, 실물위기, 재정위기, 다시 금융위기가 순환되는 현상까지 나타나고 있는 것이다.

이러한 위기순환과정에서 시장에 대한 과도한 신뢰가 원인이었다는 주장은 다양한 관점에서 제기된다. 위기 순환구조는 미국의 금융부문에서 발생하였는데, 많은 경우 미국금융위기의 원인은 미국감독당국의 시장에 대한 과도한 신뢰가 원인으로 작용하였다는 주장이 제기되고 있다. 즉 미국 금융 감독당국이 투자은행에 대하여 적절한 건전성 규제를 하지 못했기 때문에 투자은행의 부실현상이 나타나게 되었다는 주장이다[7]. 국가 간 위기의 순환구조에서 미국의 위기가 다른 국가로 전이된 것은 기본적으로 국제금융시장에 대한 전 세계적 차원의 적절한 규제 또는 감독 장치가 없는 상태에서 국제자본이동의 자유화가 확대됨에 따라 나타난 현상이다. 따라서 국가 간 자본이동에 대한 적절한 규제를 마련하든지, 아니면 국가 간 자본이동에 대하여 일정한 정도의 제약을 가해야만 한다는 주장이 제기되고 있다.

시장에 대한 과도한 믿음에 대한 회의가 확산되면서 시장의 힘을 이용한 위기극복보다는 시장에 대한 정부의 직접적인 개입을 통해 위기를 극복하려는 시도가 광범위한 지지를 받게 되었다. 예를 들면 리먼 브라더스의 파산이 글로벌 금융위기의 직접적인 원인으로 지목되

---

7 미국 금융규제해제의 대표적인 예로는 1999년의 글래스-스티걸 법 폐지가 거론되고 있다.

면서 이후의 부실금융기관 처리는 대부분 정부의 공적자금에 의존하는 형태로 변화되었다. 미국의 경우에는 GM이나 포드 등의 실물기업의 부실조차도 정부가 개입하여 해결하는 전례 없는 조치들이 커다란 반대 없이 진행되기도 하였다. 물론 전통적으로 정부의 역할이 강조되던 유럽국가에서는 금융기관의 국유화가 금융기관부실의 해법으로 빈번하게 사용되었다.

글로벌 금융위기의 발생과 위기극복과정에서 정부의 역할이 증대됨에 따라 이제 새로운 자본주의는 기존 시장중심형 패러다임에서 정부 중심형 패러다임으로 연결되어야 한다는 주장이 제시되고 있다. 시장중심형 패러다임에서 강조되는 민영화, 탈규제, 넓은 세원과 낮은 세율 등에 대한 논의는 정부 중심형 패러다임으로 전환되면서 다시 국유화, 규제강화, 세율인상 등의 논의로 변화되고 있다[8].

정부와 시장에 대한 두 번째 논의는 소득분배와 관련된 논의이다. 시장에 대한 신뢰와 시장효율성이 강조되는 상황에서 미국을 비롯한 대부분의 OECD국가에서 소득분배가 악화되고 빈곤층이 증가하게 되었다. 특히 최근 소득분배 논의는 기존의 20대 80논의에서 1대 99논의로까지 비약하게 되었다. 즉 최근 나타나고 있는 소득분배의 악화현상은 상위 1%의 문제이며, 상위 1%에게로 소득이 집중됨에 따라 나머지 99%는 경제성장의 혜택에서 소외되는 그룹으로 전락하

8 시장중심 자본주의는 일반적으로 워싱턴 컨센서스(Washington Consensus)로 요약되는 정책패키지로 구체화된다.

고 말았다는 주장이다[9]. 이러한 주장의 논거에는 미국경제의 금융화의 진전과 밀접한 관련이 있다. 2010년 현재 미국경제에서는 금융산업이 GDP에서 차지하는 비중은 9.73%이고, 금융과 부동산관련 산업을 합치면 미국 GDP에서 24.37%를 차지한다. 그러나 제조업이 차지하는 비중은 13.53%에 불과하다[10]. 제조업과는 달리 금융 및 금융관련 산업에서는 특히 상위소득자와 하위소득자의 격차가 매우 확대되는데, 이러한 경향이 1대 99 논의의 배경이 되고 있다고 하겠다.

소득분배의 악화문제는 시장기능의 신뢰를 바탕으로 전개된 글로벌화의 진전과도 관련이 있다. 경제의 글로벌화가 진전되면서 선진국들은 더욱 기술집약적 산업에 특화하고 되고, 범용기술제품은 대부분 해외에서 생산하는 체제(global outsourcing)로 변모하였다. 선진국에서 글로벌화의 진전은 숙련편향 기술진보(skill-biased technological change)와 함께 고기술·고기능근로자(high-skilled labor)에 대한 수요를 증대시키는 반면, 저기술·저기능근로자(low-skilled labor)에 대한 수요를 감소시키는 방향으로 작용하였다. 이에 따라 국민경제 내에서 고기술근로자와 저기술근로자의 소득격차가 확대되고 소득분배가 악화되는 현상이 발생하게 되었다. 시장에서는 소득분배의 악화현상이 나타나고 있었지만, 정부의 정책방향은 세금인상을 통한 분배개선보다는 감세를 통해 경제 활력을 제고하면서 동시에 소득분배의 개선을 유도하려고 하였다.

9 각주 1 참고

10 www.bea.gov 참조

정부와 시장 간의 관계에 대한 이러한 논의는 시장의 실패와 정부의 실패, 시장의 효율성과 정부의 효과성에 대한 논의로 구분될 수 있다. 이번 글로벌 금융위기 이후 전개되는 논의에서 다음과 같은 시사점을 도출할 수 있다. 먼저 정부와 시장의 실패 논의에는 균형적인 시각이 필요하다는 점이다. 이미 정부에 대한 과도한 믿음이 지속될 수 없다는 점은 사회주의의 몰락과 더불어 명확해졌다. 그러나 정부에 대한 과도한 믿음의 붕괴가 곧바로 시장에 대한 과도한 믿음으로 전환되어서는 안 된다.

시장중심 자본주의에서도 시장의 실패가 있다는 점은 이미 이론적으로 실증적으로나 공히 인지되고 있는 사실이었다. 그러나 이번 금융위기가 주는 교훈은 시장의 실패가 교과서적인 시장의 실패보다 광범위하게 영향을 미칠 수 있다는 점이다. 전통적인 경제학에서 시장의 실패는 시장 기구를 통해 자원의 최적배분이 이루어지지 못하는 경우를 의미한다. 시장실패가 나타나는 원인으로는 외부성이 존재하거나 시장의 독과점화, 공공재의 존재 등이 지적된다. 그러나 이번 글로벌 금융위기는 금융영역에서 시장의 실패는 정보의 비대칭성과 쏠림현상에 의해 나타날 수 있으며, 이러한 금융시장의 실패는 금융시장뿐만 아니라 실물경제를 포함한 경제 전체에 막대한 영향을 미칠 수 있다는 점이다. 또한 시장실패의 요인은 기존의 시장중심 자본주의체제에서 인식되는 것보다 더 많고 이에 따라 시장 실패의 가능성이 더욱 크다는 점이다. 특히 금융시장에서의 시장실패 요인은 실물시장에서의 시장실패 요인보다 다양하며, 금융의 특성상 금융에서의 시장실패는 금융 내에서 효율적인 자원배분을 저해할 뿐만 아니라 경제전체의 효율적인 자원배분을 크게 저해하게 된다. 그러나 이 논의에서 주의하여야 할 점은 금융의 시장실패를 위한 정부개입의 증대 필요성 논의가 곧바로 금융이외 다른 모든 분야로의 정부개입 증대를 의미하는 것은 아니라는 점이다. 효율적인 시장이 작동한다면 이는 여전히 자원의 최적배분을 유도하며, 이러한 최적배분이 지속적인 경제성장의 기반이 된다는 기본 명제는 여전히 유효하다고 할 것이다.

한편 시장기능의 강화와 동반되어 나타난 소득분배의 악화문제에 대해서는 심각한 재검토가 필요하다. 전통적으로 기존 논의는 소득분배 악화 원인으로는 숙련편향 기술진보가 지목되었으며, 시장기능의 확대와 글로벌화의 영향력은 미미한 것으로 간주되는 경향이 있었다. 이러한 논의는 주로 미국 경제를 중심으로 전개되었는데, 시장기능 확대 문제의 경우 미국에서는 전통적으로 규제가 적은 자유시장체제가 유지되었기 때문에 시장기능의 확대라는 요인이 소득분배 악화요인 중 하나로 제기되지 않는 경향이 있었다. 숙련편향 기술진보와 글로벌화의 진전에 대해서는 실증분석을 통해 전자의 요인이 후자를 압도하는 것으로 보고하고 있다. 그러나 최근에 나타나는 소득분배의 악화현상은 미국경제의 금융경제화와 밀접한 관련이 있는 것으로 판단되므로 금융경제화의 진전이 소득분배에 미친 영향에 대해 보다 심도 있는 연구가 필요하다고 판단된다.

이외에 소득분배 악화현상과 글로벌화의 진전과의 관계에 대해서도 논의가 필요하다. 무역 및 금융글로벌화의 진전에 따라 자본의 이동은 매우 빠른 속도로 자본이익의 극대화를 추구할 수 있게 되었지만, 노동이라는 생산요소를 가진 근로자의 경우에는 국제 간 이동에 제약이 여전히 크다. 이 상태에서 신흥국, 특히 인구가 많은 중국이나 인도의 등장은 거의 모든 선진국들의 저기술근로자들의 상대가격을 급등시켰고, 이에 따라 생산요소로서 이들에 대한 수요는 급격하게 감소하게 되었다. 이는 다시 소득분배의 악화로 연결되는 악순환이 발생하게 되었다. 따라서 새로운 자본주의 논의에서는 글로벌화가 야기하는 절대적, 상대적 소득분배의 악화를 통제하기 위한 적절한 정부정책의 필요성과 구체적인 정책대안에 대한 논의가 포함되어야 할 것이다[11].

2. 기업의 사회적 역할에 대한 논의

시장중심 패러다임에서는 기업의 목적은 주주가치의 극대화였다. 그러나 주주가치 극대화모형은 주식이 광범위하게 분산되어 있는 경우에는 유효한 모형일 수 있으나, 주식이 소수에게 집중되어 있는 경우에는 지속가능성에서 한계를 가진다. 즉 대부분의 국가에서 경제성장은 기업의 성장에 기인하는데, 기업의 성장과실이 주주에게 배분되는 가운데 주식이 일부 극소수에만 집중되어 있는 경우에는 소득분배 악화와 더불어 사회발전의 지속가능성에 심각한 도전이 될 수 있다. 최근 미국에서 나타났던 금융기관에서의 문제는 주주가치 극대화

11 이미 금융세계화가 소득분배에 미친 영향에 대해서는 다양한 연구가 진행된 바 있다. 이 연구결과에 대해서는 강석훈(2011)을 참조할 수 있다.

와 다른 차원의 문제를 제기한 바 있다. 즉 일부 투자은행에서나 헤지 펀드에서는 최고경영자(CEO) 또는 일부 경영진에 의한 수익과점화 현상이 나타나기도 하였다. 이러한 현상은 소귀 '월가를 점령하라(Occupy the Wall Street)'라는 시위현상의 직접적인 원인을 제공하기도 하였다.

전통적으로 주주가치 극대화모형(shareholder's capitalism)에 대비되는 개념으로 이해관계자 모형(stakeholder's capitalism)이 활용되고 있다. 주주의 가치에만 집중하는 주주가치 극대화모형과는 달리 이해관계자 모형에서는 주주뿐만 아니라 채권자, 근로자, 협력업체 등 기업과 관련된 광의의 이해 당사자들 간의 관계를 중시하는 모형이다. 주주가치 극대화가 주로 영·미형 국가에서 강조된 반면, 이해관계자 모형은 독일이나 일본 등에서 주로 나타나는 모형이다.

이외에도 최근 주주자본주의를 대체하기 위한 새로운 이론 틀이 개발되고 있다[12]. 마틴(Martin)(2010)은 단기 주가에 집착해 온 지금까지의 주주자본주의는 글로벌 경제위기 이후 실패했고 앞으로는 '소비자 자본주의(consumer capitalism)'가 도래할 것이라는 견해를 제시 한 바 있다. 주주자본주의 하에서 경영자는 자신을 선출해준 주주들의 요구에 부응하기 위해 당장 눈에 보이는 주가상승에만 급급한 나머지 회사의 장기적이고 잠재적인 이익을 훼손하다는 것이다. 이것은 궁극적으로 주주의 이익에도 독이 되므로 회사는 '주주가치 극대화'가 아닌 '행복한 고객과 더 많은 고객확보'를 추구해야 한다는 것이다. 시소디

12 이하는 신석균(2011) 참조

아(Sisodia)는 '깨어있는 자본주의(conscious capitalism)'을 주창한 바 있다. 사랑받는 기업은 이윤극대화 뿐만 아니라 더 큰 이상과 목적을 갖고 운행해 나가며, 단순히 주주들의 이익만이 아니라 고객과 직원, 협력업체, 사회 등 모든 이해당사자(stakeholder)의 이익을 극대화하여야 한다는 것이다. 이는 전통적으로 대립되어온 이해관계자 자본주의와 유사하다.

영미 국가에서 강조되어온 주주가치 극대화 모형이외에 다른 모형들은 모두 정도의 차이는 있지만 기업이 전통적인 사적 역할을 넘어 보다 광범위한 역할을 하도록 요구하고 있다고 하겠다. 현재 대부분의 선진국에서는 정부재정이 부실해졌고, 가계부문도 부실이 심화되고 있다. 특히 재정부문의 부실화는 궁극적으로는 가계의 부담으로 전가될 수밖에 없으며, 이는 다양한 경로를 통해 소득분배에 다시 영향을 미치게 된다는 점을 명심할 필요가 있다. 각국 정부의 부채는 연금, 의료보험 등의 부문에 기인하기도 하지만, 순수한 의미의 정부부채는 국채의 형태로 민간이 보유하고 있다[13]. 일반적으로 많은 자산을 보유한 민간일수록 국채를 더욱 많이 보유하고 있을 것이며, 이에 따라 정부가 지급하는 국채이자는 민간에서 동 자산을 많이 보유한 자산가의 소득을 증대시킬 것이다. 이러한 현상은 국채의 규모가 증대할수록 더욱 심화될 것이다. 따라서 정부와 기업, 가계 등 국민경제를 형성하는 세 가지 중요한 경제주체 중에서 정부와 대부분의 가

13 물론 이 때 민간은 자국 내의 가계일수도 있고, 자국의 국채를 보유하고 있는 외국일 수도 있다.

계는 점차 재정적으로 부실화되고 기업만이 재정적으로 여유가 있는 경제주체가 될 가능성이 크다. 이러한 상황이 진전된다면 정부는 점차 공공재 등의 사회적 자본을 제공하는 데 제약을 받게 되고, 사회적 자본의 정체는 다시 가계의 소득정체를 유발하는 악순환에 빠지게 될 수도 있다.

만약 이러한 상황이 계속된다면 기업은 새로운 도전에 직면하게 될 것이다. 즉, 기업들은 공공부문의 교육투자를 통해 공급받던 양질의 노동을 공급받기 어려워질 수 있으며, 사회간접자본과 같은 기업활동의 기초 자본도 제공받기 어려워 질 수 있다. 더욱이 정부와 가계의 재정부실이 심화되는 현상은 단기적으로 국내에서의 유효수요를 제약하게 될 뿐만 아니라 장기적으로는 재정부실과 격차확대가 결합되어 사회자체의 지속가능성이 제약받게 된다. 사회를 구성하는 중요주체 중 하나인 기업도 이러한 환경변화에 따라 스스로 존립기반이 약화될 가능성도 충분히 있다.

이와 함께 기업들은 지금까지의 사적 활동중심에서 보다 확대된 사회적 역할을 고민할 필요가 있다. 기업이 사회적 역할을 제고하기 위한 대안으로는 정부에 납부하는 조세를 증가시킴으로써 정부를 통한 간접적인 사회적 역할 제고 방안이 있을 수 있으며, 다른 하나는 기업 스스로가 정부 경로를 통하지 않고 사회적 역할을 다하는 방안이 있을 수 있다. 전자가 정부에 의해 강제되는 대안이라면 후자는 기업이 스스로 선택할 수 있는 대안이라고 할 것이다.

한편 기업의 사회적 역할이 중요하기는 하지만 기업의 사회적 역할은 본질적으로 한계가 있다는 점도 균형적으로 고려되어야 한다.

기업은 본질적으로 정부와 같이 영속되는 조직체가 아니라 매일 시장에서 생존경쟁을 벌여야 하는 조직체이다. 기업차원에서 기업의 사회적 역할제고가 궁극적으로 기업들의 지속가능성을 제고한다는 점은 성립할 수 있으나, 이는 어디까지나 기업 전체 차원의 문제이고 개별 기업차원에서는 이와 같은 명제가 반드시 성립하지는 않을 수도 있다. 개별 기업의 입장에서 볼 때 다른 기업이 수행하는 사회적 역할 제고활동의 무임승차자(free rider)가 되는 방안이 가장 적절한 방안이 될 수 있다. 또한 개별 기업들마다 처한 상황이 매우 상이하기 때문에 사회적 역할이전에 기업 본연의 활동에 주력하는 것이 궁극적으로는 더욱 사회적 역할을 다하게 되는 경우도 있을 수 있다.

결국 기업운영 모형은 하나의 모형으로 획일화하는 것은 바람직하지 않다고 하겠다. 어떤 기업은 주주가치 극대화모형을 따르고, 어떤 기업들은 이해관계자 극대화모형을 따르고, 다른 기업들은 소비자이익 극대화 모형을 따를 수도 있다. 기업들은 횡단면적으로 현재 각 기업들이 처한 산업의 기술특성이나 시장특성에 적합한 기업운영모형을 찾아야 할 것이며, 시계열적으로 보면 변화하는 대내외 경제 및 산업, 기술 환경 하에서 생존과 성공가능성을 제고하는 모형들을 동태적인 관점에서 선택하여야 할 것이다.

기업운영 모형과 마찬가지로 기업의 사회적 역할 제고방안에 대해서도 사회에서 획일화된 방안을 강요하는 것은 장기적으로 지속가능하지 않은 모형이라고 할 것이다. 기업들은 매시간 끊임없이 생존을 위한 경쟁을 계속하여야 하며, 비록 현재 시점에서 막대한 수익을 올리고 있는 기업이라고 해도, 미래의 불확실한 시점에서 막대한 적자를 보는 기업으로 언제 든 전락할 수 있기 때문이다. 이렇게 다양한 제약 하에 있는 기업에게 획일적으로 어떤 의무를 강요하는 것은 바람직하지 않을 뿐만 아니라 가능하지도 않을 것이다.

Ⅳ. 새로운 한국자본주의 대안에 대한 논의

1. 새로운 한국자본주의 대안모형의 조건

현재 한국경제가 당면하고 있는 도전들을 고려할 때 한국의 새로운 자본주의모형은 다음과 같은 조건을 만족시켜야 할 것이다. 먼저 새로운 한국자본주의 모형은 현재 추세적으로 하락하고 있는 한국경제의 잠재성장률을 제고할 수 있어야 한다. 한국경제의 잠재성장률이 추세적으로 하락하고 있다는 점은 이론의 여지가 없다고 하겠다[14]. 한국경제가 성장함에 따라 자본의 투자수익률이 저하되고, 특히 인구구조의 고령화가 급격히 진전되면서 전통적인 양적 투자 확대를 통한 경제성장률은 커다란 제약에 도달하게 되었다.

그러나 어떠한 자본주의 하에서도 빠른 경제성장의 중요성을 결

---

14 KDI는 한국경제의 잠재성장률을 2010년대 3.7%, 2020년대 2.7%, 2030년대 1.8%로 예상한 바 있다. OECD는 향후 10년간 한국의 잠재경제성장률이 OECD국가 중 가장 큰 폭의 하락세를 보일 것으로 예상한 바 있다.

코 간과해서는 안된다. 역사적으로 볼 때 매우 빠른 속도로 경제가 성장하면 경제·사회문제의 상당부분이 해결되는 기반을 가지게 된다. 예를 들어 빠른 경제성장은 정부재원의 확충을 통해 정부부실을 치유할 수도 있으며, 복지정책의 재원을 제공해 줄 수도 있다. 만약 고용증가가 미미한 성장현상이 나타나는 경우에도 경제성장률이 매우 높아진다면 창출되는 고용의 양은 사회적 수요에 충족되는 수준까지 상승할 수 있다. 따라서 새로운 자본주의의 가장 기본적인 요건은 성장률 제고에 있어야 한다는 점이 가장 중요한 조건 중 하나가 된다.

새로운 한국자본주의 모형은 추세적으로 악화되고 있는 소득분배 문제와 빈곤 문제를 해결할 수 있어야 한다. 한국경제는 1990년대 중반까지만 해도 경제가 성장하면서 소득분배가 개선되는(equitable growth) 모습을 보였으나, 외환위기 이후부터는 경제가 (비록 성장률 수준은 낮아졌지만) 성장하면서도 소득분배가 지속적으로 악화되는 모습을 보였다. 외환위기 이후의 소득분배 악화가 경제성장률이 낮아진 측면에 일부 기인할 것으로 판단되지만, 근본적으로는 글로벌화의 진전, 기능편향 기술 진보, 고령화의 진전 등의 구조적인 요인에도 기인하는 것으로 판단된다. 한편 최근에 나타나는 소득분배의 불평등 심화현상은 빈곤율의 증가를 동반하고 있다. 경제가 지속적으로 성장하고는 있지만 절대적인 빈곤계층이 지속적으로 남아있고 상대적인 빈곤계층은 더욱 증대되고 있다. 특히 한국의 경우에는 OECD국가 중에서 노인빈곤의 비중이 타의 추종을 불허할 정도로 높은 수준이다.[15] 따라서 새로운 한국자본주의 모형은 경제가 성장하면서 불평등이 개선되고, 빈곤율이 감소하는 결과를 유발할 수 있어야 한다.

새로운 한국자본주의 모형은 경제의 불안정성을 완화할 수 있어야 한다. 최근 한국경제는 경제성장률의 하락과 더불어 경제성장률의 변동성이 급격하게 증가하고 있는 모습을 보였다. 예를 들어 한국경제성장률의 변이계수는 1980년대와 1990년대 중반까지는 0.31 0.33에 머물렀으나, 외환위기 이후부터 2010년까지는 1.28까지 변이계수로 추정한 불안정성이 네 배 가까이 증대되었다. 소규모 완전개방경제(small open wide open economy)라는 한국경제의 특성상 대외여건의 변화에 따라 한국경제의 변동성도 커질 수밖에 없다는 점은 인정된다고 하더라도 현재와 같은 경제의 불안정성 심화는 다양한 부작용을 유발한다. 경제의 불안정성 증가는 가계나 기업들의 미래예측능력을 약화시키고, 이에 따라 소비침체, 투자침체 등의 부작용을 유발하게 된다. 또한 다양한 경제변동에 적응하는 계층과 적응하지 못하는 계층 간 격차가 확대되는 부작용을 유발할 수도 있다. 새로운 자본주의는 거시경제의 안정성을 제고할 수 있는 대안을 제시해야 한다.

새로운 한국자본주의 모형은 거시경제 성장 중심에서 개인들의 삶의 질을 제고할 수 있는 방안에 대한 대안을 제시할 수 있어야 한다. 1960년대 경제개발계획이후 한국경제는 양적으로 눈부신 성장을 거듭해 왔지만, 이러한 성장에 걸맞게 국민 생활의 질이 향상되었다고는 보기 어렵다고 하겠다. 최근에는 거시경제가 성장해도 국민들의 행

15 OECD(2011)에 의하면 한국의 노인빈곤율은 45.1%에 달하여 OECD국가 중 가장 높으며 특히 단독노인구가의 빈곤율은 76.6%에 달하는 것으로 추정된다.

복도는 오히려 하락하는 현상조차 나타나고 있다. 새로운 자본주의 모형은 삶의 질을 제고할 수 있는 대안을 제시해야 한다.

한국경제의 성장과정에서는 이러한 네 가지 목표들이 상호 밀접하게 연계되어 있었다. 예를 들어 경제가 성장하면서 소득분배는 개선되고, 안정적인 경제성장률과 물가상승률의 바탕 하에서 삶의 질도 제고되는 네트워크형 동조현상이 나타났다. 따라서 경제성장이라는 단일목적함수가 극대화되면 다른 목표도 동시에 또는 순차적으로 달성되는 시스템이었다. 그러나 현재 상황은 네트워크형 발전의 핵심 노드(node)였던 경제성장률의 동력이 저하되고 여기에 각 노드 간 네트워크의 강도조차 약화된 상태이다. 새로운 한국자본주의 모형은 핵심 노드 복원과 노드 간 연계, 즉 네트워크 연결성 강화 형태를 보여야 할 것이다.

2. 새로운 한국자본주의 대안에 대한 기존 메뉴

한국자본주의가 어느 방향으로 가야하는 지에 진지한 고민이 부족한 상태에서 현재 대안으로 제기되고 있는 논의로는 ① 복지확대 프레임, ② 공생발전 또는 생태계프레임이 있다. 복지확대 프레임은 최근의 경제·사회 상황에서는 개인들의 힘으로 풀기 어려운 복합리스크가 증대되고 있으며, 이러한 개인이 직면한 복합리스크를 사회시스템으로 풀어야 한다는 주장이다. 이러한 주장은 현재 한국의 사회복지지출 규모가 OECD 국가에 비해 낮다는 점[16], 복지확대가 궁극적으로 소비 진작과 소비변동화의 완화를 통해 경제성장에도 기여할 수 있다는 점에 주로 근거하고 있다.

그러나 복지확대가 새로운 한국 자본주의의 구성요소 중의 하나일 수는 있지만, 이는 단지 한국자본주의 시스템 전체의 한 부분일 뿐이며, 경제·사회시스템 전체를 아우르는 새로운 한국자본주의 모형의 기본 프레임이라고 하기는 어렵다고 판단된다. 또한 사회복지지출 비중이 OECD평균에 비해 낮은 것은 사실이지만, 최근 진행되고 있는 빠른 속도의 지출증가율 그리고 세계에서 가장 빠른 속도로 진행되고 있는 고령화 속도를 감안할 때 지금부터 복지지출을 급격히 늘리는 것이 바람직한 것인가와 늘리는 것이 바람직하다 해서 급격하게 늘릴 수 있는가의 문제는 심각한 재검토가 필요하다. 복지지출 확대가 성장과 복지의 선순환을 유발할 수 있다는 주장도 일정부분 타당한 측면이 있지만, 과연 복지증대, 소비증대, 다시 복지증대, 소비증대라는 순환이 확장적인 경제성장을 유발하는 기제로서 지속가능성이 있는지는 심각하게 재검토할 필요가 있다.

한편 이와 별개로 최근 복지확대를 먼저 실시하였던 선진국들이 처해있는 국가재정의 부실 확대 상황, 복지지출확대는 한번 확대되면 다시 축소시키기 매우 어렵다는 복지지출의 비가역성 등의 일반적인 경험과 소규모 개방경제에서 재정 건전성의 중요성, 급격한 인구고령

16 OECD의 최근 자료에 따르면 2009년 사회복지지출 수준은 경상 GDP 대비 10.38%로써 OECD 회원국 평균 19.84%의 1/2수준에 불과하다(www.index.go.kr).

화 그리고 남북통일의 도래 가능성 등의 한국적 요인을 감안할 때, 과연 복지확대 프레임만으로 이러한 심각한 도전에 대처할 수 있을 것인가에 대한 회의가 드는 것이 사실이다.

복지확대 프레임이 조세 증대, 재정 확대 등 정부의 역할을 적극적으로 확대하자는 주장인 반면, 공생발전 프레임은 정부의 규모 증대보다는 지속가능한 시장 생태계 시스템을 만들어 새로운 자본주의를 만들어보려는 주장으로 이해된다. 이러한 논의의 배경에는 한국경제에서 대기업과 중소기업의 격차가 확대되고 있어서 이러한 상태가 지속된다면 궁극적으로는 대기업의 경쟁력도 제약을 받게 될 것이라는 점이 있다. 또한 최근 미국 애플사 사례에서처럼 최근의 경쟁은 개별 기업 간의 경쟁보다는 개별 기업과 다양한 네트워크로 연계되어 있는 기업 그룹 간, 기업생태계 간 경쟁으로 변모되고 있기 때문에 공생발전이 필요하다는 것이다. 그러나 공생발전이라는 개념은 매력적이지만 이 프레임도 한국경제를 구성하는 일부에 국한된 논의라고 할 수 있으며, 또한 개념은 매력적이지만 이를 어떻게 구현할 수 있을 것인가에 대한 방법론에 대해서는 구체성이 결여된 경우가 많다고 판단된다.

3. 새로운 한국 자본주의 대안의 모색

1) 사람 및 고용중심 자본주의

본고에서는 새로운 한국자본주의 모형으로 사람 및 고용 중심 자본주의(Human and Employment Oriented Capitalism)를 제안하고자 한다. 사람 및 고용 중심 자본주의는 모든 경제활동이나 경제정책의 중심에 사람과 고용을 두는 자본주의를 말한다. 새로운 한국자본주의 대안모형의 조건에서 제시한 새로운 한국자본주의의 조건과 연결하여 사람 및 고용 중심 자본주의가 필요한 이유를 설명해 본다.

새로운 한국자본주의 모형의 제 1 조건은 잠재성장률의 제고이다. 이미 지적하였듯이 한국의 잠재성장률은 하락하는 추세로, 잠재성장률의 제고를 위해 총요소생산성의 증대가 거의 유일한 대안이라고 할 것이다. 총요소생산성의 증대는 기본적으로 인적자본에 대한 투자증대와 밀접한 관련이 있다. 각종 기술의 발전이나 새로운 경제성장의 원동력이 되는 혁신도 결국은 인적자본에서 시작되는 것이라고 할 수 있다. 향후 한국경제는 인적자본에 대한 투자확대를 통해 새로운 성장동력을 창출하고, 이러한 성장동력을 통해 새로운 고용을 창출하는 방식으로 성장해야 한다.

새로운 한국자본주의 모형의 두 번째 조건은 소득분배가 개선되는 성장이다. 한국경제가 1990년대 중반까지 소득분배가 개선되는 경제성장을 할 수 있었던 이유는 기본적으로 고용채널을 통해 성장의 낙수효과가 나타났기 때문이다. 최근 나타나는 소득분배의 악화현상의 1차적 원인은 이러한 고용채널이 제대로 작동하지 않고 있기 때문이다. 향후 한국 경제는 경제성장률 제고라는 간접적인 경로와 함께 일자리의 창출이라는 목표를 직접 목표로 설정함으로써 경제성장과 소득분배의 선순환 관계를 복원하여야 할 것이다.

새로운 한국자본주의 모형의 세 번째 조건은 경제안정성의 증대이다. 이미 지적했듯이 한국경제의 불안정성 심화는 기본적으로 한국경제가 완전 개방되어 있는 상태에서 대외의존도가 매우 크기 때문이다. 이러한 현상을 완화하기 위해서는 대외 개방도를 축소해야 하며, 이러한 대외 개방도 축소는 수출부문의 역할 축소를 통해서가 아니라, 내수부문의 역할 증대를 통해 달성되어야 한다. 한국경제에서 내수부문의 역할을 증대시키려면 기본적으로 높은 고용률을 달성해 민간의 소비여력을 늘려야 하며, 산업측면에서는 일자리 창출형 고부가가치 서비스업을 육성해야 한다.

새로운 한국자본주의 모형의 네 번째 조건은 삶의 질 향상이다. 자본주의 모형의 궁극적인 목표는 국가경제 발전과 성장보다는 개인의 삶의 질 향상이라고 할 것이다. 이제 한국자본주의의 초점도 거시경제가 아니라 국민 개개인의 삶을 중심으로 변모할 필요가 있다. 한국의 자본주의 시스템을 구성할 때 사람이라는 요소를 가장 우선시하는 제도와 관행을 정착시킬 필요가 있다는 것이다.

2) 새로운 자본주의와 사람 및 고용 중심 자본주의

본고는 글로벌 금융위기 이후 제기된 시장중심 자본주의에 대한 대안을 모색하고 있다. 현재 광범위하게 논의되고 있는 세계 자본주의 대안을 편의상 '새로운 세계자본주의'라고 명명하고 있는 경우, 새로운 세계자본주의라는 관점에서 본고에서 제안하고 있는 사람 및 고용 중심 자본주의와의 관련성을 검토해 본다. 여기에서 사람 및 고용 중심의 자본주의를 주창한 이유는 역사적으로 볼 때 자본주의의 형태 변화는 경기침체와 더불어 소득분배의 악화가 주된 원인이었으므로 이러한 현상이 직접적으로 자본주의의 형태 변화를 유발하였던 경로의 중심에 바로 고용과 실업문제가 있었다는 점에 주목하였기 때문이다. 예를 들어 1930년대 케인즈식 정부지출 확대 처방이 나왔던 이유는 바로 대량의 실업사태였으며, 1980년대 시장중심 자본주의가 전면으로 등장했을 때에도 당시 시스템으로 더 이상 고용을 유지하기 어려웠기 때문이었다. 현재 글로벌 금융위기 이후 선진국에서 새로운 자본주의에 대한 열망이 분출되고 있는 이유도 바로 실업률의 증가가 주된 원인 중 하나라고 하겠다. 따라서 향후 새로운 자본주의에서는 경제성장이나 발전에 따라 고용이 부수적으로 따라온다는 소극적인 관점에서 탈피하여 보다 적극적으로 고용을 전면에 내세울 필요가 있다.

본고에서는 자본주의의 변화를 시장과 정부 간의 관계 재정립이라는 측면에서 분석한 바 있다. 일단 개념적으로 보면 정부와 시장 간의 관계라는 측면은 자본주의의 가치를 실현하기 위한 방법적 문제라 사람 및 고용 중심 자본주의는 방법보다는 다소 상위에 존재하는 가치와 목표에 가깝다고 할 것이다. 즉 사람 및 고용 중심 자본주의 관점에서 보면 시장과 정부 간의 관계는 사람 및 고용 중심 가치를 실현하는 하나의 방안인 것이다. 사람 및 고용 중심 자본주의 프레임 하에서 정부와 시장 간의 관계는 사람의 가치를 증진시키고, 고용을 증대하는 과정에서 상호 대립적인 관계가 아니라 보완적인 관계가 되어야 한다. 사람의 가치를 증진시키는 일은 주로 정부가 담당할 일이지만, 시장도 사람의 가치를 증진시키는데 훌륭한 보조자로서의 역할을 다해야 한다. 고용을 창출하는 과정은 주로 시장이 담당하는 일이지만, 정부도 시장을 보완해서 훌륭한 보조자로서의 역할을 다해야 한다.

새로운 세계자본주의 논쟁의 대두 배경에는 금융 중심 자본주의와 그 피해가 있었다. 사람 및 고용 중심 자본주의 입장에서 보면 금융의 존재이유는 사람의 가치를 증진시키고 고용 창출에 도움이 되어야 한다. 따라서 금융 중심 자본주의 하에서 진행되던 금융행태가 사람의 가치를 증진시키거나 고용 창출에 저해된다면 이 부분은 전면적인 개선이 필요하다고 하겠다. 즉 금융부문의 건전성 제고를 위한 금융감독의 강화뿐만 아니라 금융부분이 인적자본의 가치 제고와 고용 창출에 기여할 수 있도록 하는 시스템을 만들어나가야 한다.

사람 및 고용 중심 자본주의 하에서 기업의 역할도 변모할 필요가 있다. 이미 지적하였듯이 새로운 자본주의 체제 내에서 기업의 사회적 역할은 중요하지만 한계도 분명히 있다고 하겠다. 사람 및 고용 중심 자본주의 하에서 기업의 우선적인 사회적 역할은 고용의 유지와 창출이어야 한다. 물론 이러한 사회적 목표를 달성하는 중간기제로서 이익창출의 극대화, 주주가치의 극대화, 소비자가치의 극대화 등의 다양한 대안적 모형을 추구할 수 있지만, 사람 및 고용 중심 자본주의

체제 하에서 기업의 사회적 역할은 궁극적으로 창출한 고용의 양과 질에 의존하게 된다.

3) 제안된 대안의 유용성과 한계점

본고에선 제안한 사람 및 고용 중심 자본주의는 한국자본주의가 추구해야 할 가치와 방법론을 아우르는 자본주의 모형이다. 본고에서 지적한 것처럼 사람과 고용 중심의 자본주의야 말로 한국의 처한 다양한 대내외 도전을 이겨낼 수 있는 하나의 대안이 될 수 있다. 특히 기존의 새로운 자본주의 논의가 시장과 정부 간의 역할에 있어서 제로섬(zero sum) 측면을 강조한 반면 본고의 제안은 양자의 관계를 제로섬이 아니라 퍼지티브섬(positive sum) 인식이라는 점에서 차별성이 있다. 또한 고용을 전면에 내세우면서 자본주의가 추구하는 다양한 가치와 목표를 고용이라는 한 가지 측면으로 단순화하였다는 점에서 실제 적용 가능성을 높인 제안이라고 할 것이다.

그러나 본 제안은 다양한 한계도 존재한다. 먼저 사람과 고용중심 자본주의가 사람의 가치를 제고하고 고용을 창출하는 자본주의라고 하였지만 사람의 가치를 제고한다는 개념과 고용을 창출한다는 개념을 보다 명확히 할 필요가 있다. 다음으로 본고의 제안은 아직까지도 다소 추상적인 차원에 머물러 있고, 구체적인 정책대안은 미흡하다는 점이다. 예를 들어 선진국에서 나타나듯이 글로벌화의 진전이 국내 고용에 부정적인 영향을 미치는 경우 이에 대해 어떠한 정책대안을 제시할 수 있는 지 불명확하다. 금융부문이 고용에 피해를 입히지 않고 사람가치의 제고와 고용창출에 기여해야 한다고 하였으나, 역시 구체적인 정책대안 제시가 미흡하다. 기업의 사회적 책임과 관련해 고용창출이 최우선이라 하지만, 고용창출이라는 사회적 역할과 기업의 생존이라는 사적 조건이 충돌하는 경우에 어떠한 원칙으로 이 문제를 풀어야 하는지에 대한 정책대안 제시도 미흡하다. 이러한 한계들은 추후 연구를 통해 풀어나가야 할 과제들이라고 할 수 있다.

참고문헌

강석훈. 2011. 9. 4. "압축성장은 가능해도 압축복지는 불가능하다." 조선일보.

Brenner, Robert. 1998. "The Looming Crisis of World Capitalism : From Neoliberalism to Depression?," *Solidarity.* http://www.solidarity-us.org/node/871

Fair, Vanity and Graydon Carter. 2010. *The Great Hangover : 21 Tales of the New Recession from the Pages of Vanity Fair.* New York : Harper Perennial.

Kaletsky, A. 2010. *Capitalism 4.0 : The Birth of a New Economy in the Aftermath of Crisis.* New York : Perseus/Public Affairs.

Mackey, John and Rajendra Sisodia. 2013. *Conscious Capitalism : Liberating the Heroic Spirit of Business.* Boston : Harvard Business Review Press.

Martin, Roger 2010. "The Age of Customer Capitalism", *Harvard Business Review* January-February, 58-65.

OECD 2011. *Society at a Glance : OECD Social Indicators,* OECD

Piketty, Thomas and Saez, Emmanuel. 2006. "The Evolution of Top Incomes : A Historical and International Perspective", *NBER Working Paper Series.*

e-나라지표 www.index.go.kr.

6장

FTA의 사회화와 안보화 : 한·미 FTA의 사례를 중심으로

이승주 (중앙대학교)

I. 서론

한·미 FTA는 한국이 그동안 추진해온 다른 FTA에 비해 특수하다. 광범위하고 심도 있는 자유화와 경제 통합을 지향하고, 경제와 안보를 연계하며, 협상은 신속하게 타결되었지만 재협상과 지루하고 험난한 비준 과정을 거쳤다는 점에서 특수하다. 한·미 FTA는 이러한 특수성을 반영하듯 한국 사회에 커다란 반향을 불러일으켰고, 평가 역시 극단적으로 엇갈린다. 한·미 FTA가 한국 사회 내에서 이익과 피해의 분배를 둘러싼 경제적 갈등뿐 아니라 경제적 이해관계와 직접적 관계가 없는 사회적 갈등까지도 초래했다고 본다. 이 과정에서 정당과 시민사회는 한·미 FTA를 정치화하는 경향을 드러냈고, 정부는 한·미 FTA를 성사시키기 위해 안보 논리를 도입하는 안보화 현상도 대두되었다. 이처럼 한·미 FTA는 다양한 행위자들이 다양한 차원에서 경쟁하고 갈등하는 장으로 의미를 갖는다.

본 연구는 이러한 문제의식을 갖고 한·미 FTA 추진 과정에서 나타난 주요 특징들을 검토한다. 2장에서는 한·미 FTA 추진 과정에서 나타난 특징을 비판적으로 검토한다. 3장에서는 한·미 FTA를 둘러싼 갈등의 축이 경제적 이해 관계 중심의 갈등구조에서 사회적 갈등구조로 재편되는 과정을 검토한다. 4장에서는 한·미 FTA에 대한 반대가 고조되자 정부가 한·미 FTA에 안보 논리를 부가하는 한·미 FTA의 안보화 과정을 검토한다. 마지막 5장에서는 한·미 FTA 추진 과정에서 나타난 특징을 비판적으로 검토하고, 시사점을 제공한다.

Ⅱ. 한·미 FTA 추진 과정

한·미 FTA 추진 과정에서 정부는 국내 이해 당사자들과 긴밀한 의견 조정을 거치지 않고 미국 정부와의 대외 협상을 신속히 진행하는 데 주력했다. 한·미 FTA 협상을 개시하기 위해 정부가 공청회를 개최한 방식에 이러한 특징이 집약적으로 나타난다. 2004년 6월 'FTA 체결 절차 규정(대통령 훈령 121호)에 따르면, FTA 협상 개시 이전에 정부는 이해관계자들의 의견을 반영하기 위해 공청회를 개최하도록 되어 있다. 그러나 정부는 한미 FTA 협상 개시 선언 불과 하루 전인 2006년 2월 2일 공청회를 개최하였고, 농민단체들이 강력하게 반발하면서 공청회가 무산되었다. 공청회의 졸속 개최와 무산은 대내협상을 소홀하게 취급한 대표적 사례라고 할 수 있다. 2006년 6월 27일 공청회가 다시 개최되었지만 한미 FTA 저지 범국민본부회의가 협상내용 공개를 요청하자 논란이 격화되면서 공청회는 다시 파행으로 치달았다.[1] 이후 협상과정에서도 정부는 이들의 이해관계를 반영하려는 적극적인 노력보다는 효율적인 대외협상 진행에 초점을 맞추었다. 무역 자유화에 대한 피해집단이 제기하는 강한 반대는 대외협상 진행과정과 협상 내용에 커다란 영향을 미치지 못하게 되었다. 강한 반대에도 불구하고 한미 FTA에 착수한지 불과 1년도 안되는 짧은 시간 내에 정부가 협상을 타결할 수 있었던 이유는 여기에 있다(〈표 1〉 참조).

〈표 1〉 한·미 FTA 진행 과정

일시	진행 상황
2006년 2월 2일	공청회 개최
2006년 2월 3일	한미 FTA 추진 발표
2006년 6월 5일	공식 협상 개시
2006년 6월 27일	공청회 개최
2007년 4월 2일	협상 타결
2007년 6월 21일	추가 협의

1 이승주, 2006, "국회와 대외경제정책 : FTA 정책결정을 중심으로," 『의정연구』 제12권 2호.

2007년 6월 30일	서명
2007년 9월 7일	비준동의안 17대 국회 제출
2008년 10월 8일	비준동의안 18대 국회 제출
2009년 4월 22일	국회 외교통상통일위원회 통과
2010년 12월 3일	추가협상 타결
2011년 2월 10일	추가협상 합의문서 서명 및 교환
2011년 5월 4일	비준동의안 철회(외교통상통일위원회)
2011년 6월 3일	비준동의안 국회 제출
2011년 9월 16일	비준동의안 외통위 상정
2011년 10월 3일	이행법안 미 의회 제출
2011년 10월 5일	미 하원 세입위원회 이행법안 통과
2011년 10월 11일	미 상원 재무위원회 이행법안 통과
2011년 10월 12일	미 상하원 본회의 이행법안 통과

출처 : 외교통상부 자유무역협정 홈페이지
(http://www.fta.go.kr/new/ftakorea/ kor_usa_daylist.asp?country_idx=19.)

정부의 이러한 추진 전략 실행에는 세 가지 요소가 작용했다. 첫째, 부시 행정부에게 미국 의회가 부여한 무역촉진권한(Trade Promotion Authority;TPA) 종료 시점이 2007년 7월로 다가오면서 한·미 FTA는 대략 2007년 3월 말까지 협상을 완료해야 하는 상황적 요소가 작용했다.[2] 당시 미국 의회는 상하 양원 모두 보호무역 성향이 상대적으로 더 강한 민주당이 장악하고 있어서 무역촉진권한이 연장될 가능성이 높지 않은 상황이었기 때문에, 한·미 양국 정부는 FTA 협상을 3월까

2 김현종, 2010, 『한미 FTA를 말하다 : 대한민국을 위해 최전방에 설 젊은이들에게』, 홍성사.

지 끝내야 한다는 이해를 암묵적으로 공유하고 있었던 것이다. 이는 한국 정부가 미국 정부와의 대외 협상을 신속히 추진한 반면, 상대적으로 대내 협상을 경시하는 상황적 요소로 작용했다.

둘째, 거시적 관점에서 통상정책 결정구조 역시 정부가 대내 협상을 소홀히 하는 구조적 요인으로 작용했다. 1998년 2월 현재와 같은 통상정책 결정구조가 형성되었는데, 그 핵심은 대외 협상과 대내 협상의 이원화에 있다. 즉 통상정책 결정구조에서 대외 협상은 통상교섭본부가 주도하고 대내 협상은 재정경제부가 관련 부처들의 의견을 수렴하여 조정하는 이원화된 형태로 만들어진 것이다.[3] 이원화된 구조는 대내 협상에 비해 대외 협상의 효율성을 우선한다는 특징을 갖는다. 대내 협상의 측면에서 볼 때, FTA의 타결에 따른 무역 자유화 피해집단이 반대를 제기하기 어려운 구조인 것이다.[4] 따라서 피해집단은 FTA에 대한 반대를 주로 정책결정의 후반부인 국회의 비준동의 단계에서 제기하게 된다. 이는 한국의 FTA 정책결정이 과도하게 정치화되는 하나의 원인이 된다. 문제는 한국에서는 국회와 이익집단을 연결

3 이승주, 2006.

4 정부가 이해당사자들의 의견을 반영하기 위한 노력을 포기한 것은 아니었다. 2001년 8월 통상교섭과 관련된 경제정책 전반에 관한 사항을 논의하는 대외경제장관회의를 신설하여, 이 회의가 FTA 협상 개시를 결정하도록 하였다. 또한 대외경제장관회의는 협상 개시 이후에도 협상안, 협상 진행상황 및 최종협상안에 대해서 심의·의결하고, 필요에 따라 국내보완대책을 수립하도록 정부에 요청하는 역할을 하도록 설정되었다. 이는 대외협상과 대내협상의 균형을 맞추려는 노력의 일환이라고 할 수 있다. 그러나 이러한 제도적 장치는 기본적으로 기존 통상정책 결정구조의 보조적 수단이라는 데 문제가 있다.

하는 제도가 활성화되어 있지 않기 때문에, FTA의 피해집단들이 실질적인 정책 변경을 이끌어내는 데 한계가 있다는 점이다. 이처럼 한국의 통상정책은 행정부 주도 하에 이루어지고 있으며 국회를 비롯한 다른 공식 행위자들은 주변적 역할을 하는 데 불과하다.[5]

셋째, 정치적 영향력 측면에서 FTA의 수혜집단과 피해집단 사이의 상당한 비대칭성이 발견된다는 점을 들 수 있다. 수혜집단과 피해집단의 비대칭성은 정부에 영향력을 행사할 수 있는 제도화된 통로의 확보 정도와 밀접한 관련이 있다. FTA의 대표적 수혜집단인 대기업 및 수출 기업들은 전경련, 대한상의, 무역협회 등을 통해 정부와 일반 국민을 상대로 FTA의 긍정적 효과를 홍보, 교육하는 등 활발한 활동을 전개하였다.[6] 특히 이 단체들은 세계적 차원의 정보력을 활용하여 자신들에게 유리한 정보를 정부에 제공하거나 자신들의 입장을 담은 건의서를 공표하고, 정부 관료들과 공식, 비공식 접촉을 하는 등 다양한 방식으로 정부에 영향력을 행사한다.[7] 반면에 FTA의 피해집단은 강한 반대를 제기하는 것은 사실이지만, 정부의 공식적 정책결정 과정에 참여할 수 있는 제도적 통로를 확보하고 있지 못하다.

---

5 유현석, 2008, "통상외교와 국회의 역할 : 한 칠레 FTA와 한미 FTA의 사례." 『한국정치외교사논총』 제29집 2호.

6 정상화, 2011, "한국의 민주화와 이익정치의 변화와 연속성에 대한 연구," 『한국정당학회보』 10(1), 19.

7 Chiwook Kim, 2011, "Toward a Multistakeholder Model of Foreign Policy Making in Korea? Big Business and Korea-US Relations," *Asian Perspective* 35, 486-487.

재협상이라는 중대 국면에서도 국회는 양국 정부의 협상 과정에 개입할 법적 근거를 갖고 있지 못하기 때문에 국외자의 위치에 머물러 있을 수밖에 없었다. 이러한 취약한 위상은 국회가 한·미 FTA 협상의 진행 과정에서 소극적 역할을 하는 데 일조했다. 협상이 개시된 2006년 2월에도 국회 차원의 대응은 없었고, 미국 워싱턴에서 열린 제1차 협상의 시점에도 특별한 대책을 수립하지 않았다. 2차 협상이 끝난 7월 31일이 되어서야 비로소, 국회는 한·미 FTA 특별위원회 첫 회의를 개최할 수 있었다. 이렇듯 국회는 사안의 중요성에도 불구하고 한·미 FTA 협상 과정에서 소극적 태도로 일관하였다.[8] 결국 국회는 한·미 FTA의 비준 단계에 이르러서야 비로소 적극적인 목소리를 내기 시작했다.

재협상 과정에서도 국회의 이러한 역할은 기본적으로 반복되었다. 그 결과 국회가 사회적 합의를 형성하기 보다는 사회적 갈등을 더욱 유발시키는 문제를 드러냈다. 미국 의회처럼 FTA 협상에 직접 개입할 수 없는 상황에서, 국회는 사회 전반의 의견을 수렴, 취합하여 행정부에 전달하고 보완대책을 수립하는 역할에 주력하지 못하고, 스스로의 역할을 비준을 위한 심의단계에 한정하였다.

이러한 요인들은 한국 정부가 한·미 FTA를 추진하는 데 있어서 주요 행위자들의 이해 관계를 사전에 수렴하여 대외 협상에 임하기 보다는, 역으로 대외 협상의 결과물을 국내 행위자들에게 설득하는

8 유현석, 2008.

방식을 취하는 결과를 초래했다. 물론 정부는 일정 부분 주요 이해 당사자들의 동의를 구하기 위한 대내 협상을 전개하기도 했다. 2006년 7월 중소기업중앙회회장, 대한상의회장, 농촌경제연구원원장, 무역협회 회장, 한국여성단체협의회 회장 등으로 구성된 한·미 FTA 체결지원 위원회를 설치하고, 2007년 6월에는 국내 정책조정 기능을 강화하는 차원에서 'FTA 국내대책본부'를 출범시키는 등 대내 협상의 정당성을 확보하기 위한 노력을 기울이기도 하였다. 그러나 한·미 FTA 체결 지원위원회의 경우, 다양한 이해관계를 대표하기보다는 한·미 FTA에 우호적인 단체가 대거 포함되고, 피해집단인 농어업과 서비스업의 대표성은 지극히 제한되는 등의 문제를 드러냈다.[9]

9 실제로 2007년 4월 갤럽의 조사 결과에 따르면, 한·미 FTA 협상의 타결 과정에서 FTA에 반대하는 사람들에 대한 설득이 부족했다는 의사를 표시한 사람들의 비율이 무려 73%에 달하였다. 갤럽 조사, 2007/4/3.

III. 경제적 이해관계와 FTA의 사회화

1. 경제적 이해관계를 둘러싼 갈등 구조

1) 1차 협상 단계

정부가 2006년 제시했던 'FTA 로드맵'에 따르면 한·미 FTA는 거대선진 경제권과의 FTA 추진 대상이었으며, 그 가운데서도 중장기 추진 대상으로 분류되어 있었다. 그러나 노무현 정부는 FTA 로드맵의 추진 일정을 변경하여 한·미 FTA를 조기 추진하기로 결정하였다. 이는 특히 협상 진행 중이었던 한·일 FTA를 중단하고 한·미 FTA 협상에 착수하기로 했다는 점에서 FTA 정책의 중대 전환점이라고 할 수 있다.[10]

노무현 정부가 거대선진경제권과의 FTA 중에서도 한·미 FTA를 우선 추진하기로 한 이유 중 하나는 한·미 FTA의 경제적 효과가 다른 어떤 FTA보다도 큰 것으로 예상했기 때문이었다. 그동안 동시다발적 FTA 추진전략에 따라 한국은 이미 한·칠레 FTA와 한·싱가포르 FTA 등을 체결하였으나, 군소 국가들과의 FTA로부터 기대할 수 있

---

10 한·일 FTA 협상의 중단과 한·미 FTA 추진 배경에 대해서는 김현종, 2010, 『한미 FTA를 말하다 : 대한민국을 위해 최전방에 설 젊은이들에게』. 홍성사.

는 경제적 효과는 크지 않았다. 정부로서는 단순히 다수의 FTA 체결하는 데 그치지 않고, FTA 체결을 통해 의미 있는 경제적 효과를 창출하기 위해서는 거대선진경제권과의 FTA가 반드시 필요했던 것이다. FTA 로드맵을 변경해 한·미 FTA를 우선 추진한 경제적 배경이다. 따라서 정부는 협상이 잠정 중단된 한·일 FTA보다 한·미 FTA의 경제적 효과가 크다고 예측한 연구 결과들을 대대적으로 홍보하였다. 한·일 FTA가 한국의 GDP에 미치는 경제적 효과가 −0.07%~1.05%로 예상된 반면,[11] 한·미 FTA의 경제적 효과는 0.69% 1.73%로 예상되었다.[12] 특히 국책연구기관인 대외경제정책연구원이 제출한 연구 결과는 한·미 FTA의 경제적 효과가 매우 큰 것으로 보고했다. CGE 정태모형에 기반한 경제적 효과는 한국의 실질 GDP 0.42%(29억 달러) 증가시키는 것으로 나타났으며, 특히 생산성 증대 효과를 고려한 CGE 자본축적모형에 기반한 경제적 효과는 GDP 7.75% 증가로 보고되었다.[13]

이처럼 한·미 FTA 추진 초기 단계에서는 정부는 우선 단기적으로 발생하는 무역의 확대, 무역 흑자의 증가, 그에 따른 GDP 증가 등 주로 FTA의 정태적 효과에 초점을 맞추었다. 그러나 정부의 예상과

---

11 In Gyo Cheong and Yunjong Wang, 1999, "Korea−U.S. FTA : Prespects and Analysis," KIEP Working Paper 99−103 (Seoul : KIEP).

12 USITC, 2001, *U.S–Korea FTA : The Economic Impact of Establishing a Free Trade Agreement (FTA) Between the United States and Republic of Korea* (Washington, D.C. : USITC).

13 대외경제정책연구원. 한·미 FTA의 경제적 효과 해설.

달리, 한·미 FTA의 경제적 효과에 대한 추정치는 커다란 국내적 반발을 초래했다. 한·미 FTA 반대진영은 미국의 관세율은 대부분의 제조업에서 매우 낮은 수준이기 때문에 상대적으로 높은 관세율을 유지하고 있는 국가들과의 FTA가 관세 철폐 또는 인하에 따른 단기적인 경제이익이 더 크다는 주장을 제기했다. 이 논리에 따르면, 중국, 인도, 브라질이 포함된 남미공동시장(MERCOSUR) 등 경제규모가 크고 높은 관세장벽이 존재하는 개도국과의 FTA를 한·미 FTA에 앞서 우선 추진하거나 적어도 병행 추진하는 것이 논리적으로 타당했던 것이다. 이에 대한 정부의 방어 논리는 이 국가들의 관세 수준이 높은 것은 사실이지만 교역 규모가 크지 않기 때문에, 이 국가들과 FTA를 체결한다 해도 경제적 효과는 한·미 FTA의 경제적 효과에 미치지 못할 것이라는 판단이었다. 실제로 2005년 현재 한국의 교역 규모에서 인도, 브라질, 멕시코가 차지하는 비중은 각각 1.23%, 0.9%, 0.78%에 불과했다.[14]

한·미 FTA의 경제적 효과에 대한 논란이 거세지자 정부는 관세 인하에 따른 실질 GDP의 증가 이외에도 소비자 이익의 증대, 금융산업을 중심으로 한 서비스 산업의 발전, 제도의 선진화 등 한·미 FTA의 다양한 경제적 효과를 대대적으로 부각하기 시작했다.[15] 정부의 이

14 무역협회 홈페이지, http://www.kita.net.

15 Won-Mog Choi, 2009, "Aggressive Regionalism in Korea-US FTA : The Present and Future of Korea's FTA Policy," *Journal of International Economic Law* 12(3) : 595-615.

러한 논리에 대해서도 수많은 반대가 제기되었다. 일방에서는 정부가 피해집단에 대한 충분한 정책적 고려 없이 신자유주의 논리에 경도되어 무분별하게 한·미 FTA를 추진했다고 비판한다. 이들은 한·미 FTA가 "우리나라에 경제적 이득을 발생시킨다고 보기 어려울 뿐 아니라, 설사 이득이 발생하더라도 미국계 초국적 자본과 융합되어 있는 재벌과 수출산업 등 소수에게 집중되어 다수의 희생을 초래한다"고 주장한다. 한마디로 한·미 FTA는 한국 경제의 '신자유주의적 개편'의 완결판이라는 주장이다. 더 나아가 이들이 보는 한·미 FTA의 폐해는 경제적 측면에 국한되지 않는다. 이들은 한·미 FTA는 "한국의 경제적, 문화적, 정치적 주권의 상실을 초래하는 '미 제국으로의 실질적 합병'을 의미한다"고 주장한다.[16]

2) 재협상과 비준 단계

한·미 FTA의 재협상은 많은 논란을 불러일으켰다. 초점은 재협상의 수용 여부와 재협상 결과가 이른바 이익의 균형을 맞출 수 있을 것인가에 있었다. 이와 관련해 우선 정부의 인식을 살펴보자. 2010년 12월 5일 추가협상 직후 내놓은 설명 자료에서 외교통상부는 한·미 FTA 타결 이후 3년 5개월이 경과되었음에도 발효되지 않은 데 따른 경제적 손실 기회비용이 발생하고 있다고 밝혔다. 2007년 7월 대한상

16 한미FTA 저지 범국민운동본부 정책기획연구단 2006 : 26–28.

의 보고서를 인용하여, 비준이 1년 지연되면 연간 약 15.2조원의 기회비용이 발생할 것이라는 구체적 추정치를 공개하였다. 재협상의 타결과 조속한 발효가 시급히 필요하다는 것이다. 또한 자동차 분야에서 미국의 우려를 해소하면서도, 여타 분야에서 우리의 요구사항을 반영하여 재협상의 결과가 전체적으로 이익의 균형을 확보하였다고 자평했다.[17]

재협상에 대한 정부의 평가는 2011년 10월 12일 미국 의회가 이행법안을 통과시킨 후에도 그대로 유지되었다. 한·미 FTA 재협상이 타결된 이후에도 한·미 FTA의 경제적 효과를 부각하는 정부의 노력은 계속되었다. 한·미 FTA 재협상 타결 직후 기획재정부는 보도자료를 통해 "한·미 FTA는 세계 최대 경제국과의 FTA로서 미국과의 교역뿐 아니라 투자와 인적 교류의 활성화를 통해 우리경제의 성장기반을 더욱 공고히 하는데 기여할 것"이라고 평가했다.[18] 구체적으로 정부는 "세계 경제규모의 약 1/4을 차지하며 우리나라의 제3위 교역상대국인 미국과의 FTA로 인해 향후 10년간 GDP가 5.7% 증가하고, 35만개의 일자리가 창출되며, 연평균 27.7억 달러의 무역흑자가 확대될 것"이라고 전망했다.[19]

구체적으로 자동차 분야에서 미국의 입장을 일부 수용한 반면,

17 외교통상부 통상교섭본부, 2010/12/5, 한·미 FTA 관련 추가협상 결과 상세 설명자료.

18 기획재정부 보도참고자료 2011/10/13.

19 기획재정부 보도참고자료 2011/10/13.

우리도 돼지고기의 관세철폐 기간을 연장하고, 의약품 특허연계를 유예하는 등 이익의 균형을 맞추었다는 것이다. 구체적으로 승용차 부문에서 미국은 관세 2.5%를 발효시킨 후 4년 간 유지한 다음 철폐하기로 한 반면, 한국은 관세 8%를 발효일에 4%로 인하 후 4년간 유지한 다음 철폐하기로 하였다. 한국은 돼지고기 관세철폐 기간 2년 연장(2014.1.1.→2016.1.1.), 복제의약품 시판방지조치 의무 이행 발효 후 3년 유예, 기업 내 전근자 비자(L−1)의 유효기간 연장 등의 양보를 얻어냈다. 전체적으로는 한·미 FTA로 인해 향후 10년간 실질 GDP는 최대 5.66% 증가하고, 후생은 최대 321.9억 달러 수준 증가하고, 서비스업 중심으로 총 35만개의 새로운 일자리가 창출되며, 무역수지는 향후 15년간 연평균 27.7억$ 흑자가 확대될 것으로 예상하였다. 전체적으로는 한·미 FTA가 성장·고용·무역수지 증가를 통해 국익에 기여하는 것은 재협상 이후에도 변함이 없다는 것이다.[20] 다만 농수산업은 향후 15년간 연평균 8,445억원의 생산이 감소할 것으로 예상했는데, 이에 대해서는 피해규모를 크게 초과하는 약 22조원 규모의 지원대책을 이미 추진하고 있기 때문에, 조속한 국회 비준이 요구된다고 역설했다.[21]

다수의 경제단체들이 이러한 정부의 발표를 지지하는 성명을 내

---

20 기획재정부 보도참고자료, 2011/10/13, 한·미 FTA 이행법안 미 상하원 본회의 통과.

21 농축산업 보완대책은 한EU 보완대책 등 다른 대책까지 포함하면 총 27조원 규모에 달한다. 반면 제조업 분야의 보완대책은 1.2조원에 불과하다. 기획재정부, 2011.

놓기도 했다. "미국의 핵심 요구사항인 자동차 분야에서 기존 합의내용보다 좀 더 양보했지만 우리 자동차산업의 높은 경쟁력을 감안하면 기존 합의된 양허이익을 침해하지 않은 수준이라고 보며 대신 돼지고기와 의약품 분야에서는 우리의 이익을 반영한 데다 쇠고기분야는 끝까지 양보하지 않아 이익의 균형을 적절히 이루었다"고 정부의 주장을 되풀이했다.[22] 논란의 중심이 되었던 자동차의 경우, 자동차공업협회가 한·미 FTA의 타결은 한국 자동차 업계의 경쟁력 향상에 도움이 되고 부품 수출에 기여할 것이라는 의견을 내놓았다.[23]

반면 한미 FTA 저지 범국민대책본부는 재협상의 선례를 만들고 내용도 불평등한 협정을 체결했고, 무엇보다 큰 문제는 재협상 과정에서도 피해집단의 의견 수렴이 제대로 이루어지지 못했다고 비판했다. 경제정의실천시민연합 또한 한국이 우위에 있는 자동차 부문에서 많은 양보를 한 일방적인 협상이었다고 평가했다.[24] 이러한 비판에 대해, 이익의 균형은 추가협상의 결과 자체보다는 중장기적·동태적 관점에서 전반적인 효과를 평가해야 한다는 논점을 바꾸는 견해가 대외경제정책연구원 등 정부 관련 기관을 중심으로 제기되기 시작했다. 추가협상의 선례를 남긴 것은 아쉬운 점이지만 표류해 왔던 한·미 FTA의 발효로 한국이 세계 최대 시장인 미국 시장에 대한 접근성을 안정적

22 한국무역협회, 2010/12/5, 한국무역협회 성명서 : 한미 FTA 추가협상 타결 환영 및 조기비준촉구.

23 한국자동차공업협회, 한미 FTA 최종 타결 관련 자동차업계 의견.

24 경향신문, 2010/12/6.

으로 확보하였다는 전체적 관점에서 재협상을 평가해야 한다는 것이다.[25]

2. 한·미 FTA의 사회화

이처럼 한·미 FTA는 경제적 효과를 둘러싼 논쟁이 협상 출범 단계부터 재협상이 타결될 때까지 지속되었다. 이 과정에서 한·미 FTA는 경제적 이해관계를 둘러싼 갈등을 넘어서서 한·미 FTA의 정당성에 대한 갈등이 전개되는 사회화 과정을 거치게 되었다. 즉 한·미 FTA에 대한 갈등구조가 경제적 이해관계에 기초하여 수혜집단과 피해집단을 중심으로 형성됐던 초기의 갈등 구조에서 개인 또는 집단들의 경제적 유불리를 넘어서서 사회 또는 국가적 관점에서 접근하는 사회적 갈등구조로 전환된 것이다.

갈등 구조의 변화는 2006년 협상 출범 이후 2011년 재협상이 타결되고 국회 비준이 이루어지기까지 한·미 FTA에 대한 찬성과 반대가 끊임없이 변화하였다는 사실에서 그 근거를 찾을 수 있다. 개인 또는 집단이 경제적 관점에서 한·미 FTA에 접근할 경우, 한·미 FTA가 자신들에게 미치는 경제적 효과가 단기간에 변화하지 않을 것이기 때문에 한·미 FTA에 대한 선호를 짧은 시간 내에 반복적으로 바꿀 가

25 대외경제정책연구원, 2010/12/14, 한미 FTA 추가협상의 평가 및 시사점.

능성은 매우 낮다. 반면 한·미 FTA를 사회적 또는 국가적 관점에서 접근할 경우, 개인 또는 집단들이 당시의 사회적, 국가적 상황과 연계하여 한·미 FTA에 대한 선호를 표출할 것이기 때문에 한·미 FTA에 대한 찬반은 지속적으로 변화할 가능성이 있다.

한·미 FTA와 관련한 여러 여론조사 결과를 보면 찬성과 반대의 변화가 지속적으로 나타남을 알 수 있다. 한·미 FTA에 대한 일반국민들의 지지의사는 협상 출범부터 재협상의 타결까지 등락을 거듭하는 양상을 보였다.[26] 2차 협상 이후인 2006년 7월 12일 실시된 여론조사에서 한·미 FTA에 대한 찬성과 반대가 각각 30.4%와 52.3%로 반대가 과반을 넘는 결과가 나타났다.[27] 그러나 3차 협상 이후인 2007년 3월 13일의 여론조사에서는 찬반이 거의 대등한 38.1%와 34.5%로 변화했다. 최종협상 타결 이틀 전인 2007년 3월 28일의 여론조사에는 찬성 50%, 반대 36.3%로 다시 변화했다.[28] 2010년 12월 6일 재협상 타결 이후 실시된 여론조사에서는 재협상이 잘한 것이라는 사람의 비율과 잘못한 것이라는 사람의 비율이 각각 38.5%와 46.2%로 나타났다.[29]

26 리얼미터, 2006/7/12. 전국 유권자 618명을 대상으로 한 것이며, 오차범위는 95% 신뢰수준에서 3.9%이다.

27 리얼미터, 2007/3/13. 전국 19세 이상 성인남녀 531명 대상으로 한 것이며, 오차범위는 95% 신뢰수준에서 4.3%이다.

28 리얼미터, 200/3/28. 전국 19세 이상 성인남녀 531명을 대상으로 한 것이며, 오차범위는 95% 신뢰수준에서 4.3%이다.

29 리얼미터, 2010/12/6. 전국 19세 이상 성인남녀 700명을 대상으로 한 것이며,

한·미 FTA에 대한 국회의 비준에 대한 여론조사 결과도 이와 유사한 경향을 보였다. 2008년 1월 30일 실시된 여론조사에서는 국회비준이 시급하다고 의사를 밝힌 사람과 그렇지 않다는 사람의 비율이 각각 53.5%와 25.9%로 찬성 비율이 압도적으로 우세한 것으로 나타났다.[30] 그러나 불과 네 달 뒤인 2008년 5월 13일 조사에서는 찬반 비율이 28.3%와 55.4%로 오히려 반대의사가 과반을 넘었다.[31] 그러나 재협상이 타결된 2010년 12월 6일에는 다시 변화하여 찬반 비율이 각각 43.7%와 26.9%로 나타났다.[32] 이처럼 한·미 FTA 협상에 대해서뿐 아니라, 국회 비준에 대해서도 찬성과 반대가 반복적으로 변화하는 현상이 나타났다.

이처럼 한·미 FTA에 대해 찬성과 반대 비율이 지속적으로 변화한 것은 한·미 FTA에 대한 갈등이 경제적 이해 관계를 둘러싼 갈등을 넘어 사회적·이념적 차원의 갈등구조로 변화했음을 나타낸다. 2008년 미국산 소고기의 수입 조건에 대한 재협상을 요구하는 촛불집회는 한·미 FTA가 사회화되었음을 보여주는 대표적 사례라고 할 수 있다. 예를 들어 무역 자유화의 대표적 수혜집단으로 인식되는 소

오차범위는 95% 신뢰수준에서 3.7%이다.

30 리얼미터, 2008/1/30. 전국 19세 이상 성인남녀 500명을 대상으로 한 것이며, 오차범위는 95% 신뢰수준에서 4.4%이다.

31 리얼미터, 2008/5/13. 전국 19세 이상 성인남녀 700명을 대상으로 한 것이며, 오차범위는 95% 신뢰수준에서 3.7%이다.

32 리얼미터, 2010/12/6. 전국 19세 이상 성인남녀 700명을 대상으로 한 것이며, 오차범위는 95% 신뢰수준에서 3.7%이다.

비자들 가운데 상당수가 한·미 FTA에 대해 부정적 견해를 표시하기 시작한 것이 한·미 FTA의 갈등 구조가 사회화되었음을 뒷받침한다.[33]

IV. 한·미 FTA의 안보화

한·미 FTA에 대한 반대에 직면한 정부는 우선 피해집단에 대한 보상의 지급이라는 전통적 방식으로 대응했다.[34] 정부는 한·미 FTA 체결에 따른 보완대책으로 농업 부문에 대해 10년간(2008~2017) 61개 사업을 선정하여 총 20.4조원 규모의 지원을 제공하기로 결정하였다. 구체적으로 한·미 FTA로 인한 단기적 피해보전에 1.2조원, 농업 체질 개선에 12.2조원, 품목별 경쟁력 제고에 7조원을 투입하기로 했다.[35]

정부의 피해집단에 대한 직접 보상 방식 대응은 위에서 언급한

33 조기숙과 박혜윤은 촛불집회의 참가자들이 경제적으로 여유가 있고 80% 이상이 대학 재학 이상의 학력을 보유한 사람들로서 경제적 이해 관계보다는 삶의 질, 환경, 인권 등 탈물질주의적 가치를 갖고 있다고 주장한다. 조기숙·박혜윤, 2008, "광장의 정치와 문화적 충돌 : 2007촛불집회에 대한 경험적 분석," 『한국정치학회보』 42(4) : 243-268.

34 무역 자유화 이후 피해집단에 대한 직접 보상의 원인에 대해서는 다음 참조. 이승주, 2011, "한국의 무역 자유화 : 개방보호보상의 정치경제," 『한국정치학회보』 45(5) : 349-369.

35 농림부 2007.

통상정책 결정구조와 밀접한 관련이 있다. 한·미 FTA의 피해집단은 강력한 반대를 표명했지만 협상 과정에서 자신의 이해관계를 반영하는 데 실패했다. 그러나 강한 반대의 존재가 아무런 영향력을 행사하지 못하는 것은 아니다. 피해집단의 역할은 대외협상이 종결된 이후 비준 단계에서 두드러지게 된다. FTA 협상 과정을 보면 피해집단은 무역 자유화의 범위와 속도를 제한하기 위하여 정부를 상대로 반대 의사 표출을 하지만, 대외협상에 영향을 미칠 수 있는 공식적인 통로를 확보하고 있지 못하기 때문에 대외협상의 최종 단계나 국회 비준 과정에서 자신들의 이해관계를 강렬하게 표출하게 된다.

한·미 FTA에서도 이러한 현상이 발견된다. 피해집단들은 정책 결정의 후반부에서 국회를 활용하여 보상을 획득하려는 노력을 기울인 것이다. 한국에서 무역 자유화가 보상을 수반하는 이유이다. 무역 자유화 과정에서 보상이 활용되는 한국적 특징은 협상의 효율성을 높이려는 행정부와 자신의 지역구에 대한 보상 지급을 통해 재선 가능성을 높이려는 국회의원들 사이의 이해가 일치한 결과라고 할 수 있다. 이러한 현상은 우루과이 라운드 협상부터 최근의 한미 FTA 협상에 이르기까지 반복되어 나타난다. 무역 자유화에 대한 강렬한 반대에 직면한 정부는 대외협상의 성공적 종결을 위해 피해집단에 대한 보상을 지급하는 경향을 보이고, 국회 역시 비준단계에서 보상의 크기를 확대하는 역할을 수행하기 때문이다.

FTA에 대한 보상의 지급이 피해집단의 반대를 완화하는 데 일정한 역할을 한 것은 사실이다. 그러나 한·미 FTA를 둘러싼 한국 사회의 갈등구조는 경제적 이해관계에 기반한 갈등구조에서 사회적·이념적 갈등구조로 변모하면서 정부의 이러한 대응 방식은 한계를 보였다. 정부는 이러한 변화에 대해 한·미 FTA의 안보적 효과를 부각하는 새로운 대응책을 추구하였다. 한·미 FTA가 다른 FTA와 구분되는 가장 큰 특징 가운데 하나는 안보 논리가 계속해서 연계되는 FTA의 안보화 현상이 나타났다는 점이다.[36] FTA의 안보화 및 정치화를 촉진하는 요인은 국가안보의 강화, 국제 교섭능력 신장, 개혁 공약을 통한 국제신뢰도 향상 등을 들 수 있다. FTA의 안보화를 주도하는 대표적인 국가는 미국이다. 미국은 NSC(국가안전보장회의) 주도하에 관계 부처 간 협의를 거쳐 FTA 상대국을 선정하는 6가지 기준을 공표한 바 있다.[37] 그 기준은 (1) 교역능력, 정치체제 및 법체계 성숙도를 포함한 FTA 준비 정도 및 개혁 실행 의지, (2) 경제적 효과, (3) 미국의 통상목표인 무역자유화에 대한 지지도, (4) 미국 외교정책 및 대외경제 정책과의 보완성, (5) 의회 및 민간부문의 지지도, (6) (FTA 협상에 제기되는 시간과 인력 등) 자원 제약이다. 이처럼 미국은 FTA를 추진하는 데 (상대국이) '미국의 대외 경제 정책 의 이해와 부합'해야 함을 분명히 하고 있다.

한국 정부는 한·미 FTA의 경제적 효과에만 주목하는 데서 벗어나 한미동맹, 더 나아가 동아시아에서 한국의 위상에 미치는 긍정적

---

36 FTA의 안보화에 대해서는 Richard Higgott, 2004, "US Foreign Economic Policy and the Securitisation of Globalisation," *International Politics* 41 : 147–175을 참조할 것.

37 U.S. General Accounting Office, 2004, International Trade : Intensifying Free Trade Negotiating Agenda Calls for Better Allocation of Staff and Resource.

영향과 연계하였다. 노무현 정부는 출범 당시부터 동북아경제중심 구상을 의욕적으로 천명한 데서 나타나듯이 FTA 정책의 지역적 초점을 동북아에 맞추고 있었다. 동북아시대가 경제 발전에 기초한 번영의 공동체를 이룩하고, 이를 통해 세계의 번영에 기여할 것이라는 주장이 그것이다. 한국은 궁극적으로 동아시아 경제 통합을 지향하며, 이 과정에서 동북아의 물류와 금융의 중심지로 도약한다는 것이다. 노무현 정부는 초기 동북아경제중심구상을 상위의 정책 목표로 설정하고, FTA를 이러한 목표를 실현하기 위한 수단으로 채택하였다. 김대중 정부가 지역 협력의 범위를 동아시아로 설정하였던 것과 비교할 때, 노무현 정부의 FTA 정책의 지역적 범위는 동북아로 축소되어 재구성된 것이다.[38]

국내외 부정적 반응에 직면한 노무현 정부의 지역주의 구상은 2004년 이후 변화하기 시작하였다. 이러한 변화의 근저에는 동북아 공동 번영이라는 목표가 평화 구축으로 이어지기 어려운 현실이 작용하였다. 즉 북핵 문제의 미해결, 9·11 이후 미국이 수행한 테러와의 전쟁의 영향 등 동북아 안보의 긴장 요인이 여전히 계속되면서 동북아의 공동 번영을 통한 평화 구축이라는 과제가 현실적으로 한계를 드러냈다. 이에 따라 2004년부터 노무현 정부의 지역 협력 구상의 초점이 동북아경제중심에서 동북아 협력으로 선회하였다. 2004년 9월 외자 유치 업무는 각 부처로 이관되고, 2005년 3월 기타 업무는 국민

38 손열, 2006, "한국의 FTA 추진의 국제정치경제 : FTA 경쟁과 따라잡기의 동학," 『세계정치』 6 : 93-133.

경제자문위로 이관되는 조정을 거쳐 동북아시대위원회의 업무 영역은 안보정책 기획 업무로 국한되었다. 그 결과 동북아 중심의 지역 협력 구상은 사실상 포기 상태에 이르렀고, 노무현 정부는 새로운 형태의 FTA 정책으로 선회한다. 그것은 '개방형 통상국가'의 실현을 위해 국가전략 차원에서 FTA를 추진해야 한다는 것이었다.

이러한 배경에서 한·미 FTA가 새로운 대안으로 부상했다. 정부는 한·미 FTA의 체결은 한국과 미국 간 경제동맹뿐 아니라, 미국과의 포괄적 동맹 형성에 매우 긴요하다고 보았다. 포괄동맹의 논리는 한국과 미국 양측에서 모두 전개되었다.[39] 한국 정부는 한·미 FTA는 북핵 문제와 미군기지 이전 문제로 인한 한미관계의 긴장을 해소하고, 중국의 부상 및 9·11 이후 등 증대하는 전략적 불확실성에 효과적으로 대처할 수 있는 수단이 될 것이라고 설파했다. 특히 한·미 FTA는 미국이 동아시아에 자국의 영향력을 확대할 수 있는 중요한 제도적 기반을 제공한다는 점에서 증대하는 중국의 영향력을 견제하는 방안이 될 수 있다고 주장했다.

미국의 입장에서도 미주 밖 지역에 있는 국가와 사실상 처음으로 자국의 경제적 이해관계를 모두 충족시키는 FTA를 체결할 뿐 아니라, 동아시아에 대한 자국의 경제적·정치적 영향력을 증대시키는 계기를

---

39 한미 양국의 FTA 안보화 과정에 대해서는 Yul Sohn and Min Gyo Koo, 2011, "Securitizing Trade : The Case of the Korea–US Free Trade Agreement," *International Relations of the Asia–Pacific* : 1–28.

마련할 수 있다는 점에서 한·미 FTA는 매우 중요했다.[40] 특히 한·미 FTA는 일본 등 다른 동아시아 국가들이 미국과 FTA를 추진하게 하는 '도미노 효과'를 기대할 수 있는 전략적 의미를 내포하고 있었다.[41]

FTA의 안보화는 이명박 정부에서도 계속되었다. 경제적 관점에서만 볼 때 이명박 정부가 오바마 정부의 재협상 요구에 응하는 것은 어려운 선택이었다. 참여연대 등 한·미 FTA에 비판적인 집단에서 재협상 결과가 미국에 일방적으로 유리한 것이라는 강도 높은 비판을 제기한 데서 나타나듯이, 국내정치에서 재협상에 대한 강력한 반대가 전개될 것이 예상되는 상황에서 재협상 요구를 수용하고 일정 부분 양보를 하면서 이명박 정부는 포괄적 한미동맹의 완성이라는 안보적 논리를 다시 제기했다.

또한 이명박 정부는 특히 중국의 부상으로 대표되는 동아시아 지역 환경의 변화에 주목하였다. 2008년 글로벌 금융위기 이후 한국을 비롯한 동아시아 국가들의 대 중국 무역 의존도는 빠르게 증가하였다. 대 중국 교역의 증가는 한국이 글로벌 금융위기에 성공적으로 대처하는 데 도움이 되었다. 반면에 한국의 대 중국 무역 의존도는 위기 이전 2007년 22.1%에서 2011년 24.2%까지 증가하였다.[42] 특정 국가

40 Jeffrey Schott, 2010, "Why the Korea–United States Free Trade Agreement is a Big Deal."

41 William H. Manning and Mark E. Manyin, 2007, The Proposed South Korea–US Free Trade Agreement (KORUS FTA), Congressional Research Service Report, http://www.nationalaglawcenter.org/assets/crs/RL33435.pdf.

42 한국무역협회 홈페이지. http://www.kita.net.

에 대한 의존도가 급격하게 증가한다는 것은 그 국가에 대한 취약성의 증가로 이어질 수 있기 때문에 바람직하지 않다. 한·미 FTA에 앞선 한·중 FTA의 체결은 대 중국 무역 의존도 증가를 초래할 가능성이 높기 때문에, 이명박 정부로서는 한·미 FTA를 우선 체결해야 한다고 인식하였다.

한·미 FTA에 안보 논리가 도입되자 치열한 논쟁이 전개되었다. 미국이 유일 초강대국으로서 상대적으로 신뢰할 수 있는 동맹국으로, 한·미 FTA를 통한 동맹의 강화가 증대하는 동아시아의 전략적 불확실성 속에서 한국이 북한을 포함한 주변국들과의 관계를 적극적으로 형성하고 지역협력을 주도하는 데 도움이 될 것이라고 본다.[43] 이런 점에서 한·미 FTA는 "냉전시대 군사동맹을 대체하는 새로운 물질적 토대를 제공해서" 한층 성숙한 한미 관계를 열어나가는 초석이 될 것이라고 주장한다.[44]

한편 비판적인 측에서는 한·미 FTA가 FTA 로드맵은 물론 '동북아 경제 중심 국가 건설' 구상과 일관성을 결여하고 있다고 주장한다. 노무현 정부가 공표한 거대선진 경제권과의 FTA 추진전략에 따르면, 한·미 FTA는 일본, 중국과의 FTA 이후에 추진하도록 설정되어 있었다. 이를 포기하고 한·미 FTA를 우선 추진한 것은 FTA 로드맵의 전

---

43 이동휘, 2006, 주요국제문제분석 : 한·미 FTA의 외교·안보적 중요성. 외교안보연구원.

44 구해우, 2006, "한·미 FTA와 한반도 정세," 정인교 편, 『한·미 FTA, 그 진실은』. 해남.

반적인 구상과 배치된다는 것이다.[45] 또한 노무현 정부 초기의 국정 목표인 '동북아 경제 중심'을 실현하기 위해서는 한·일 FTA, 한·중 FTA, 한·중·일 FTA, 동아시아 FTA의 순서로 체결되어야 하며, 한·미 FTA는 이러한 구상을 실현하는 데 장애가 된다는 것이다. 보다 근본적으로는 미국과 중국의 향후 관계가 설정되지 않은 상태에서 한미 FTA를 통해 미국과의 동맹을 강화하는 것은 한국에 불리한 요소로 작용할 가능성이 있다는 것이다.[46]

이처럼 한·미 FTA의 추진 과정은 경제적 이득에 대한 논의를 벗어나 안보적 함의가 추가되는 안보화 과정을 거쳤다. 미국과 같이 한국에 특수한 의미를 갖는 국가와 FTA를 체결하는 데 있어서 안보적 고려는 어쩌면 당연한 일이다. 그러나 FTA의 안보화 자체보다는 안보화 과정에서 문제가 나타났다. 특히 FTA의 안보화는 한·미 FTA에 대한 정치 역학을 바꾸는 계기로 작용했다. FTA에 안보적 요인이 추가된 것은 한·미 FTA의 경제적 효과에 대한 논란이 격화되었기 때문이다. 경제적 효과에 대한 의문이 제기되면서 한·미 FTA를 추진할 부가적 논리로 등장했다.

FTA와 안보의 성급한 연계는 장점에도 불구하고 혼란을 야기하는 결과를 초래했다. 한미 양국의 특수 관계를 고려하여 경제적 이득은 다소 양보해도 좋다는 것인지, 반대로 특수 관계인만큼 미국으로

---

45 김양희, 2008, "노무현 정부의 동북아시대구상에 대한 비판적 고찰,"『동향과 전망』74호 : 44-77.

46 이해영, 2006, 『낯선 식민지, 한미 FTA』. 메이데이.

부터 추가적 양보를 기대할 수 있다는 것인지 매우 불분명하였다. 주로 경제적 이익을 중심으로 찬성과 반대가 형성되었던 이전의 상황과 달리, 한·미 FTA가 안보화되면서 찬성과 반대 진영도 이념화 과정을 거치게 된 것이다.[47] 이익 찬반 구조에 이념 찬반 구조가 더해지면서 한·미 FTA를 둘러싼 정치적 지형은 더욱 복잡하게 되었다. FTA의 안보화는 구체성을 상실한 채, 상황에 따라 논리가 변화하는 현상이 초래된 것이다. 더욱이 현재의 통상 거버넌스에는 FTA의 안보화를 효과적으로 관리할 수 있는 제도적 장치가 마땅하지 않은 데 문제가 있다.

V. 결론 및 함의

이 글은 한·미 FTA의 사례를 중심으로 FTA 정책결정과정이 경제적 이해관계를 둘러싼 갈등구조에서 사회적 갈등구조로 변화하고, 또한 안보적 요인이 부가되는 과정을 검토했다. 이러한 검토에서 얻을 수 있는 시사점은 다음과 같다. 첫째, 한·미 FTA 추진 과정에서 나타난 특징을 비판적으로 검토한다. 한·미 FTA는 여타 FTA와 마찬가지로 국내 주요 이해 당사자들과의 대내협상에 비해 상대국인 미국

47 이근, 2006, "자유무역협정의 정치경제 : 정부의 신뢰상실과 찬반의 이념화 과정," 『세계정치』 6 : 229 – 251.

정부와의 협상에 우선 순위가 놓여졌다. 이러한 추진 과정은 한·미 FTA를 둘러싼 갈등의 한 원인이 되었다. FTA는 국내적으로 분배정책의 성격을 갖고 있는 만큼, 이에 대한 효과적인 제도적 대응이 필요하다. 한국의 통상정책 결정구조는 대외협상을 우선하는 형태로 구성되어 있다. 정부는 상대 정부와의 협상을 우선 추진하고 그 결과를 국내의 이해 당사자들에게 홍보, 설득하는 방식으로 FTA 협상을 전개해 온 것이다. 이러한 협상 방식이 대외협상의 효율성을 담보할 수 있다는 장점은 있지만 국내 이해 당사자들의 이해관계를 사전에 조율하지 못하면서 결과적으로 유무형의 협상 비용을 증가시킬 가능성이 있다. 한·미 FTA 비준을 둘러싼 국내의 정치적·사회적 갈등이 바로 이러한 비용 증가의 사례에 해당한다. 더욱 최근 FTA를 다자화하는 추세가 대두되고 있는 점을 감안할 때, 대내협상의 중요성은 더욱 부각된다. FTA의 다자화는 참가국 수가 다수이기 때문에 경제적 효과 역시 양자 수준의 FTA에 비해 클 것으로 예상된다. 피해집단의 피해 역시 증가할 것이기 때문에 기존의 대응 방식은 한계가 있을 것으로 예상된다.

둘째, 한·미 FTA의 사례에서 잘 나타나듯이 FTA는 경제적 이해 관계를 초월한 사회적 갈등으로 비화될 가능성이 상존한다. 한·미 FTA에 대한 여론 구도가 지속적으로 변화한 것은 일반 대중이 한·미 FTA를 경제적 이해 관계의 문제로만 인식하지 않았음을 간접적으로 증명한다. FTA의 사회화는 보상의 지급이라는 피해집단에 대한 기존의 처리 방식이 제한된 효과만을 가질 것임을 시사한다. 정부는 일련의 FTA 체결 과정에서 개방의 증가에 따른 불확실성을 감소시키기 위해 사회적 안전망을 구축하기보다는 피해집단에 대한 직접적 보상을 제공함으로써 무역 자유화에 대한 반대를 완화시키는 방식을 선호해왔다. 그러나 한·미 FTA의 사례에서 볼 수 있듯이, FTA의 찬성과 반대가 경제적 이해득실에만 근거해서 결정되는 경우가 발견된다. 따라서 정부는 FTA의 반대 집단에 대한 접근을 경제적 관점을 포함한 총체적 관점에서 접근할 필요가 있다.

셋째, 한·미 FTA는 다른 FTA와 달리 안보화의 과정을 거쳤다. FTA의 과도한 안보화는 FTA 정책결정을 어렵게 만드는 요인이 되는 것은 분명하다. 그러나 FTA를 추진하는 데 있어서 다양한 안보적·전략적 고려가 포함되어야 하는 것이 현실인 만큼, FTA의 안보화에 대한 더 체계적인 접근이 필요하다.

참고문헌

구해우. 2006. "한·미 FTA와 한반도 정세." 정인교 편, 『한·미 FTA, 그 진실은』. 서울 : 해남.

국정홍보처. 2006. 『한미 FTA를 말한다』.

기획재정부 보도참고자료 2011/10/13.

김양희. 2008. "노무현 정부의 동북아시대구상에 대한 비판적 고찰." 『동향과 전망』 74호.

김현종. 2010. 『한미 FTA를 말하다 : 대한민국을 위해 최전방에 설 젊은이들에게』. 서울 : 홍성사.

대외경제정책연구원. 한·미 FTA의 경제적 효과 해설.

손열. 2006. "한국의 FTA 추진의 국제정치경제 : FTA 경쟁과 따라잡기의 동학." 『세계정치』 6.

외교통상부 자유무역협정 홈페이지. http://www.fta.go.kr.

외교통상부 통상교섭본부, 2010/12/5, 한·미 FTA 관련 추가협상 결과 상세 설명자료.

유현석. 2002. "한·칠레 자유무역협정 협상의 국내정치 : 국내협상의 이해집단과 국내제도를 중심으로," 『한국정치학회보』 36(3).

유현석. 2008. "통상외교와국회의 역할 : 한칠레 FTA와 한미 FTA의 사례." 『한국정치외교사논총』 29(2).

이근. 2006. "자유무역협정의 정치경제 : 정부의 신뢰상실과 찬반의 이념화 과정." 『세계정치』 6 : 229-251.

이동휘. 2006. 주요국제문제분석 : 한·미 FTA의 외교·안보적 중요성. 외교안보연구원.

이승주. 2006. "국회와 대외경제정책 : FTA 정책결정을 중심으로." 『의정연구』 12(2).
이승주. 2011. "한국의 무역 자유화 : 개방보호보상의 정치경제." 『한국정치학회보』 45(5) : 349-369.
이해영. 2006. 『낯선 식민지, 한미 FTA』. 서울 : 메이데이.
정상화. 2011. "한국의 민주화와 이익정치의 변화와 연속성에 대한 연구." 『한국정당학회보』 10(1) : 5-30.
정진영. 2007. "지역무역협정의 안보적 외부효과 : 한미 FTA를 중심으로." 『국방연구』 50(1) : 61-80.
조기숙·박혜윤. 2008. "광장의 정치와 문화적 충돌 : 2007 촛불집회에 대한 경험적 분석." 『한국정치학회보』 42(4) : 243-268.
최태욱. "한국의 FTA 정책결정과정." 『한국과 국제정치』 제22권 2호, (2006).
한국무역협회. 2010/12/5. 한국무역협회 성명서 : 한미 FTA 추가협상 타결 환영 및 조기비준촉구.
한국무역협회 홈페이지. http://www.kita.net.
한국자동차공업협회, 한미 FTA 최종 타결 관련 자동차업계 의견.

Cheong, In Gyo and Yunjong Wang. 1999. "Korea-U.S. FTA : Prespects and Analysis," *KIEP Working Paper* 99-103. KIEP.
Choi, Won-Mog. 2009. "Aggressive Regionalism in Korea-US FTA : The Present and Future of Korea's FTA Policy." *Journal of International Economic Law* 12(3), 595-615.
Higgott, Richard. 2004. "US Foreign Economic Policy and the Securitisation of Globalisation." *International Politics* 41.
Kim, Chiwook. 2011. "Toward a Multistakeholder Model of Foreign Policy Making in Korea? Big Business and Korea-US Relations." *Asian Perspective* 35, 471-495.
Manning, William H. and Mark E. Manyin. 2007. The Proposed South

Korea–US Free Trade Agreement (KORUS FTA). Congressional Research Service Report, http://www.nationalaglawcenter.org/assets/crs/RL33435.pdf.

Putnam, Robert. 1988. "Diplomacy and Domestic Politics : The Logic of Two–Level. Games." *International Organization*, 42–3.

Jeffrey Schott, 2010, "Why the Korea–United States Free Trade Agreement is a Big Deal."

Sohn, Yul and Min Gyo Koo. 2011. "Securitizing Trade : The Case of the Korea–US Free Trade Agreement." *International Relations of the Asia–Pacific*, 1–28.

U.S. General Accounting Office. 2004. International Trade : Intensifying Free Trade Negotiating Agenda Calls for Better Allocation of Staff and Resources.

USITC. 2001. *U.S–Korea FTA : The Economic Impact of Establishing a Free Trade Agreement (FTA) Between the United States and Republic of Korea.* Washington, D.C. : USITC.

7장

신자유주의 이후의 한국 거버넌스의 모색

유현석 (경희대학교)

I. 서론

IMF 구조조정을 상징으로 하는 신자유주의적 정책은 한국 사회의 전반에 중대한 영향을 미쳤다. 여러 가지 통계에서 나타나는 사회적 경제적 불평등의 심화, 고용의 질의 악화 등은 이미 여러 연구에서 다룬 바 있다. 그러나 신자유주의의 정치적 효과는 상대적으로 연구가 미진한 부분이다. 신자유주의는 경제, 사회적 영향으로 인해 정치적 불만과 갈등을 가진 계층을 만들어 내거나 확대하였으며, 그로 인해 기존 정치의 작동에 중대한 압력을 가하게 된다.

이 연구는 한국 사회에서 신자유주의적 발전모델 혹은 경제모델이 한계에 왔다는 전제에서 시작한다. 여기서 말하는 한계란 그 지속가능성과 정치적 조건을 말한다. 다시 말해 신자유주의적 기조의 경제정책은 성과의 성패와 관계없이 그 정책들이 만들어내는 경제, 사회, 정치적 결과들로 인해 더 이상 지속될 수 없거나 최소한 중대한 수정을 요하는 상태에 와 있다는 것이다. 자본주의 4. 0 논쟁이 한국사회에 커다란 파장을 일으킨 것은 한국 신자유주의에 대한 인식의 지형을 상징적으로 보여주는 것이다. 이 연구는 특히 신자유주의가 만들어낸 정치지형에 주목한다. 이러한 정치지형은 완전히 새로운 정치적 의식과 행동양식을 지닌 정치적 계층, 그러한 계층을 중심으로 하는 정치문화를 만들어냈고, 이러한 계층과 문화는 자체 생명력을 가지고 신자유주의 이후에도 상당 기간 지속되면서 한국 사회의 정치의 변화를 추동하는 힘으로 작용할 것이다. 한국정치의 위기는 신자유주의가 만들어낸 정치지형을 기존의 정치제도가 수용하지 못하기 때문이다. 새로 등장한 2040이라는 정치세력의 이해를 반영하지 못하는 보수정당들과 김대중 정부 이후 세력화되고 정치화된 시민사회의 참여를 수용할 제도적 공간이 부재한 정치체제들이 새로운 정치지형을 수용하지 못하는 것이다. 양자 간 조응이 한국 정치의 위기를 해소할 수 있는 방향이다.

이 연구는 첫째, 신자유주의의 정치적 영향에 대해서 알아본다. IMF 구조조정 이후 본격화된 신자유주의 정책들이 어떤 정치적 결과들을 가져왔는가가 핵심이다. 둘째, 신자유주의의 결과로 형성된 새로운 정치지형이 기존 정치제도와 어떤 관계에 있는지 알아보려 한다. 이 장의 핵심은 새로운 정치지형을 수용하지 못하는 기존의 정치제도가 현재 한국 정치의 위기의 근본 원인이라고 생각한다. 마지막으로 한국정치의 위기를 극복하기 위한 방안을 생각해 본다. 또한 정당의 변화와 정치적으로 동원된 시민사회를 생산적인 참여로 이끌수 있는 새로운 민주주의 모델을 모색해보고자 한다.

Ⅱ. 신자유주의의 정치적 결과

IMF 구조조정으로 상징되는 신자유주의적 경제정책의 가장 중요한 결과는 사회적 양극화이다. 신자유주의에 내재한 위험성, 즉 경쟁의 부정적 측면인 패자의 양산은 이미 충분히 인식되고 있기 때문에 IMF가 권고한 신자유주의 구조조정을 추진한 김대중 정부는 국민기초생활보장법 제정 등을 포함한 복지 강화 사회정책을 추진하였다. 그럼에도 사회적 양극화의 추세를 막을 수는 없었다. 김대중 정부의 정책을 이어받은 노무현 정부 역시 신자유주의적 정책과 복지정책의 강화라는 상반되는 정책을 동시에 추구했다. 노무현 정부는 서구의 사회협약을 모방한 한국적 사회협약을 모색해서 국민연금, 노사관계 등 주요 정책 이슈에 대해 주요 집단들의 사회적 타협을 모색하기도 하였다. 그렇지만 노무현 정부는 사회적 양극화 해소보다는 양극화를 더 심화시킨 부분들이 많다. 대표적으로 부동산 정책 같은 정책들이 본래 의도와는 달리 양극화를 악화시킨 정책으로 볼 수 있다. 일부 학자들은 노무현 정부가 일반적인 인식과는 달리 중산층 위주의 경제정책을 추구했고 그 결과 경제적 양극화 문제를 해결할 수 없었다는 의견을 제시하고 있다.

이명박 정부는 가장 친기업적인 정부로서 신자유주의적 정책을 적극적으로 추진한 것으로 볼 수 있다. 감세정책이라는 대표적 경제정책과 여타의 대기업 위주의 정책 그리고 4대강 개발 등 개발 사업을 통해 신자유주의적 개발주의 노선을 추구하였다. 이러한 초기의 정책기조는 여러 차례의 정치적 위기 이후 복지강화, 사회적 약자 보호와 포퓰리즘적 성격의 정책 기조로 방향을 전환하였다. 이명박 정부는 미소금융, 보금자리주택 등 이른바 '친서민 중도실용' 정책들을 추진했지만 이러한 정책들이 한국 사회의 누적된 불평등의 심화 문제를 해결할 수 없다. 더 주목해야 할 사실은 이명박 정부의 정책 전환을 압박한 정치적 위기는 결국 김대중 정부 이후 10년 이상 지속되어온 신자유주의적 정책의 정치적 결과라는 것에 주목해야 한다. 다시 말해 이명박 정부의 정책기조 전환은 신자유주의적 정책이 더 이상 정치적으로 지속가능하지 않다는 것을 보여준 것이다.

신자유주의 기조의 붕괴를 앞당긴 것은 2008년의 미국발 글로벌 경제위기라고 볼 수 있다. 이 경제위기는 이미 심각하게 훼손되어 있던 신자유주의에 대한 정치적 기반에 엄청난 타격을 가한 사건이었다. 이러한 경제위기는 경제적 약자들에게 결정적 타격을 주게 된다. 전 세계적인 실업의 증가와 정부 재정위기로 인한 사회적 안전망 붕괴는 신자유주의 정책의 명암에서 밝은 부분의 존재로 인해 어두운 부분을 감내하면 살아왔던 경제적 약자들에게 정치적 저항이라는 선택만을 열어주는 결과를 가져왔다. 신자유주의가 계속적인 성장을 통해 그 부작용을 덮지 못하는 경우 시장의 피해자들은 자신들의 정치적 자원을 통해 저항하게 되는 것이다.

이후 내용에서는 이명박 정부의 정책전환을 압박한 정치적 위기의 원인으로 김대중 정부 이후 10년 이상 지속되어 온 신자유주의적 정책 결과를 살펴보고자 한다. 김대중 정부 이래 추진되어 온 신자유주의 정책의 정치적 결과는 크게 1) 청년층의 정치적 동원화(mobilization) 2) 정치이념의 양극화 심화 3) 정치불신의 정치문화 심화로 요약할 수 있다.

1. 청년층의 정치적 동원화

1998년 IMF 구조조정 이후 한국 사회는 높은 실업율과 노동의 질의 심각한 저하라는 현상을 겪게 된다. 상시적인 구조조정과 경영 합리화 등은 실업률을 상승시켰으며, 비용절감을 위한 다양한 형태의 비정규 고용이 일반화 되었다. 이러한 고용불안은 청년 계층에서 가장 심각하게 나타난다. 현재 청년실업율(15-29세)은 공식 실업율의 2배 이상으로 젊은 층들이 실업문제의 주요 피해자임을 알 수 있다. 청년고용율은 IMF 위기 직후인 1998년에 40.6%를 기록하고 2004년 45.1%까지 올라갔다가 2009년 IMF위기 당시 수준인 40.5% 까지 다시 낮아졌다(지주형 2011, p. 445). 청년층 문제를 상징하는 88만원 세대라는 신조어가 사회적 공감을 얻게 된 것이다.

이러한 청년층의 실업과 고용불안은 2008년 글로벌 경제위기 이후 더욱 심각해지고 있으며 이러한 상황은 그 동안 정치적으로 가장 무관심한 세대였던 2-30대를 정치적으로 가장 적극적인 세대로 변모시켰다. 2004년 이후 주요 선거에서의 세대별 투표율을 보면 2-30대는 가장 투표율이 낮은 세대이다.

〈표 1〉 지방선거 투표율 추이

연령대	2006	2010
20-24	37.9 %	47.4%
25-29	38.3%	45.8%
30-34	29.6%	37.1%
35-39	37.0%	41.9%
40-49	45.6%	50.0%
50-59	55.4%	55.0%
60세 이상	68.2%	64.1%

특히 분당보궐선거와 서울시장 보궐선거의 경우 2, 30대의 투표 참여율이 선거 승패를 가르는 결과를 가져오면서 20~30대가 정치 무관심 층이라는 기존 평가가 더 이상 옳지 않음을 보여주었다. 이러한 정치적 동원화는 물론 진보정당과 학생운동권에서 20~30대의 투표 독려를 전략으로 설정하면서 힘을 받은 게 사실이다. 대학 학생회들은 대학생 유권자 연대를 구성하고 부재자투표, 교내 투표소 설치 등 투표율을 높이려는 본격적 활동에 나섰다. 이러한 움직임은 이미 2007년 한총련(한국대학총학생회연합회)이 투표 독려 운동을 벌인 것에서 나타났다. 이때는 한나라당을 심판한다는 차원에서 벌인 캠페인이

었고 그 효과 역시 미약하였다. 그러나 2010년 지방선거를 맞아 벌어진 투표참여 운동은 상당한 효과를 거두어 젊은 층들이 자신들의 정치적 힘에 대한 가능성을 확인한 계기가 되었다고 볼 수 있다. 그러나 이러한 정치적 동원화의 근본적 원인이 20~30대의 경제상황에 대한 불만에 있다는 것은 과장이 아니다. 비정규직문제, 등록금 문제 등 자신들의 문제들이 별 다른 해결 모습을 보이지 못하면서 투표라는 정치참여의 방식이 매력적인 대안으로 등장했다고 볼 수 있다.

청년층의 정치적 동원화의 또 다른 촉진 요인은 SNS와 같은 IT에 기반을 둔 소통 수단들의 발달이다. 페이스북과 트위터를 비롯한 다양한 SNS들이 등장하면서 청년층들은 처음으로 자신들의 생활영역에서 정치적 주제에 대한 대화와 토론에 접하게 되었다. 친구들과의 소통의 장에서 쉽게 정치적 이슈들에 대한 정보를 취득하고 자신들의 문제를 정치적 문제와 연관시켜 인식하게 되고 다양한 정치적 메시지들과 선동들에 노출되게 되었다. 또한 SNS를 통해 조직화된 정치적 의사표출을 할 수 있게 되었다. 따라서 어떤 의미에서 보면 SNS의 등장이 청년층 정치참여의 행태를 근본적으로 변화시켰다고 볼 수 있다.

2. 정치이념의 양극화 심화

신자유주의의 가장 큰 폐해는 사회적 양극화를 심화시키는 것이다. 한국 사회 역시 이러한 양극화 추세에서 예외가 아니다. 1990년대 중반까지 개선되는 추이를 보여 왔던 지니계수, 소득 5분위 배율, 상대적 빈곤률 모두 IMF 위기 이후 크게 악화되었고 IMF위기가 수습된 이후에도 계속 악화되는 추이를 보이고 있다. 전체 가구의 소득 불평등도를 나타내는 지니계수는 1990년대 전반에 0.25%대를 유지하다가 IMF 위기 이후 0.3%대로 올라갔으며 2008년 글로벌 금융위기 이후에는 0.32%까지 상승하였다. 상위 20% 소득 값으로 나눠 계층 간 소득 격차를 보여주는 소득 5분위 배율도 IMF위기를 계기로 3-4배에서 5-6배로 커졌다. 또 소득이 중위소득의 50% 미만의 인구의 비중을 보여주는 상대적 빈곤율도 꾸준히 증가해 1997년 8.7%에서 2010년 14.9%로 2배가량 늘어났다. 이러한 지표는 OECD 국가와 비교해볼 때 하위권에 속한다. 2000년대 말 한국의 상대적 빈곤률은 OECD 32개국 중에서 일곱 번째로 높다. OECD 평균은 11.1%지만 한국은 15% 수준이다. 이러한 경제적 양극화는 대기업 중심의 경제정책, 실업 및 비정규 고용 등 고용문제의 악화에 기인한 바 크다. 김대중 정부 이후 한국의 정책기조는 기업중심의 경제정책이며 노무현 정부에도 기업하기 좋은 나라라는 국정목표가 제시될 만큼 기업 경쟁력에 초점이 맞추어져 있었다. 이러한 상황에서 고용의 유연성 강화, 감세, 대기업-중소기업 간의 불평등 관계 등은 양극화를 심화시키는 원인으로 작용하였다.

이러한 경제적 불평등의 증가는 경제적 양극화를 만들었고 정치적으로는 대부분의 이슈에서 극단적 대립을 보이는 정치적 양극화로 연결되었다. 이러한 정치적 양극화는 정치권력에 의해서 통치 수단으로 활용되면서 더욱 심화되었다. 노무현 정부는 정치적 양극화를 통해 지지기반을 확고히 하는 전략을 가장 노골적으로 편 정부이다. 노무현 정부는 친미 대 반미, 강남 대 강북, 서울 대 지방, 기득권 대 반기득권의 대결 구도를 계속적으로 만들어 나가면서 정치적 기반의 강화와 위기를 타개해 나가는 전략을 구사하였다. 이러한 모든 구도는 기본적으로 경제적 격차와 밀접한 관계가 있다. 다시 말해 반미, 강북, 지방, 반기득권은 경제적 하위계층들을 상징화 하고 있는 것이다. 이것은 한국의 이념적 양극화가 서구의 전통적인 보수와 진보의 이념적 분화가 아닌 경제적 지위를 근간으로 하는 빈부의 양극화라는 성격을 가지고 있음을 보여준다.

3. 정치불신의 정치문화

한국사회의 신뢰도 조사에서 정치인은 늘 가장 신뢰도가 낮은 집단이다. 2011년 특임장관실은 지난 2월과 4월 두 차례에 걸쳐 실시한 설문조사 중 신뢰받고 있는 집단 조사에서는 경찰 2.9%, 국회 2.9%, 청와대 3.4%에 불과해 상대적으로 저조했다. 반면 학계 22.3%, 언론 20.6%로 신뢰도가 높았다. 정치인을 상징하는 국회와 청와대가 가장 신뢰받지 못하는 집단으로 꼽힌 것이다. 정치에 대한 불신은 정치가 아무것도 해결하지 못한다는 불신과 직접적으로 연결되어 있다. 특히 경제적 약자들의 입장에서 신자유주의 정책이 계속 유지되고 그 피해자들에 대한 적절한 대책이 없거나 대책이 별다른 효과를 거두지 못하는 상황이 지속될 때 과연 정치가 무슨 의미가 있을까라는 정치에 대한 회의가 생기게 된다. 이명박 정부에 대한 유권자의 지지는 이명박 후보자가 경제를 살리는데 적임자라는 판단이 가장 크게 작용했다는 분석을 받아들인다면 노무현 정부 역시 경제적 약자들의 정치에 대한 기대를 충족시키지 못했고 정치무용론과 정치 불신을 높이는데 기여했다고 볼 수 있다. 이명박 정부도 애초의 공약인 747(7% 성장, 국민소득 4만 불, 세계 7대 선진국)을 달성하지 못했고 집권 후반기에 동반성장과 같은 경제적 약자들을 배려하는 정책들을 취하기 시작했지만 기본적으로 기업중심의 정책으로 인해 소득배분에서의 양극화와 비정규고용에 대한 문제에 대한 아무런 개선도 이루어내지 못하게 되었다. 이렇게 노무현, 이명박 정부 모두에서 경제적 약자들에 대한 근본적인 대책이나 변화가 이루어지지 못하면서 어떤 정치세력이 집권하더라도 별다른 차이가 없다는 인식들이 생겨났고, 정치에 대한 불신 나아가 기존 정당체제에 대한 불신이 나타나기 시작했다.

현재 나타나는 한국 정치의 위기 중 가장 핵심적인 위기는 정당정치의 위기이다. 이러한 정당정치의 위기의 근원은 기존 정당들이 자신들의 문제에 대해 아무런 해결책을 내놓을 수 없다고 믿는 정치에 대한 불신에서 기인하는 것이고, 이러한 정치적 불신은 신자유주의 경제정책의 문제점들이 누적되면서 생긴 여러 가지 위기들 중 하나이다.

Ⅲ. 한국정치의 위기 : 신자유주의가 만들어낸 정치지형과 기존 정치제도의 부조응

1. 신자유주의 이후의 정치지형과 보수 독점 정당체제

지난 10년 이상의 신자유주의 정책의 결과, 글로벌 금융위기와 결합되어 중산층의 붕괴와 빈곤 계층의 증가, 비정규 고용의 일반화와 고용불안의 상시화라는 결과를 가져왔다. 이러한 경제적 상황은 정치적 불신과 불만을 가진 젊은 유권자들을 탄생시키는 결과를 가져왔다. 20~30대와 40대를 포함하는 이들 계층은 기존 정당의 작동방식이나 대표성(representativeness) 등에 대해 심각한 회의를 갖고 있다. 이와 함께 한국 사회의 특이한 현상으로 나타나는 신자유주의로 인한 반신자유주의 시민사회의 정치적 동원화는 이러한 기존 정치와 보수적 정당에 대한 불신을 더욱 강화시키는 효과를 가져왔다.

〈경향신문〉의 2008년 12월 13일 현대리서치를 통한 여론조사 결과를 보면 '지지정당 없음'(무당파 층)이 전체 56.3%를 차지하는 것으로 나온다. 더욱 흥미로운 것은 '지지정당 없음'의 세대별 구성인데, 20대가 61.6%였고, 30대가 64.1%로 가장 높았다는 점이다. 그리고 지역적으로는 서울지역(62.8%)이 가장 높았다(경향신문, 2008년 12월 16일 보도). 경향신문의 2011년 여론조사 결과는 지지하는 정당이 없는 사람들의 비율이 73.6%로 높게 나와 '안철수 현상' 이후 '무당파'가 급증한 것으로 나타났다. 지지정당이 없는 이유는 정당 간 차이가 없다는 응답이

41.8%, 자신을 대변할 정당이 없다는 응답이 25.8%를 차지했다. 여야 정당들이 제 역할을 하느냐는 물음에 87.9%가 '아니요'라고 응답해 정치에 대한 불만족도가 가장 높은 것으로 나타났다. 정당들이 제 역할을 한다는 응답은 10.0%에 불과했다. 응답자의 79.3%는 고용여건에 불만족하다는 답을 했으며, 91.6%가 한국 경제가 대기업중심 경제라 생각하며 대기업중심 경제구조에 대해 76.8%가 불만족하다고 답했다.

안철수 현상 역시 젊은 세대들이 얼마나 기존 정당체제에 불만을 가지고 있었는가를 상징적으로 보여주고 있다. 정치와는 아무런 관계 없는 안철수 교수가 서울시장 보궐선거에 나가겠다는 말 한마디로 차기 대선 유력 후보인 박근혜 의원의 대세론을 무너뜨린 현상은 2040 세대가 기존 정당들에 대한 대안을 찾고 있었다는 것을 보여준다.

경제적 어려움과 실업문제 그리고 불완전한 고용으로 어려움을 겪고 있는 2040세대는 자신들의 이익을 대변해줄 정치세력을 원하고 있지만 2011년 경향신문 여론조사 결과가 보여주는 것처럼 자신들을 대변해줄 정당이 없다는 인식을 갖고 있다. 그러나 이들은 이미 정치적으로 동원되었고, 그 결과는 인터넷 공간에서의 정치적 토론과 운동 차원의 정치참여 그리고 대안적 정치세력을 찾는 형태로 나타나고 있다.

한국정치의 위기는 새로운 대안을 찾는 2040세대를 만족시킬만한 정당이 없다는 데 있다. 여당인 한나라당과 제1야당인 민주당 모두 보수정당으로서 대기업 중심의 경제정책 기조에서 차별성을 갖지 못하고 있다. 진보정당으로 분류될 수 있는 민노당과 진보신당이 정당으로서의 기능을 하지 못하고 있기 때문에 신자유주의에 대한 근본적 재검토를 바탕으로 대기업중심의 경제구조에 대한 대안을 제시할 수 있는 정당이 존재하지 않는다. 이러한 상황에서 정치적으로 활성화된 2040세대는 정당정치를 외면하고 직접 민주주의 방법을 통해서 자신들의 의사를 표출하려는 것이다.

2. 시민사회의 정치적 활성화를 담을 수 없는 정치구조

시민사회의 정치적 활성화, 특히 진보적 시민사회의 정치적 세력화는 김대중 정부 이후 10년 이상의 기간을 통해 형성, 강화되어 한국 정치의 중요한 부분으로 자리 잡게 되었다. 김대중, 노무현 정부는 진보적 시민단체들이 이끄는 조직화된 시민사회가 정부정책 결정과 집행에 참여할 수 있는 제도적 장치를 구축했고, 이들의 정책결정 및 정치에의 참여에 정당성을 부여하는 문화를 형성했다. 김대중, 노무현 정부가 진보적 시민사회 조직에 이러한 권한을 부여한 것은 40여 년 동안 구축된 보수적 기득권 세력 및 보수적 정치문화를 극복하기 위한 대항적 정치세력을 구축하기 위한 전략으로 보이지만, 또 한편으로는 IMF의 구조조정 압박으로 상징되는 신자유주의의 압박 하에서 진보적 정부가 갖게 되는 딜레마를 완화하기 위한 정치적 보상의 성격도 있다. 다시 말해 자신에게 권력을 갖게 해준 지지층들이 자신이 추진해야만 하는 정책의 피해자가 되는 상황에서 그들에 대한 보상의 성격을 가진 정책들을 추가로 추진했고, 그 와중에 자신의 정치적 기반이 되는 세력들에게 정치적 협력자로서의 권력을 부여하는 여러 가지 조치들을 했다는 것이다. 이러한 세력들은 이명박 정부 집권 이후에도 소고기 개방 반대 촛불시위 등을 통해 그 조직력과 영향력을 계속 유지해 왔다. 이들은 보수정당들이 흡수하지 못하는 정치적 계층들을 흡수하면서 그 영향력을 유지하고 있다. 최근 한미 FTA 국회비준 이후 벌어진 비준 무효화 운동의 규모와 파급력은 이러한 세력이 한국 정치에서 얼마만큼의 영향력이 있는지를 잘 보여주었다.

한국의 정당정치는 대의정치의 틀을 기반으로 하고 있다. 최장집(2010) 교수는 정당정치를 넘어서는 운동 차원의 정치적 행위들은 결코 민주주의에 긍정적이지 않다고 주장하는데 이는 최교수가 민주주의를 대의제 정당정치와 동일시하고 있기 때문이다. 그러나 문제는 이미 한국 정치에서 정당정치가 포괄하지 못하는 부분이 존재하고 그 부분이 점차로 영향력을 확대하고 있으며, 특히 특정 세대인 2040세대에서는 그러한 부분에 대한 지지가 정당정치에 대한 지지를 훨씬 앞서고 있다는데 있다. 기존의 정치구조가 촛불시위로 상징되는 운동 차원의 정치에 의존하는 시민들을 포용하지 못하는 경우 이러한 시민들은 계속적으로 대의제적 정당정치의 틀을 벗어나서 운동 차원의 정치에 충성을 보일 수밖에 없다.

Ⅳ. 한국 정치 새로운 거버넌스의 모색

1. 방향

정당정치의 위기로 대변되는 현지 한국 사회의 정치의 위기는 한국의 정당이 가지고 있는 문제만으로 설명될 수 없다. 이 글은 한국의 정당정치의 위기가 현재의 한국 사회의 정치지형과 조응하지 않는 정치체제에서 기인한다고 주장한다. 현재의 정치지형은 또 김대중 정부 이후 지속되어온 신자유주의적 경제정책과 무관하지 않다. 10년 이상의 신자유주의 정책은 글로벌 경제위기와 함께 그 적실성에 한계를 드러내고 있고 동시에 정치적으로도 더 이상 지속될 수 없는 상황에 이르렀다. 그리고 그러한 정치적 지속불가능성은 신자유주의가 만들어낸 정치적 결과들이 초래한 것이다. 소득분배 왜곡과 기업위주 특히 대기업중심의 경제정책, 그리고 경쟁력 강화를 위한 고용정책 등은 실업과 고용불안 그리고 경제적 어려움의 고통을 겪는 2040세대를 만들어냈고, 이들은 정치화된 진보적 시민사회의 역할과 그들을 대변하지 못하는 기존 정당체제 등으로 인해 제도화되지 못한 영역에서 그들의 정치적 불만을 터뜨리는 정치행태를 갖게 되었다.

이러한 상황에서 한국 정치의 위기에 대한 대응은 새로운 형태의 정치거버넌스를 모색하는 것이다. 여기서 말하는 정치거버넌스는 정치체제라는 정형적 제도의 범위를 넘어서서 행위자와 행위자 간의 관계 유형을 포괄하는 개념이다. 이러한 논의에서 바람직한 민주주의의 형태가 무엇인가에 대한 논의가 빠질 수는 없다. 대의제 민주주의가 극복의 대상인지 아니면 타협할 수 없는 원칙인지는 논란의 여지가 있지만 대의제 민주주의가 보완이 필요하다는 점에 이견이 있을 수 없다. 또한 정당이 정치를 독점하는 것에 대한 논의도 핵심이다. 모든 정치활동이 정당정치의 틀 속에서 이루어져야 하는가? 아니면 시민의 정치적 참여가 이루어질 수 있는 대안적 제도가 필요한 것인지 고민해야 한다. 현 시점에서 분명한 것은 한국 사회에는 이미 정치적으로 활성화된 시민사회가 존재한다는 것이다. 그리고 이들은 '광장의 정치'라는 매력적인 수단을 이미 보유하고 있고 그 마력에 깊이 길들여져 있다. 따라서 새로운 정치 거버넌스의 핵심은 이러한 시민사회의 정치적 에너지를 시스템 안에서 처리할 수 있는 방법을 찾아내는 것이다. 또한 단순히 시민사회의 정치적 견해와 의사를 반영하는 시스템을 마련하는 것이 아니라 왜곡되지 않은 시민들의 의사를 반영할 수 있는 메커니즘을 개발하는 것이 더 중요하다.

한국 사회의 시민참여는 이미 정치적 현실이다. 문제는 시민의 정치참여가 왜곡된 형태로 자리 잡아가고 있다는 것이다. "시민 참여가 왜곡된 이유는 한국에서 참여 거버넌스의 시작이 정치권력에 의해 정치적 보상의 형태로 특정한 이념적 지향을 가진 그리고 조직화된 시민단체에 주어졌기 때문이다. 하나의 문화로 자리 잡게 되는 시민단체의 통치참여는 대의제 민주주의의 기본 원리 자체에 대한 도전으로 나타나게 된다. 정부의 통치권은 확보되지 못하고 법치가 참여에 대한 도전으로 비하되는 문화가 형성되게 되는 것이다. 이러한 통치의 위기는 정부의 이념적 지향에 관계없이 정부의 통치행위를 어렵게 한다.

이러한 거버넌스의 위기 해결을 위해 지금 필요한 것은 다원주의적 거버넌스를 확립하는 것이다. 이를 위해 다양한 견해를 가진 시민들이 거버넌스에 참여할 수 있도록 다양한 이념적 스펙트럼을 가진 시민단체들의 조직화를 지원해야 하며 정부는 시민사회단체들 간의 이익조정을 법의 테두리 안에서 감시하는 역할을 수행해야 한다."(유현석 2012)

한국의 정치거버넌스에서 시민의 참여는 중요한 부분이 될 수밖에 없다. 현재의 보수적 정당체제가 근본적으로 변화하는 것은 단기간에는 어렵다. 한국 사회가 가지고 있는 특수성과 제도적 경로의존성으로 인해 진보정당들이 국정을 담당할 수 있는 대안으로 성장하기에는 상당한 어려움들이 존재한다. 따라서 보수정당 중심의 정치체제 하에서 이들이 대변하지 못하는 목소리들은 시민참여의 형태로 정치체제에 전달되어야 한다. 그러나 이러한 시민참여의 통로를 확보하는 것이 시민사회중심의 거버넌스를 의미하는 것은 아니다. 시민중심 거버넌스는 시민사회가 자율적 힘을 키워나가는 열린 기회를 제공한다는 점에서 시민의 권한을 강화할 수 있다는 장점이 있다. 시민사회중심의 거버넌스가 비정형성과 파벌성으로 인해 공평한 참여가 어려울 수 있거나 정파에 따라 배타적일 수 있고 정치적 선택의 책임소재를 가리기 어려워 책임성을 확보하기 어려울 수도 있다(Steffek 2010).

시민사회 차원의 자기 혁신 역시 필요하다. 시민단체들이 시민사회 전체의 공적이익이 아닌 특수한 정파, 이념, 계층의 이익을 대변하는 이익 단체적 성향을 과도하게 가질 경우 시민참여의 부작용들이 나타나게 된다. 사회통합의 균열, 정파적 충돌, 정치세력과의 접근 등이 그것이다. 김호기 교수는 코헨과 아라토가 언급한 '영향의 정치'에서 정책참여로의 전환을 통해 정부와 생산적 파트너십을 구축하는 것이 필요하며, 이를 위해서 정책 및 협상 능력을 향상시켜야 하는 동시에 시민적 성찰성과 공공성 또한 강화해야 한다고 주장한다(김호기 2011, 19).

2. 내용

1) 보수정당체제의 변화

대의정치의 기본은 다양한 정치적 견해와 이해를 대변하는 정당의 존재이다. 현재의 정당 정치의 위기는 다양해지는 유권자들의 이해와 견해를 기존 정당이 대변하지 못한다는데 있다. 따라서 정당정치의 위기라기보다는 정당의 위기이다. 위기를 맞은 정당은 변화를 감지하지 못하고 또 대응하지 못하는 공룡과 같은 정당이다. 현재 한국의 정당들은 다양한 가치를 수용하거나 반영하지 못하고 있다. 2040이 기존 정당들을 외면하는 것은 이념의 문제가 아니다. 강원택 교수의 2040에 대한 이념조사 결과는 2040 세대가 개별 사안에 따라 보수와 진보의 이념 상향을 혼재하여 갖고 있다는 걸 보여주고 있다. 다시 말해 2040이 원하는 것이 보다 진보적인 정당이라는 것은 아니다. 현재의 정당들은 새로운 세상과 그런 세상을 살아가는 젊은 세대들의 고민과 관심 등을 전혀 반영하지 못하고 있는 것이다.

현재의 정당체제에 대한 변화는 다음 몇 가지 방향으로 이루어져야 한다. 첫째, 보수정당체제의 극복은 보다 진보적인 이념정당의 출현이나 기존 진보정당의 강화로 해결되지 않는다. 한국 사회의 기득권 중심의 정책에 대한 근본적인 전환, 대자본 중심의 경제구조의 변화, 비정규직 문제에 대한 획기적 정책변화 등 한국적 기준에서의 보수적 아젠다에 대한 방향전환으로 충분하다. 신자유주의적 세계화와 국제정치경제질서로 인해 신자유주의적 경제정책은 수정과 보완을 겪게 되겠지만 마치 자본주의 자체가 그랬던 것처럼 신자유주의적 자본주의로서 계속 지배적 위치를 유지할 것이다. 자본주의 4.0 논쟁이 기존의 신자유주의적 자본주의에 대한 중요한 수정들을 시도하겠지만 아마도 미래의 자본주의는 4.0 이 아닌 3.x의 형태로 오랫동안 유지될 것이다. 이러한 전제 하에 한국의 보수정당들은 자본주의 3.0을 극복하는 아젠다들을 수용하는 차원의 변화를 보여야 한다.

둘째, 21세기의 새로운 가치들을 창달하는 정당으로 변신해야 한다. 이명박 대통령이 2040과 교감하지 못하는 이유는 이 대통령이 개발, 한미동맹, 자원확보 등 20세기적 가치에 매몰되어 있기 때문이다. 신자유주의의 압박에 시달려온 2040세대는 보다 인간적인 삶과 가치에 목마르다. 소통과 공동체, 노블리스 오블리제, 정의, 국민통합(20세기적 표현이지만) 등 새로운 가치들을 구현해줄 정치세력을 찾고 있는 것이다.

셋째로 현재의 정당의 작동방식은 개혁되어야 한다. 정당과 국민이 철저히 유리되어 있는 현재의 정당체제는 젊은 세대들에게 선택될 수 없다. "그들만의 잔치"라고 비판받는 현재의 정당정치는 완전히 새로운 개념의 운영방식을 고민해야 한다. 현재 논의되고 있는 오픈 프라이머리(open primary), 즉 후보자 선출을 비당원에게 개방하여 참여하게 하는 방식은 한국적 상황에서는 특정한 후보들이 이익을 볼 수밖에 없기 때문에 진정한 참여적 정당운영 방식이라고 볼 수 없다. 생활정당 모델, 즉 정당이 우리의 일상생활에 들어와 시민들의 소소한 관심이나 필요 등을 챙겨주는 모델을 생각해볼만 하다. 한국의 정당은 국가의 자금 지원과 제도 지원을 받지만 교인들의 생활에 파고들어 신앙생활과 일상생활을 분리시켜 생각할 수 없는 상태를 만드는 일부 대형 교회들의 노력보다도 훨씬 못한 당원관리를 하고 있다. 당 조직의 개혁의 방향은 많은 연구가 필요한 부분이다. 지구당의 폐해로 인해 지구당을 폐지하였지만 지금의 중앙당 중심의 운영 역시 당의 관료화와 당원과 국민들로부터의 유리현상을 가져왔다고 볼 수 있다. 중앙당의 역할을 새롭게 정의하고 생활 속에서 당원들의 의사와 관심을 대변하는 새로운 당의 구조와 운영 방식을 고민해야 한다.

2) 새로운 거버넌스의 모색

대의제 민주주의의 문제점에도 불구하고 정당을 중심으로 하는 정당정치를 버릴 수는 없다. 앞의 절에서 정당정치의 생명력을 부활시킬 수 있는 제안들을 논의하였다. 그러한 개혁을 통해 정당정치가 그 자리를 찾아야 한다. 그러나 한국 사회는 이미 시민사회의 성장을 경험하였고 시민사회가 정치적 역할을 수행하고 있는 것도 부정할 수 없는 현실이다. 따라서 이들이 정치사회와 함께 정치에 참여할 수 있는 통로가 마련되어야 한다. 그러나 시민사회가 조직화된 시민사회, 즉 시민단체들을 통해 시민의 이익을 대변하는 것은 정당정치의 큰 틀을 위협하는 것이다. 시민사회의 역할을 정책과 관련된 전문지식의 공급, 비판적 감시자로서 역할이 더 강화되어야 한다.

시민사회의 참여와 관련하여 새로운 민주주의 모델에 관한 기존 논의들을 살펴볼 필요가 있다. 그 중에서 결사체 민주주의에 대한 논의는 시민사회의 정치적 역할이 이미 존재하는 한국 사회에서 중요한 의미를 갖는다. 결사체 민주주의는 시민단체와 같은 결사체들이 집단행동의 딜레마와 파벌의 해악을 극복하고 공적인 역할을 담당함으로써 참여 민주주의의 미덕을 살릴 수 있는 민주주의 모델로 제시된바 있다. 한국 사회처럼 시민단체가 전체사회의 일반이익보다 특수집단의 개인 이익만을 대표하는 폐해가 존재하는 상황에서 대의 민주주의의 한계와 참여 민주주의의 부작용을 극복할 수 있는 하나의 대안이 될 수 있다. 여기서 결사체의 역할은 단순히 정책효율을 제고하기 위한 정책 보조적 역할이 아닌 공적 역할의 위임 수준의 역할을 말한다. 코헨과 로저스(Cohen and Rogers 1995)는 국가의 직접적인 규제에 대신하는 공적인 지위를 위임받은 결사체들로 하여금 정책형성 및 집행을 담당하게 하는 결사체적 규제가 정부의 통치능력과 경제적 성과의 측면에서 효율성을 제고시킬 수 있다고 주장한다. 허스트(Hirst 2002) 역시 가능한 한 공적역할을 자치적인 결사체에 위임해야 하며, 이는 국가에 대한 과부하와 복잡화를 감소시킬 수 있고 민주적 대의정부가 더 잘 작동될 수 있으며, 자치적 결사체가 국가와 기업 부문의 위계적-기업적 조직의 권한을 대체하게 함으로써 이해당사자들이 목소리를 낼 수 있어서 사회 동의에 기초한 정부정책을 추진할 수 있다고 주장한다(Hirst 2002, 409).

김의영교수는 이러한 결사체 민주주의가 다른 형태의 거버넌스와 공존할 수 있다고 강조한다. 예를 들어 결사체 민주주의는 국가조합주의의 비민주성과 비효율성에 대한 견제의 메커니즘으로 작동할 수 있고 시민결사체들은 다원주의가 내포하는 기업가 집단의 특권, 이익집단 간의 세력불균형, 그리고 과도한 이익갈등에 대한 견제, 시정 및 중재의 역할을 담당할 수 있다는 것이다. 또한 사회 조합주의적 협의에서 소외될 수 있는 일반 소비자와 시민의 이익과 공익적인 요구를 대표할 수 있다는 것이다. 결국 결사체 민주주의 모델은 대의제 민주주의와 기존의 이익집단정치 모델의 한계를 보완해 상호상승적인 거버넌스를 이끌어 낼 수 있다는 점에서 한국사회의 민주주의 모델로서 충분히 고려할 가치가 있다는 것이다(김의영 2005, 439).

V. 결론

한국 정치의 위기는 두 가지 차원의 문제이다. 하나는 정치 환경의 변화가 추동하는 위기이고 또 하나는 한국 정치 자체가 가지고 있는 문제에서 기인한 위기이다. 정치 환경의 변화는 여러 가지 차원에서 이해될 수 있지만 이 연구가 주목하는 것은 지난 10여년의 신자유주의 정책이 만들어낸 정치적 지형이다. 신자유주의는 경제적 약자들을 만들어내고 2040으로 상징되는 신자유주의의 가장 큰 피해자들은 자신들의 경제적 어려움과 절망을 전혀 해결해 주지 못하는 정치에 대한 불신과 기존 정치구조 밖(IT공간과 광장의 정치)에서 이루어진 정치적 동원화와 경제적 이슈를 축으로 하는 정치적 양극화의 주축이 되었다. 이러한 새로운 정치적 행위자들이 수적 다수를 차지하였지만 한국의 기존 정치 구조는 이러한 유권자 층을 담아낼 수 있는 정당체제를 갖추지 못하였고, 이들의 정치적 참여를 생산적으로 활용할 수 있는 정치 모델을 갖지 못하였다. 신자유주의의 정치적 지형과 정당을 포함한 기존의 한국정치 구조 간의 부조화가 현재 한국정치의 위기의 핵심이다.

이러한 위기를 극복하는 길은 한국 정당의 변화를 통해 보수정당체제가 갖는 한계를 극복하고 새로운 민주주의 모델을 모색하여 정치적으로 활성화된 시민사회의 참여를 생산적인 방향으로 이끌어야 한다. 새로운 민주주의 모델에 대한 다양한 논의들이 필요하다.

참고문헌

지주형. 2011. 『한국신자유주의의 기원과 형성』. 서울 : 책세상.

최장집. 2010. 『민주화 이후의 민주주의 : 한국 민주주의의 보수적 기원과 위기』. 서울 : 후마니타스.

유현석. 2013. "한국사회 거버넌스의 위기 : 발전 모델과 정치체제의 부조응성의 측면에서." 『한국 민주주의의 위기와 전망 : 민주화, 세계화, 탈안보화』, 170-204. 고양 : 인간사랑.

Steffek, Jens. 2010. "Public Accountability and the Public Sphere of International Governance." *Ethics & international affairs.* Vol. 24, No. 1.

김호기. 2011. "한국 민주주의의 그늘과 사회통합의 제고 : 정치사회학적 시각." 『한국과 국제정치』 Vol. 27, No. 2. 19.

Cohen, Joshua and Rogers, Joel. 1995. *Associations and democracy.* New York : Verso.

Hirst, Paul. 2002. "Remaking Democracy through Association." *The Political Quarterly.* Vol. 73, No. 4.

김의영. 2005. "결사체 민주주의에 대한 소고." 『한국정치학회보』. Vol. 39, No. 3.

8장

세계화 시대의 한국 기여외교 정책 재정립 모색 – 공적개발원조 정책을 중심으로

유웅조 (국회입법조사처)

I. 서론

세계화 심화와 탈냉전시기에 들어서면서 국가 간 상호의존이 다원화 및 다차원화 되는 한편, 새로운 위협과 도전이 대두되었다. 이로 인해 국가안보전략 내지 외교안보전략은 새로운 내용을 담게 되었으며, 이를 실행하기 위한 외교정책도 변화하였다. 특히 주요 강대국 및 중견국들은 공적개발원조(ODA : Official Development Assistance)와 평화유지활동(PKO : Peace Keeping Operations) 등과 같은 소위 '기여외교'를 외교정책에 있어서 주요한 영역으로 간주하고, 이에 대한 다양한 정책적 변화를 추구하고 있다.

이 맥락에서 본 연구의 목적은 주요국의 외교전략과 이에 따른 기여외교 정책의 변화방식에 따른 분석을 토대로, 한국 기여외교 정책의 한계점을 파악하고, 개선방향을 제시하는데 있다. 한국의 기여외교가 개시된 시점은 냉전체제가 해체되기 시작한 1980년대 후반에서 1990년대부터이다. 구체적으로 1987년과 1991년에 각각 대외경제협력기금(EDCF : Economic Development Cooperation Fund)과 한국국제협력단(KOICA : Korea Organization International Cooperation Agency)을 설치하여 체계화된 ODA가 공여되고, 1993년 소말리아 PKO에 참여하면서부터라 할 수 있을 것이다. 이와 같은 한국의 국제사회에 대한 기여외교가 좀 더 정책적으로 정립된 것은 이명박 정부가 들어서이다. 2008년 8월 15일 광복기념일 대통령 축사를 통해 ODA와 PKO를 기여외교의 주요한 두 축으로 제시했다. 또한 2009년에 발간된 『성숙한 세계국가 : 이명박 정부 외교안보의 비전과 전략』을 통해 이를 좀 더 구체화한 바 있다(청와대 2009).[1]

이후 한국의 기여외교는 양 질적 측면에서 발전하였으며, 이를 토대로 2009년 OECD 산하 개발협력위원회(DAC : Development Assistance Committee)에 가입하는 한편, G20 정상회의(2010년)와 부산개발원조총회(2011년) 및 핵안보정상회의(2012년)를 개최하는 등 국제사회에서 주요한 중견국가로 자리매김하게 되었다.

1 동 발간물에 따르면 기여외교는 이명박 정부의 외교안보 전략 목표 중 3번에 해당하는 것으로 포괄적 실리외교지향을 위한 중점과제로 제시한다. 청와대 (2009).

그러나 이러한 성과에도 불구하고 아직까지 한국의 기여외교는 다른 주요 국가들의 경우와 비교했을 때 여러 가지 측면에서 개선해야 할 점이 많은 것으로 판단된다. 이에 본 연구는 주요 국가들의 외교전략적 측면에서 ODA 정책이 어떠한 방식으로 진행되고 있는지에 대한 분석을 토대로 한국 기여외교정책의 발전방향을 모색하고자 한다.

이를 위해서 본 연구는 다음과 같이 구성되어 있다. 다음 장에서는 기여외교의 외교전략적 의미에 대해서 정리한다. 제3장에서는 이를 토대로 강대국과 중견국의 외교전략과 이에 따른 ODA 정책변화에 대해서 분석한다. 그리고 제4장에서는 본 연구의 내용을 요약하고 한국 기여외교의 발전방안을 제시한다.

Ⅱ. 외교전략과 기여외교

외교전략(foreign affairs strategy)은 "국가이익을 보호하고 증진이라는 목표를 달성하기 위해 국가의 모든 수단을 통합적으로 사용하기 위한 계획"이라 정의할 수 있다(Deibel 2007, 10).[2] 이 개념에 따르면 기여외교

2 사전적으로 '전략'(strategy)은 '목표를 달성하기 위해서 자원을 동원하기 위한 계획' (a plan for applying resources to achieve objectives)으로 정의된다. 이 같은 정의에 따를 경우 국가안보전략은 '국가안보'을 목표로 하며, 국방전

가 외교전략적 의미를 가질 수 있느냐에 대한 의구심을 갖게 하는데, 그 이유는 기여외교는 암묵적으로 자국의 이익보다는 상대국의 필요에 부응해야한다는 당위성을 내포하고 있기 때문이다. 특히 한국 기여외교의 주요한 축으로 간주되고 있는 ODA는 수원국의 경제개발과 복리를 위한 것으로 정의되고 있기 때문이다.[3]

그러나 이론적으로나 실제적으로 ODA는 국가이익을 보호하고 증진하기 위한 수단, 즉 외교적 수단에 속한다 할 수 있다. 가령 볼드윈(Baldwin)은 대외원조(foreign aid)를 공여국의 '경제적 치국책'(economic statecraft)', 즉 '경제적 수단을 통해 국가이익을 추구하는 행위나 기술'로 정의하고 있다(1985, 8–9).

한편 각국의 ODA 정책에 대한 비교연구에서, 후크(Hook 1995)가

략은 국가이익과 목표를 달성하기 위한 군사적 수단의 활용계획이 될 수 있다. 그러나 이에 대한 합의된 개념이 있는 것이 아니고, 개별국가 또는 연구자들 간에 약간의 차이가 있다. 이와 관련한 국내 논의는 신성호(2008), 조윤영(2008) 의 논의를 참조하기 바란다.

3 좀 더 구체적으로 현재 우리가 공식적으로 사용하고 있는 ODA란 용어는 1969년 '피어슨위원회보고서(Pearson Commission Report)'인 'Partners in Development'에서 비롯된 바, 이는 다음과 같은 조건을 갖춘 대외원조를 지칭한다. ODA는 "중앙 및 지방정부를 포함한 공공기관이나 이를 집행하는 기관이 개도국 및 국제기구에 제공한 자금의 흐름 (Resource Flow)을 의미"하며, 각각 다음의 세 가지 조건을 충족하여야 한다. 첫째, 주요 목적이 개발도상국의 경제개발과 복지증진에 관한 것이고, 둘째, 양허적 성격으로 10%의 할인율을 적용하여 증여율 (Grant element)이 25% 이상이어야 할 뿐만 아니라, 셋째, OECD의 DAC 수원국 리스트에 속해 있는 국가 및 동 국가를 주요 수혜대상으로 하는 국제기구에 제공되어야 한다.

제시한 ODA 정책에 관점인 '현실주의'(realism), '이상주의'(idealism), '구조주의'(structuralism) 등에서도 국가이익을 배제한 경우는 없다는 점을 확인시켜주고 있다. 가령 현실주의는 공여국의 이익만을 추구하는 경우, 이상주의는 공여국뿐만 아니라 수원국의 이익을 동시에 추구하는 경우, 구조주의는 부국이 빈국을 착취하고 이들의 종속을 제도화하는 경우를 의미한다. 따라서 어느 관점도 ODA 정책의 국가이익적 관점을 배제하고 있지는 않다. 단지 그러한 국가이익이 공여국뿐만 아니라 수원국의 이익을 제고하는데 기여하는지 여부가 주요한 관건이 된다.

이 맥락에서 '이상주의'는 '순수한 인도주의'와 구분되며, '열린 국가이익'(enlightened national interest, 이하 '열린국익')으로 이해해야 할 것이다. '열린국익'은 '열린 자기이익'(enlightened self-interest)[4] 개념을 국가차원에 적용한 것으로, 전자는 '한 국가가 다른 국가에 혜택을 주는 행위를 통해 장기적으로 자국이 획득하게 되는 이익'을 의미한다. 이를 ODA 정책에 적용할 경우 'ODA로 수원국의 필요를 충족시켜주면서 장기적으로 공여국이 획득하게 되는 이익'을 지칭하는 것이다.

결론적으로 기여외교는 주체가 되는 국가의 국익을 추구하는 외교전략 수단으로서 활용되어 왔다는 점이다. 문제는 그러한 외교전략 내용이 무엇인가가 관건이 될 것이다.

---

4 동 개념은 현대 민주주의가 '이기적 이익'이 아닌 '열린 자기이익' 또는 '계몽된 자기이익'에 근거할 때 제대로 작동된다는 주장을 펼친 토크빌(Tocqueville)의 주장에서 비롯된 개념이다(Roark 2004)

Ⅲ. 주요국의 외교전략과 공적개발원조 정책

1. 미국의 국가안보전략과 대외원조[5]정책의 변화

1) 부시 행정부의 국가안보전략과 대외원조정책

냉전체제가 해체 직후인 1990년대 미국의 대외원조는 국가안보전략의 주요한 수단으로 간주되지 않으면서, 그 규모가 축소되는 한편 국제사회의 주요문제에 대응하는 사업으로 그 의미가 축소된다(Bortolleto 2010).[6] 이에 따라 1990년대 미국의 대외원조는 개별적인 목적을 추구하는 사업형태로 진행된다(Brainard 2008). 그러다가 2001년 '9/11

5 미국의 대외원조(foreign assistance or foreign aid)는 목적이나 대상, 그리고 항목 등에 있어서 OECD 산하 개발원조위원회(DAC : Development Assistance Committee)가 규정하는 ODA와는 차이가 있다. 특히 미국의 대외원조 정책은 군사원조를 포함하고 있을 뿐만 아니라, 경제원조의 경우에도 DAC에서 규정하는 조건을 충족하지 않는 원조도 포함한다. 따라서 여기서 ODA 대신 대외원조라는 용어를 사용한다(Tarnoff and Lawson 2009 ; Tarnoff and Nakamura 2009)

6 클린턴(Bill Clinton) 행정부는 '지속적 발전'을 탈냉전시기 미국 대외원조 정책의 주요한 목표로 설정하고 보스니아, 하이티, 르완다, 코소보, 리베리아 등의 정치적 안정, 중부유럽의 자유시장경제 체제 정립, 구소련 및 동구유럽의 체제전환, 콜롬비아를 비롯한 중남미 지역의 마약밀매를 근절하기 위한 목표를 성취하기 위한 대외원조 사업을 펼친다(Tarnoff and Nowels 2004, 3).

테러'를 계기로 대외원조가 국가안보전략의 주요한 부분으로 재정립된다(Radelet 2003 ; Lancaster 2008).

부시(George W. Bush) 행정부의 국가안보전략은 2002년과 2006년에 각각 마련된 '국가안보전략'(NSS, National Security Strategy)을 통해서 확인할 수 있는데, 그 핵심내용은 국제테러와의 전쟁의 수행, 불량국가에 대한 선제공격에 입각한 예방전쟁, 미국의 힘에 의존하는 일방주의, 민주주의의 대외적 확산 등이다(U.S. White House 2002, 2006). 이 같은 두 국가안보전략은 '선제공격'(preemptive strike 또는 action)과 '민주주의 확산'을 미국의 국가안보전략의 주요한 두 축으로 한다는 점에서 유사하다(Gul 2009, 73).[7]

7 그러다 다음과 같은 측면에서 2002년의 '국가안보전략'('전략 2002')와 2006년의 '국가안보전략'('전략 2006')은 약간의 차이가 있다(Gray 2006). 첫째, '전략 2006'에서는 테러집단을 좀 더 구체화했다는 점이다. '전략 2002'에서는 단순히 테러집단을 '어두운 개인의 네트워크'라고 한 반면에, '전략 2006'에서는 '이슬람 극단주의자'로 표현하고 있다. 둘째, '전략 2006'에서는 미국과 우방을 보호하기 위한 선제공격은 '자기방어'(self-defence) 차원이라고 한 점이다. 셋째, 미국 안보를 위협하는 세력이 이라크와 북한에서 이란과 시리아로 바뀌었다는 점이다. 전자는 대량살상무기를 개발하는 불량국가와 그러한 무기를 획득하려고 하는 테러리스트 집단이며, 후자는 그러한 위협세력을 지원하는 세력이라는 점에서 차이가 있다. 넷째, '전략 2006'에는 8번째 조항에 '세계화를 효과적으로 관리할 수 있는 기제'를 구축해야 한다는 점을 추가했다. 이 조항을 통해 세계화가 우리에게 많은 기회를 제공하고 있으나, 질병의 확산, 불법밀매, 환경재앙 등과 같은 문제가 국경을 초월하게 되어 이에 대한 대응이 필요하다는 입장을 밝히고 있다. 다섯째, '전략 2006'은 '전략 2002'에 비해 민주적 전환을 두 가지 측면에서 더욱 강조하고 있다는 점이다. '전략 2006'에서는 세계 평화와 발전은 효율적이고 책임있는 민주주의를 위해서 유

이 같은 국가안보전략에서 '민주주의'와 '개발'을 '국방'과 함께 중요한 축으로 간주한다(Epstein 2011, 2-3). 가령 2002년 NSS의 서문에 "우리는 민주주의, 개발, 자유시장, 자유무역을 전 세계에 전달될 수 있도록 할 것이다"라고 밝히고 있다. 또한 2006년 NSS에서는 "개발은 외교와 국방을 제고하게 한다. 이는 안정되고 풍요로우면서 평화로운 사회 구축에 기여하여, 장기적으로 우리 안보위협을 제거할 수 있도록 하기 때문이다"라고 기술하고 있다. 이 맥락에서 2007년도 외교예산을 청구하는 문서에서 "우리의 안보이익과 개발이익 및 삶의 질 제고는 구분하기 어렵다"라는 입장을 밝히기도 한다.

한편 2006년의 NSS는 '변환외교'(transformation diplomacy)를 근간으로 한다. 변화외교는 라이스(Condoleezza Rice) 국무장관이 2006년 1월 조지타운 대학에서 한 연설에서 처음 등장하였는데, 이는 지구상의 '폭정의 종식'을 위해 민주화를 위한 적극적 개입 지원을 핵심으로 해야 한다는 주장이다.

이 맥락에서 부시행정부는 대외원조의 전략적 목표를 '경제, 농업, 무역의 성장', '국제보건', '민주주의, 분쟁예방과 인도주의적 지원'으로 정립하고 일련의 제도 및 조직을 재편한다(Lancaster 2008). 2004년 '새천년도전재단'(MCC : Millennium Challenge Corporation)을 설립하여 '굿 거버넌스'(good governance)와 '경제적 자유'를 준수하고 있는 빈국에 원조를 제공하도록 하였다. 또한 '후천성면역결핍증 경감을 위한 긴급계

지될 수 있고, 현재의 국제적 위협은 민주주의 국가들 간의 협조를 통해 효과적으로 대응할 수 있다고 되어 있다.

획'(PEPFAR : Emergency Plan for AIDS Relief) 프로그램을 신설하여 이후 5년간 15억 달러를 제공하기로 하는 한편, 2005년에는 '말리리아 문제 해결을 위한 대통령 구상'(PMI : President's Malaria Initiative)을 통해 아프리카 지역에 1억 2천만 달러를 지원하여 말라리아로 인한 희생자를 반감하는 정책을 마련하기도 했다. 이로 인해 아프리카에 대한 미국 대외원조규모는 세배로 증가하게 되었다.

이와 함께 2006년 부시 행정부의 라이스 국무 장관은 국무부 내 대외원조 사업을 전담하는 새로운 조직으로 대외원조국(F국, Foreign Assistance Bureau)을 신설하여, 국장(DFA : Director of Foreign Assistance)이 미국 대외원조청(USAID : U.S. Agency for International Development)장을 겸임하도록 하였다. 이를 통해 미국의 대외원조와 '변화외교'뿐만 아니라 기타 미 외교목표 간의 연계성을 강화하도록 하였다. 이 같은 재편을 통해 미 국무장관이 USAID 사업 대한 보고를 직접 듣도록 하였다. 또한 DFA는 USAID 뿐만 아니라 국무부 대외원조를 통괄하도록 한 것이다. 그러나 MCC, Pentagon 이나 글로벌 에이즈문제 해결을 위한 협력(Global AIDS Coordinator) 등을 포함한 타 원조기관의 활동은 포함되지 않았다.

이 같은 노력에도 불구하고 부시 행정부의 대테러전략에서 중시되는 이라크, 아프가니스탄, 파키스탄에 대한 원조규모가 급속히 증가하여, 미국의 대외원조가 국제개발보다 안보적 목적에 종속되었다는 우려가 제기되기도 했다.

2) 오바마 행정부의 국가안보전략과 대외원조 정책

오바마 행정부의 국가안보전략은 '스마트파워 전략'(smart power strategy)으로 집약될 수 있는데, 이는 오바마 행정부의 클린턴(Hillary Clinton) 국무장관의 발언이나 2010년 제시된 '외교 개발검토 보고서'(QDDR : Quadrennial Diplomacy and Development Review)와 NSS를 통해 확인할 수 있다.

스마트파워 전략은 하드파워(hard power)와 소프트파워(soft power)를 통합하여 미국의 외교적 목표를 성취하기 위한 전략을 의미한다(Nye 2004, Nossel 2004, CSIS 2012). 여기서 하드파워와 소프트파워의 차이점은 상대방을 나의 의지에 부합하도록 하는데 있어서 전자는 군사력이나 경제적 보상 등을 동원한 강제력에 의거하는 반면에 후자는 설득 또는 매력에 의거한다는 점이다. 이 맥락에서 하드파워의 자원은 군사력과 경제력 등이며, 소프트 파워는 문화, 정치적 이상 등을 포함하는데, 이 전략이 미국의 외교정책에 있어서 주효한 전략으로 제시된 것은 이라크 전쟁에서 부시 미행정부가 지나치게 군사력이나 경제적 제재 등 강제력에 의존하여 국제사회에서 미국의 정당한 지도적 역할에 대한 부정적인 인식을 갖게 했다는 인식에서 비롯되었다(CSIS 2007). 이러한 인식을 토대로 동맹, 지구개발, 공공외교, 경제통합, 기술 등을 미국의 하드파워와 통합해야 한다는 주장이 제기되었다. 이 맥락에서 스마트파워 전략은 주어진 목표를 효율적이고 효과적으로 성취하기 위해서는 하드파워와 소프트 파워를 동시에 고려하여 가장 적합한 수단을 선택하거나 통합하여 활용해야 한다는 주장이다. 따라서 외교, 경제, 군사, 정치, 법, 문화 등 모두가 주요한 외교전략적 수단으로 고려되며, 주어진 상황에 적합한 선택과 통합이 필요하다는 주장이다.

이 같은 스마트파워 전략은 오바마 행정부가 들어서면서 미국 외교정책의 주요한 원리로 수용된다. 구체적으로 2008년 당시 미 국무장관 후보였던 클린턴(Hillary Clinton)은 미 상원 인사청문회에서 이 같은 입장을 밝힌 바 있다. 이 같은 전략을 실행하기 위해서 2010년 클린턴 국무장관의 주도 하에 2010년 QDDR을 발간해, 이후 4년간의 외교정책방향을 제시하고 있다(U.S. State Department 2010). 동 보고서는 민간역량 활용 극대화, 분쟁예방 집중, 미 대사와 해외의 모든 해외기관과의 협력강화, 각 지역 허브(hubs)의 필요와 이슈 집중, 폭력발생 전 분쟁을 해결하고 실패할 경우 국방부와 협조하기, USAID가 세계 보건과 농업문제 해결에 적극 참여, 민간안보를 위한 차관보 신설, 에너지 안보와 대테러 대응을 위한 조직구축, 사이버 이슈 담당 주무부서 신설 등을 제시하고 있다.

특히 동 보고서를 통해 미국은 국무부와 USAID의 역량을 개선하고, 연계하여 효율적이고 효과적인 결과를 추구하게 될 것이라는 점을 강조하였다. 이에 따라 국무부와 USAID의 정책을 통합적으로 기획할 수 있는 조직을 구축하여, 국가별 장단기 외교전략을 마련하도록 하였다. 단 국무부는 정치 및 안보위기 문제해결에 주도권을 갖게 하고, USAID는 인도주의적 위기 문제해결에 주도권을 갖게 함으로써 각 기관의 책임성을 구분하도록 하였다(Unger 2010).

QDDR은 오바마 행정부가 2010년 제시한 NSS와 맥을 같이한다

(Epstein 2011). 동 NSS에 따르면 오바마의 국가안보전략은 부시 행정부의 '테러와의 전쟁'의 중요성을 강조하고 있다는 점에서 유사하다. 그러나 부시 행정부와 달리 다자주의에 입각한 대응을 강조하고 있을 뿐만 아니라 군사적 수단의 사용은 갈등해결에서 있어서 최후의 수단이라는 입장을 펼치고 있다(U.S. White House 2010). 또한 동 전략에서 안보 및 민주주의 발전에 활용되는 모든 수단을 통합하는 범정부 접근법(whole-of-government)을 제시한다. 결국 미국의 국가안보전략에서 대외원조는 각 지역이나 국가별 미 국가이익을 추구하는 다차원적인 수단으로 활용될 수 있게 하였다.

한편 오바마 행정부는 부시 행정부가 제시한 MCC나 PEPFAR을 지속적으로 추진하면서, 대외원조가 전 세계의 인권증진에 기여해야 한다는 점을 추가적으로 강조한 바 있다(Gibler and Miller 2012). 가령 2010년 9월 유엔 새천년개발계획(MDGs : Millenium Development Goals) 정상회의에서 행한 연설에서, "소녀가 교육 받을 기회를 갖지 못하고, 어머니가 동등한 권리를 인정받지 못할 때, 이는 그 국가의 풍요로움을 잠식하는 것이다"라는 입장을 밝힌다. 또한 같은 연설에서 "모든 인간의 존엄성과 잠재성에 대한 미국의 기여"가 미국의 세계발전전략이라고 주장한다. 바로 인권의 중요성을 강조하고 있다. 이 맥락에서 오바마대통령은 진정한 풍요와 발전은 인권존중을 위한 것이라는 입장을 견지한다. 이 밖에도 오바마 대통령은 아프리카나 중동 지역에서 동성연애 박해를 반대하는 입장을 표명하는 등 다양한 측면에서 인권의 중요성을 강조한다(McVeigh 2011).

2. 중국의 국가발전전략과 대외원조[8]정책

냉전체제가 붕괴된 이후 중국의 미래에 대한 복잡한 전망이 대두되고 있는 가운데, 1992년 중국 공산당은 제14회 전인민대회대회를 통해 네 가지 외교정책 방향을 제시한다(Chen 1993). 첫째는 주변국과의 선린관계를 추구하는 것, 둘째는 선진국이나 개발도상국 구분 없이 모든 국가들과 선린관계를 맺는 것, 셋째는 국제사회의 평화 및 안정, 그리고 풍요로움을 위해 보다 적극적인 역할을 수행하는 것, 넷째는 새로운 국제질서를 구축하고 유엔개혁을 추구하는 것이었다. 이와 같은 외교정책방향은 결국 평화로운 국제질서를 통해 중국의 경제발전을 도모하기 위한 것이었다.

이후 이러한 중국의 외교전략은 지속적으로 추진되었으며, 2007년 제17차 전인민대회를 통해서 후진타오의 '조화로운 세계'(Harmonious World) 전략으로 발전한다(Hao 2008). '조화로운 세계' 전략은 세 가지 외교정책 방향을 토대로 한다. 첫째는 비적대 외교인데, 이에 따르면 국가들 간의 적대적 관계나 갈등은 군사적 수단이 아닌 선린과 상호존중 및 이해에 토대를 둔 협력을 통해 해결해야 한다는 주장이다. 이 맥락에서 중국은 '파트너십 관계'를 확대해 나간다. 둘째는 열린 지역주의인데, 이는 지역의 평화 및 발전과 복리를 제고하기 위해서는

8 중국의 대외원조 관련 사항은 제대로 공개된 바 없기 때문에, 그 목적이나 대상 및 조건 등이 DAC에서 규정하고 있는 ODA에 부합하는지 알 수 없기 때문에 대외원조라는 명칭을 사용한다.

지역내 국가간의 안정된 협력과 협조관계가 필수적이라는 주장이다. 그러나 이 같은 지역 내 국가 간 협력과 협조는 다른 지역의 국가를 배제하는 것이 되어서는 안된다는 원칙을 토대로 한다. 셋째는 지역 간 협력네트워크 구축인데, 이는 전 세계의 평화질서를 위해서는 각 지역 내 협조는 다른 지역과의 협력네트워크를 토대로 구축되어야 한다는 주장이다. 이와 같은 중국의 외교전략은 21세기 급변하는 국제 환경에서 중국의 경제발전을 추구하기 위한 것으로 이해되고 있다.

현재 중국 대외원조정책의 기본 원칙은 1964년 마련된 "중국 경제 및 기술원조의 8원칙"(China's Eight Principles for Economic Aid and Technical Assistance to Other Countries)에 의거한 것으로 알려져 있다(Fang and Lien 2012). 첫째, 중국의 대외원조는 평등과 상호이익을 토대로 한다. 둘째, 중국은 수원국의 주권을 인정하며 원조 공여시 어떠한 조건도 부과하지 않는다. 셋째, 중국의 대외원조는 무상 또는 매우 낮은 유상원조이며, 유상인 경우 상환기간은 수원국의 사정에 따라 연장한다. 넷째, 중국의 대외원조를 통한 수원국의 경제발전방식은 수원국 자체의 방식을 따른다. 다섯째, 중국은 수원국이 최소의 투자로 수입과 자본축적이라는 성과를 획득할 수 있도록 최선을 다하여 수원국을 지원한다. 여섯째, 중국은 국제시장가격에 의거하여 최고의 기자재와 자원을 제공한다. 중국이 제공하는 기자재나 자원이 수원국의 필요에 부응하지 못할 경우, 이를 대체하거나 이에 필요한 재원을 제공해 준다. 일곱째, 중국이 기술지원을 할 때는 수원국의 인력이 해당 기술을 완벽히 습득할 수 있도록 한다. 여덟째, 중국의 전문가가 수원국의 건설관련 업무를 지원할 경우, 수원국의 전문가와 동등한 수준으로 대우한다. 파견된 중국 전문가는 수원국에게 현지 생활과 관련한 어떤 요구하거나 혜택을 받는 것을 금한다.

이와 같은 원칙은 현재 '베이징 컨센서스'(Beijing Consensus)로 집약되며, 이를 토대로 중국의 대외원조 정책을 진행하고 있는 것으로 알려져 있다(Languar 2011, Weston et al. 2011). 베이징 컨센서스란 서구중심의 '워싱턴 컨센서스'(Washington Consensus)에 대체되는 중국의 발전전략을 의미한다(Ramo 2004). '워싱턴 컨센서스'의 경우는 시장경제 도입을 통해 경제발전이 가능하다는 원리를 토대로 하고 있는 반면에 '베이징 컨센서스'는 국가주도 경제 전략과 주권인정이라는 원칙에 의해 경제발전이 가능하다는 원리에 토대를 두고 있다.

이 맥락에서 중국의 대외원조는 다음과 같은 측면에서 다른 공여국과 구분된다(Welle-Strand 2010, 3-4). 첫째, 상호이익을 기반으로 하는 상업적 이익을 추구한다. 이 같은 점은 대부분의 공여국들이 명시적으로 수원국의 복리에 기여하기 위한 것이라고 하는 점과 구분되는 점이다. 특히 중국의 경제발전에 따라 수요가 급속히 증가하고 있는 자원을 확보하기 위해서 대외원조를 주요한 수단으로 활용하고 있는 것으로 알려져 있다. 둘째, 수원국의 내정에 대한 불간섭주의를 기반으로 한다. 따라서 민주주의라든가 인권이라든가 하는 조건을 토대로 ODA 공여 여부를 결정하는 서구 주요 공여국들과 차이가 있다. 셋째, 남-남 협력이라는 맥락에서 중국의 발전전략을 수원국이 수용하여 경제발전을 이룩할 수 있도록 한다는 점이다. 그러나 중국이 자국의 발전모델을 전제조건으로 대외원조를 제공한다는 말은 아니다. 단지 내정 불간섭이라는 원칙에 의거하여 수원국 정부의 주체적인 발전방식을 추구하도록 한다는 점을 의미한다.

이 밖에도 중국의 대외원조는 '하나의 중국'이라는 정치적 목적을 대외원조 정책에 투영하고 있는 것으로 알려져 있다. 이 같은 주장은 중국이 공식적인 언급을 토대로 밝혀진 것이 아니라, 중국의 대아프리카 대외원조 분배 정책을 통해서 확인된 사실이다. 가령 아프리카 대륙에서 부르키나파소, 감비아, 말라위, 스와질랜드와 같이 대만과 외교적 관계를 맺고 있는 국가들에게는 대외원조를 전혀 제공하고 있지 않는 반면, 수단, 앙골라, 콩고, 잠비아, 짐바브웨 등 오랫동안 중국과만 외교관계를 맺고 있는 국가들에게 대해서는 대외원조를 뿐만 경제적인 투자를 확대해 나가고 있는 것으로 알려져 있다(Lenguer 2011, 58-59).

또한 중국은 국제무대에서의 자국의 영향력을 확대하기 위해서 다자원조에 공을 들이고 있는 것으로 알려져 있다. 가령 1971년 중국이 유엔의 안보리 상임이사국이 된 직후 이후 아프리카 지역의 23개국에 대한 대외원조를 제공하는 조치를 취했으며, 유엔에서 중국의 인권침해에 대한 결의안을 채택하려던 시기 아프리카에 대외원조 제공을 통해 이를 저지한 바 있다.

한편 2000년대 들어 중국은 대외원조정책 기관을 재편하는데, 그동안 진행된 대외원조정책기관의 변천과정은 다음과 같다(Fang and Lien 2012). 중국의 대외원조정책의 역사는 1950년대 대북한 원조시기로 거슬러 올라가는데, 이 당시 대외무역부(Ministry of Foreign Trade)가 이를 관리했다. 1982년 동 기관은 대외경제연락부(Ministry of Foreign Liaison)와 통합되고 국가수출입관리위원회(State Import and Export Regulation Commission)와 국가외국투자관리위원회(State Foreign Investment Regulation Commission)은 대외무역경제관부(Ministry of Foreign Economic Relations and Trade)로 전환된다. 1993년 대외무역경제관계부는 대외무역경제합작부(MOFTEC : Ministry of Foreign Trade and Economic Co-operation)로 명칭이 변경된다. 그리고 2003년 MOFTEC가 상업부(MOFCOM)로 재편되는데, 이 부처는 국가경제위원회(SETC : State Economic and Trade Commission)과 국가발전기회위원회(SDPC : State Development Planning Commission)도 포함하게 된다. 이 밖에도 중국 외교부, 금융부, 수출입은행, 교통부, 보건부, 교육부, 농업부, 문화부 등 이 중국의 대외원조 사업을 진행하고 있으나, MOFTEC가 총괄하고 있는 것으로 알려져 있다.

3. 일본의 인간안보와 ODA 정책

냉전이 해체되고 걸프전 발생 전까지 일본의 외교노선은 소위 '요시다 노선'에 의거한 '평화국가노선' 이었다. 이 노선은 일본 평화헌법 제9조[9]에 의거하여 대외군사활동을 진행하지 않고 '통상국가'로서 경

9 당시 일본의 '헌법'은 패전 후 연합군 점령 하에서 1947년 제정되었는데, 제9조 1항은 일본 국민은 정의와 질서를 기초로 하는 국제평화를 성실히 희구하고 국권이 발동하는 전쟁과 무력에 의한 위협 또는 무력의 행사는 국제분쟁을 해결하는 수단으로서는 영구히 이를 포기한다고 규정학고 있다. 그리고 제9조 2항은 전투력를 보유하지 않을 뿐만 아니라 교전권을 포기하는 조항으로, 전 항의 목적을 달성하기 위해 육해공군 기타 전투력을 보유, 유지하지 않

제우선 외교를 의미한다.

그러나 1991년 걸프전이 발발하면서 일본의 외교전략은 근본적인 변화를 겪게 된다. 걸프전이 발발하고 이에 대한 일본의 참여가 요구되어 1992년 미야자와 키이치 정권은 자위대를 유엔 평화유지활동(PKO : Peace Keeping Operations)에 참가하기 위한 'PKO 협력법'을 제정한다. 이때 오자와 이치로가 국제사회에서 경제분야뿐 아니라 군사안보분야에서의 정상적인 책임을 수행해야 한다는 정상국가론을 제시한다. 이후 1996년 미일 안보조약의 재정의와 1997년 신미일 방위협력지침, 1999년 주변사태법 제정 등을 통해 일본은 '요시다 노선'을 벗어나 국제사회의 주요한 행위자로서 활동할 수 있게 된다.

한편 1980년대를 거치면서 일본의 ODA 정책에 철학이 부재하고, 경제적 이익만을 추구한다는 국내외 비판을 받게 된다(Sawamura 2004). 이에 일본 정부는 1992년 '공적개발 원조헌장'(ODA Charter)을 채택한다. 동 헌장은 일본 ODA에 대한 네 개의 원칙을 제시한다(MOFA 1992). 첫째, 환경보호와 개발을 동시에 추구한다, 둘째, 군사적 또는 분쟁을 목적으로 하는 ODA 사용은 배제한다. 셋째, 수원국의 국방비, 발전수준, 대량살상무기, 군수품 수출과 수입을 고려한다. 넷째, 수원국의 민주화 증진 및 시장경제 도입, 인권보호 및 자유 수준을 고려한다.

이후 일본의 ODA는 좀 더 체계적인 방식으로 진행되게 되었는

는 것으로 되어 있다.

데, 특히 1995년 당시 일본 총리였던 무라야마(Murayama Tomiichi)가 사회개발을 위한 유엔 세계정상회의에서 '인간중심의 사회발전'이라는 개념을 제시한다. 그러나 이러한 개념이 '인간안보'로 체계화되어 일본 ODA 정책에 도입된 것은 오부치(Obuchi Keizo) 총리에 의해서이다. 이 맥락에서 1999년 외교백서에 '인간안보'가 일본 외교정책의 주요한 개념으로 받아들여진다(Trinidad 2007). 이에 따라 모든 인류의 생활수준을 증진하는 것을 ODA 최선의 목표로 간주하게 된다. 이때 주요 수원국을 대상으로 국가별 프로그램을 마련하기로 하고, 이를 토대로 민간기관을 비롯한 모든 ODA 원조기관이 대상국에 대한 ODA 사업을 펼치도록 하였다. 이 맥락에서 요시로(Yoshiro Mori) 총리는 이를 일본 외교정책의 지침으로 정립하고 2000년부터 일본 외교정책의 주요한 관점으로까지 도입되기도 하지만 2003년 일본의 구조조정과 미일안보동맹 등 주요한 과제가 우선시 되면서 당시 고이즈미(Koizumi Junchiro) 총리는 '인간안보'를 일본 외교정책 일반이 아닌 ODA 정책의 지침으로 간주한다. 이에 따라 2003년 일본 ODA 헌장을 개정하여 '인간안보'를 주요한 원칙의 하나로 추가한다(Korkietpitak 2012). 이 맥락에서 2005년 일본 ODA 중기계획에도 '인간안보'가 주요한 과제로 포함되었다. 여기에서 인간안보는 "실제 또는 잠재적 위협에 처한 개인과 공동체를 보호하며 모든 이들이 존엄한 삶을 누릴 수 있도록 하는 것"이라고 정의하고 있다. 이에 따른 ODA 정책은 세 가지 형태로 진행되고 있다. 첫째, 수원국에 소재한 대사관을 통해서 진행되는 '풀뿌리 인간안보를 위한 무상원조 프로젝트'(GGP : Grant Assistance for Grass-roots and Human Security Projects)를 진행하고 있다. 둘째, 1999년부터 일본국제협력단(JICA : Japan International Cooperation Agency)이 1999'NGO, 지방정부 및 기관과의 JICA 풀뿌리 파트너십 프로그램'(JICA Grassroots Partnership Program with NGOs, Local Governments and Institutes)을 진행하고 있다. 셋째, 일본 정부는 유엔과 공동으로 '유엔 인간안보 신용기금'(UNTFHS, US Trust Fund for Human Security)을 설립하고, 2001년 인간안보 위원회를 설치하여 일본인 오가다(Ogata)와 노벨상 수상자인 센(Sen)에게 공동의장 역할을 맡긴다. 이후 일본은 이 같은 기구를 통해 국제사회에서의 주요한 인간안보와 관련된 이슈에 대해 자국의 입장을 반영하는 역할을 진행한다.

한편 일본 ODA 조직 및 추진체계가 통합되었다. 1999년 10월 하시모토 정부 시절 유상원조 채널의 단일화를 위해 해외경제협력기금 (OECF : Overseas Economic Cooperation Fund)과 일본수출입은행 (JEX-IM : Export Import Bank of Japan)을 통합하여 일본국제협력은행(JBIC : Japan Bank of International Cooperation)을 설립하였다. 이후 2005년 고이즈미 정부 하에 진행된 우정국 민영화 이후 시작된 행정부처 전체의 규제완화정책의 흐름에서 일본 ODA 추진체계의 통합 논의가 개시되었다. 이에 따라 2005년 12월 대외경제협력자문위원회가 구성되고 2006년 3월 JBIC과 JICA 양 기관의 통합방안이 제출, 통과되면서 2008년 New JICA가 설립되었다.[10] 이와 동시에 일본 공공금융기관

10 이에 대한 JICA 대표자와의 인터뷰에 따르면, 이 같은 통합과정이 완료된 것은 2010년이다. 〈http://www.jica.go.jp/english/about/president/archive/remarks/2010/101227.html〉

개편으로 일본정책금융공사(JFC : Japan Finance Corporation)가 설립되었는데, 동 기관은 OECF를 제외한 JBIC을 비롯하여 3개의 재무기관을 통합하였다. 이로써 New JICA는 기존 JICA와 OECF의 기능을 통합하여 담당하게 되었고, OECF를 제외한 JBIC의 기능은 JFC로 통합되었다. New JICA는 3S(Speed up, Scale up, Spread out)의 원칙하에 포괄적이고 역동적인 개발이라는 비전을 제시하게 되었는데, 이와 같은 변화가 가능했던 이유는 통합이라는 구조적인 변화가 뒤따랐기 때문인 것으로 평가되고 있다. 일본 유 무상 원조 시행 기관이 New JICA라는 이름으로 통합하면서 원조 집행 절차가 간소화되어 신속하게 대처할 수 있게 되었고, 또한 공통된 국가별 지원정책 하에 기술협력과 유무상 원조의 복합적인 지원이 가능할 수 있게 된 것으로 알려져 있다.

4. 캐나다 틈새외교 전략과 ODA 정책

최근 캐나다의 외교전략은 틈새외교(niche diplomacy) 전략으로 특징 지워질 수 있다. '틈새외교'란 중견국가가 취할 수 있는 외교로, 그 역할로는 촉매자로서 외교적인 선도자 역할을 수행하기도 하고, 새로운 의제를 개발하고 이에 부응하는 지지연합을 구축하는 촉진자 역할, 또는 국제제도의 수립을 지원하는 관리자 역할을 수행하는 것을 말한다(Cooper et al. 1993).

이 맥락에서 캐나다 ODA 정책은 냉전체제가 붕괴된 이후 미국의 정책을 추종하기보다 독자적인 노선을 걷기 시작한다. 우선 1995

년 외교백서인 '세계속의 캐나다'(Canada in the World)에서 캐나다의 외교목표로 '번영과 고용의 촉진', '안정된 국제사회와 자국의 안전보장', '외교정책에서 캐나다의 가치와 문화의 반영' 등 세 가지를 채택한다(Foreign Affairs and International Trade 1995).

한편 1996년 액스워드(Llyod Axworthy) 캐나다 외무장관은 '인간안보'를 외교정책의 주요한 개념으로 받아들인다. 특히 캐나다의 '인간안보'는 '공포로부터의 자유'에 해당하는 개념으로 '폭력 혹은 비폭력의 위협으로부터 인간의 안전'으로 정의하고 있다(Bosold and Werthes 2005). 이 맥락에서 1999년 캐나다 ODA 정책을 '전 세계를 인간의 기본적인 권리와 안전, 인간 생존이 가능한 환경으로 만들기 위해 노력하는 것'이라고 선언하는 한편, 2005년 국제정책 제안(IPS : Canada's International Policy Statement)을 통해 거버넌스 개선, 보건, 교육, 민간개발, 지속적인 환경 등 5개 항목에 우선순위를 두겠다는 입장을 밝힌바 있다.

한편 2008년 캐나다 ODA 정책의 중점은 빈곤추방에 두겠다는 입장을 밝히면서, 이는 식량안보와 자연 및 인간재난에 대한 지원, 지속적 발전, 국제기구에 대한 지원, 부채 탕감, 시민사회와의 파트너십, 인적자원에 발전에 기여 등과 같은 정책을 통해 이룩하겠다는 입장을 밝히고 있다(SELA 2012, 9). 이와 함께 2008년 '공적개발원조책무법'(Official Development Assistance Accountability Act)를 제정하는데, 동 법은 DAC내에서 모델이 되는 것으로 간주되고 있다.

이 법에 따르면 빈곤타파를 가장 중시하면서, ODA가 반드시 고려해야 할 조건으로 빈곤타파 기여, 빈곤국민 관점, 국제인권기준 부응 등을 규정하고 있다. 또한 동 법에 따르면 이 같은 조건이 만족되었는지 ODA 관련 모든 정부부처 및 기관, 국제기구 및 캐나다 시민사회집단과 최소 2년에 한 번씩 협의하도록 하고 있다. 이 밖에도 이 법은 캐나다 국제개발청(CIDA : Canadian International Development Agency)을 비롯한 캐나다 ODA 사업 기관장은 연례보고서를 반드시 의회에 제출하는데, 동 보고서에는 전년도 ODA 집행규모, 동 법에 따른 활동요약, '브레튼 우즈와 관련 협정법'(Bretton Woods and Related Agreement Act)에 따른 연간 보고서 요약, CIDA의 활동 보고서 요약, 브레튼 우즈의 우선순위와 정책에 부응하는 캐나다의 입장 요약 등을 포함한다(Department of Justice Canada 2008).

5. 호주의 다자주의와 ODA 정책

냉전체제가 종결된 이후 호주는 중견국가로서 특정 이슈에 대한 자국의 이해에 '우호국'(like-minded)을 연계하는 외교활동을 펼치는 것으로 알려져 있다(Ungerer 2007). 가령 1993년 캄보디아 내전에 대한 유엔 차원의 평화적 해결방안을 모색하는 과정에서 호주는 인도네시아, 안보리 상임이사국, 베트남 및 캄보디아내 분파들을 순차적으로 접촉하는 외교활동을 통해 성과를 거둔바 있다. 또한 '아시아태평양경제협력체'(APEC : Asia Pacific Economic Co-operation)와 '아세안 지역포럼'(ASEAN Regional Forum) 등을 구축하는 과정에서 호주가 주도적인 역할을 수행하였다.

한편 호주는 냉전체제가 해체된 이후에 자국의 ODA 정책에 대한 부정적인 인식을 불식하는 차원에서 1997년 '하나의 선명한 목적'(One Clear Objective) 또는 '시몬스 보고서'(Simons Report)를 마련하여 '호주의 ODA는 수원국의 지속가능한 성장을 통한 빈곤타파'로 정립한다(Simons et al. 1997). 이를 토대로 2002년 연두교서에서 호주 ODA 정책은 빈곤퇴치와 지속가능한 개발로 방향을 전환한다고 천명한다(Downer 2002).

이 같은 정책방향을 정립하는 과정에서 호주 ODA 조직을 발전시키게 된다. 호주ODA는 외무성 산하기관인 국제개발청(AusAid : Australian Agency for International Development : AusAid)이 전담하고 있는데, 1974년 외무성 산하에 호주개발협력과로 시작하였다. 이후 1987년 호주국제개발협력국으로 격상되었고 1995년 호주국제개발청으로 승격되었다. 현재 호주 ODA 정책결정과정에는 총리실, 통상부, 국방부, 외무부, 연방경찰청 등이 참여하여, 호주외교에서의 이익을 우선순위로 하여 원조를 결정하고 있는 것으로 알려져 있다.

호주는 공여국들과 공동으로 인권기금을 조성해 양자 및 다자기구를 통해 수원국의 인권향상 프로그램을 지원하고 있다. 가령 1997년부터는 중국과 인권대화를 지속하고 있으며, 중국 인권향상을 위해 인권 기술 협력 프로그램(Australia-China Human Rights Technical Cooperation Program)을 체결하여 호주 학회 및 재단들이 참여하여 중국과 협력하고 있다. 이 프로그램은 사법제도 개혁, 여성 및 아동 권리 향상, 소수민족 권리 등을 위해 집중 제공된다. 또한 2002년부터는 호주와 베트남 간 인권대화를 지속하고 있고 아태지역의 인권기구를 만드는 노력을 지원해왔다.

또한 파푸아뉴기니아나 필리핀 등과 거버넌스 및 평화안보 관련 협력프로그램을 진행하고 있다. 가령 2004년부터 파푸아뉴기니의 거버넌스를 촉진한다는 목적으로 자문단을 파견하고 있으며, 필리핀과는 '필리핀 반테러 지원 프로그램', '항만 안보 역량강화 프로젝트'를 진행한 바 있으며, 이후에도 관련 프로그램을 진행하고 있는 것으로 알려져 있다.

6. 스웨덴의 인도주의 전략과 ODA 정책

탈냉전과 9/11 테러 이후 스웨덴의 외교정책은 기존의 '중립외교'에서 탈피하는 양상을 보이고 있다(Hetmanchuk 2012). 이는 자국의 복리를 우선하는 정채노선에 따른 것으로 제2차 대전 중에는 비동맹노선에 의거하여 개입하지 않았으며, 이 맥락에서 냉전시기에도 안보적 측면에서는 어느 진영에 속하지 않으면서 양진영과 통상관계를 유지하는 정책을 진행했다. 그러다 냉전체제가 해체된 후인 1995년 EU에 가입하는 한편, 스톡홀름 국제평화연구소에 안보관련 연구에 2008년에 61억 달러의 비용을 제공하기도 하였다.

한편 스웨덴은 전통적으로 '북구모델'(Nordic model)에 속하는 ODA 정책을 펼쳐왔으며, 이 같은 경향은 냉전체제가 해체된 이후에도 유지해 오고 있으나 최근에 약간의 변화가 있는 것으로 알려져 있다(Oden 2011). 기본적으로 스웨덴의 ODA 정책은 1962년에 마련된 개발협력법에 의거했는데, 동 법에 따르면 ODA 정책은 빈곤층의 삶의 질 향상에 중점을 두고 평화와 안보, 연대, 통상에 중점을 둔다는 것이었다. 이후 몇 차례 개정을 거쳐 2003년 스웨덴 의회는 전 지구의 빈곤퇴치를 위한 스웨덴의 책임과 역할을 강조한 법인 '분담된 책임 : 전 지구적 개발을 위한 스웨덴 정책'(Shared Responsibility : Sweden's Policy for Global Development)을 마련한다. 이에 따르면 스웨덴은 빈곤퇴치에 대한 연대책임을 강조하고 원조의 목적을 인권, 아동권리, 남녀평등, 민주주의 발전을 기반으로 한 삶의 질 향상"에 둔다고 되어 있다. 여기서 중요한 점은 '민주주의 발전'이라는 사항을 포함했다는 점에서 기존의 것과 구분되기도 한다.

그럼에도 다른 북구유럽 국가들처럼 빈곤타파를 기본 목표로 하지만 새천년 개발목표, 경제성장, 무역, 평화와 안보, 그리고 민주주의와 인권, 양성평등 등을 주요한 의제로 삼고 있다. 또한 아프리카지역에 대해서는 지역통합을 위한 지원정책을 펼치고 있다(Oden 2011). 이 맥락에서 스웨덴은 국제사회에서 평화와 분쟁의 조정자로서 ODA를 적극 활용하고 있다. 가령 중동평화회담을 성사시키고, 인도네시아와 아체반군간의 평화회담을 이끌어낸 바 있으며, 고립된 북한을 국제사회로 이끌어내기 위해 2001년 5월 2일, EU 대표단을 이끌고 방북한 당시 EU 의장 요한 페르손 스웨덴 총리는, 서방 국가원수로는 처음으로 김정일 국방위원장과 회담을 갖고 2003년까지 미사일 발사시험 유예 등을 확인 받았고, 북한-EU간의 인권문제 등을 논의한 바 있으며, 요한 페르손 총리의 북한방문 이후 스웨덴은, 북핵 위기로 국제사회의 대북 원조가 감소하는 추세에도 불구하고 인도주의 지원을 지속한 바 있다.

한편 최근에 북구유럽에 속하는 노르웨이, 스웨덴, 네덜란드, 핀란드 각각은 약간 구분되는 ODA 정책을 펼치고 있는 것으로 알려지고 있다. 가령 노르웨이는 자국 기업의 경제활동에 필요한 시장개방정책을 펼치고 있으며, 네덜란드는 아프리카가 좀 더 개방화되는 정책을 펼치고 있다. 같은 맥락에서 스웨덴도 장기적 지원프로그램을 줄여나가는 방식을 취하고 있다.

Ⅳ. 시사점

탈냉전과 21세기 주요국들의 ODA 정책에 비추어 볼 때 다음과 같은 측면에서 한국 기여외교가 보완해야 할 점은 다음과 같다.

첫째, 한국의 국제적 위상에 조응하는 외교전략을 반영해야 한다. 현재 제시된 '한국형 ODA 모델'은 '비교우위'와 '개발경험전수'라는 측면을 강조하고 있으나, 이러한 내용이 한국의 '열린 국익'을 강화하는데 기여할 수 있을지는 미지수다. 특히 한국의 개발경험은 우리의 특수한 경험을 토대로 한 것이기 때문에, 자칫 수원국의 필요에 부응하지 못하는 방향으로 전개될 가능성을 배제하기 어렵다. 따라서 이에 대한 좀 더 체계적인 검토가 요구된다 하겠다. 이러한 측면에서 볼 때 앞에서 분석한 캐나다나 스웨덴의 경우처럼 국제규범화나 독자적이면서도 보편적인 가치가 될 수 있는 것을 토대로 한국의 열린 국익을 추구하는 것도 좋은 방안이 될 수 있을 것으로 판단된다.

둘째, 인권에 대한 논의와 인권증진을 위한 프로그램이 부재하다. 앞에서 살펴본 바와 같이 중국을 제외한 대부분의 DAC 회원국들은 선언적, 실질적으로 '인권 증진'을 ODA 정책에 있어서 주요한 과제로 인식하고 있다. 그러나 한국의 경우는 이에 대한 논의가 제대로 이루어지고 있지 못할 뿐만 아니라 정립되어 있지 못하다. 이에 따라 '한국형 ODA 모델'에 이를 반영하고 있지 못하다. 따라서 '한국형 인권증진 모델'에 대한 심도있는 논의가 필요하며, 이를 '한국형 ODA 모델'에 반영해야 한다.

셋째, 한국 ODA 정책 추진체계를 개선하는 노력이 필요하다. 이미 오랫동안 한국의 ODA 정책 추진체계 개선에 대한 논의가 진행되어 왔고, 이로 인해 발생한 문제를 많이 해소한 측면이 없지 않다. 그러나 아직까지 지속적인 논란이 제기되고 있는 바 이에 대한 적극적인 노력이 필요하다. 실제로 앞에서 살펴본 바와 같이 사례로 든 대부분의 경우, 자국의 원조정책이 효율적이고 효과적으로 진행될 수 있도록 하는 실질적 조치를 취한 바 있다. 이 같은 맥락에서 현재 지체되고 있는 ODA 추진체계를 빠른 시일 내 정립하는 노력이 요구된다.

넷째, 한국 ODA가 다른 외교정책 수단과 통합되어 활용될 수 있는 노력이 필요하다. 이는 첫 번째 시사점과 유사한 측면이 있는데, 앞에서 살펴본 많은 국가들의 경우 ODA가 자국의 다양한 외교적 수단과 통합적으로 사용하여 지역 또는 국가별 정책을 실시하고 있다. 이러한 맥락에서 한국의 경우도 지역 및 국가별 외교정책을 토대로 하여 ODA가 주요한 수단으로 활용될 수 있도록 해야 할 것이다. 가령 공공외교와의 결합이나 PKO와 ODA와의 유기적 결합은 적극 검토할만한 것으로 판단된다.

다섯째, 중견국가로서 국제사회에서 어떠한 역할을 수행할 것인가에 대한 좀 더 명확한 전략을 수립할 필요가 있다. 앞에서 살펴본 바와 같이 캐나다, 스웨덴, 호주 등은 의제선정이나 다자주의 등을 통해 자국의 역할을 정립해나가고 있다. 한국의 경우에도 이미 '부산개발원조총회'를 통해 '서울개발컨센서스'를 마련하는 성과를 얻기도 했다. 그러나 이러한 성과를 더욱 발전시키기 위한 조직체계가 뒷받침되고 있지 않는 것으로 알려져 있다. 따라서 중견국가로서 역할과 기능을 좀 더 확실하게 수행할 수 있도록 하려면 조직과 예산이 뒷받침 될 필요가 있으며, 이를 토대로 한국적인 중견국가의 위상을 개발하고 정립해 나가는 노력이 있어야 할 것이다.

참고문헌

신성호. 2008. "한국의 국가안보전략에 대한 소고." 『국가전략』 제14권 1호.

조윤영. 2008. "한국의 외교안보전략과 이명박 정부의 정책방향과 과제." 『통일문제연구』 제50호.

Cingranelli, David L. 1992. *Ethics, American Foreign Policy and the Third World*. New York : St. Martin's Press.

CSIS. 2012. "CSIS Commission on Smart Power : A Smarter, More Secure America." *Center for Strategic and International Studies*.

Baldwin, David A. 1985. *Economic Statecraft*. Princeton : Princeton University Press.

Bhattacharya, Abnti. 2006. "China's Foreign Policy Challenges and Evolving Strategy." *Strategic Analysis*, Vol. 30, No. 1. Jan–Mar.

Bortolleto, A. Carolina. 2011. "American Foreign Aid : Recent Trends in Goals and Allocation." *Social Science Journal*. Vol. Issue 1.

Bosold, David and Sascha Werthes. 2005. "Human Security in Practice." *International Politics and Society*. Vol. 1.

Brainard, Lael. 2007. *Security By Other Means*, Washington, D.C. : The Brookings Institute.

Cooper, Andrew F. et al. 1993. *Relocating Middle Powers*, Vancouver : Univ. of British Columbia Press.

Chen, Qimao. 1993. "New Approaches in China's Foreign Policy." *Asian Survey*, Vol. 33, No. 3, March.

Deibel, Terry L. 2007. *Foreign Affairs Strategy.* New York : Cambridge Univ. Press.

Department of Foreign Affairs and International Trade. 1999. *Human Security* Canada, Ottawa : DFAIT.

Department of Justice Canada. 2008. *Official Development Assistance Act.* C. 17.

Downer A. 2002. "Australian Aid : Investing in Growth, Stability and Prosperity." *Australian Government Pubishing Service and AusAid.*

Epstein, Susan B. 2011. "Foreign Aid Reform, National Strategy, and the Quadrennial Review." *CRS Report for Congress.*

Fang, Ting and Hui-Ting Lien, "China's International Policy and Its Implications for Global Governance." RCCPB Working Paper #29. Research Center for Chinese Politics and Business.

Fearon, James. D. 1998. "Domestic Politics, Foreign Policy, and Theories of International Relations." *Annual Review of Political Science.* Vol. 1, No. 1.

Gul, Mehran, 2009. "U.S. National Security Strategy." *Yale Journal of International Affairs.* (Winter) Hao, Su. Harmonious World.

Harbour, Frances V. 1999. *Thinking About International Ethics.* Boulder : Westview Press.

Hetmanchuk, Natallia. *Swedish Foreign Policy : Neutrality vs. Security.* Unpublished.

Hook, Steven W. 1995. *National Interest and Foreign Aid.* Boulder : Lynne Rienner.

Johansson, Paul. 2011. "Biases in Aid Allocation Against Poorer and Large Countries." *World Development* Vol. 4, No. 8.

Korkietpitak, Warangkana, 2012. "Japan's Foreign Aid Policy on Human Security." 政策科學 제19권 2호.

Lai, Brian. 2003. "Examining the Goals of US Foreign Assistance in the Post-Cold War Period, 1991-1996." *Journal of Peace Research.* Vol. 40, No. 1.

Ramo, Joshua. 2004. *The Beijing Consensus.* Foreign Policy Centre.

Radelet, Steven, 2003. "Bush and Foreign Aid." *Foreign Affairs.* September/October.

Lancaster, Carol. 2007. *Foreign Aid : Diplomacy, Development, Domestic Politics.* Chicago : The Univ. of Chicago Press.

_____. 2008. *George Bush's Foreign Aid : Transformation or Chaos.* Washington, D.C. : Center for Global Development.

Lengauer, Sara, 2011. "China's foreign aid policy : Motive and method." *Culture Mandala : The Bulletin of the Centre for Eas–West Cultural and Economic Studies.* Vol. 9, Issue 2.

Lebovic, James H. 1998. "National Interests and U.S. Foreign Aid : The Carter and Reagan Years." *Journal of Peace Research.* Vol. 25, No. 2.

_____. 2005. "Donor Positioning : Development Assistance from the U.S., Japan, France, Germany, and Britain." *Political Science Quarterly.* Vol. 58, No. 1.

Maizels, Alfred and Machiko K. Nissanke. 1984. "Motivations for Aid to Developing Countries." *World Development.* Vol. 12, No. 2.

Macdonald, Ryan and John Hoddinott. 2004. "Determinants of Canadian bilateral aid allocations : humanitarian, commercial, or political?" *Canadian Journal of Economics.* Vol. 37, No. 2.

McKinlay, R. D. and R. Little. 1977. "A Foreign Policy Model of U.S. Bilateral Aid Allocation." *World Politics,* Vol. 30, No. 1.

Meernik, James et al.. 1998. "Testing Models of US Foreign Policy : Foreign Aid during and after the Cold War." *The Journal of Politics,* Vol. 60, No. 1.

Minear, Larry. 2002. *The Humanitarian Enterprise : Dilemmas and Discoveries.* Bloomfield : Kumarian Press.

Nardin, Terry. 1991. "Moral Renewal : The Lessons of Eastern Europe." *Ethics and International Affairs*. Vol. 5.

Nossel, Suzanne. 2012. "Smart Power." *Foreign Affairs*.

Nye, Joseph. 2004. *Soft Power : The Means to Success in World Politics.* New York : Public Affairs.

Oden, Brtil. 2011. *The Africa Policies of Nordic Countries And The Erosion of The Nordic Aid Model*. Uppsala : Nordiska Afrikainstitutet.

Pearson Commission. 1969. *Partners in Development : report of the Commission on International Development.* London : Pall Mall Press.

Poe, Steven C. 1992. "Human Rights and Economic Aid under Ronald Reagan and Jimmy Carter." *American Journal of Political Science.* Vol. 36, No. 1.

Richardson, James L. 2001. *Contending Liberalism in World Politics*. Boulder : Lynne Rienner.

Roark, Eric. 2004. "Tocqueville's Fix : Solving the Problem of Democracy with Enlightened Self-Interest", *Studies in Social and Political Thought* 10.

Schraeder, Peter J. et al. 1998. "Clarifying the Foreign Aid Puzzle." *World Politics* 50.

SELA. 2012. Canada : International Development Cooperation Policies and Programs. Regional Seminar on the economic relations between Canada and Latin America and the Caribbean Caracas, Venezuela.

Sogge, David. 2002. "Two : Who is Aiding Whom." In Sogge et al. *Give and Take : What's the Matter with Foreign Aid?.* New York : Zed Book.

Paul, Simons et al. 1997. "One Clear Objective : Proverty Reduction through Sustainable Development." *Australian Government Publishing*

Service and AusAID.

Trinidad, Dennis D. 2007. "Japan's ODA at the Crossroads." *Asian Perspective*, Vol. 31, No. 2.

Tuman, John P. et al. 2001. "Explaining Japanese Aid Policy in Latin America : A Test of Competing Theories." *Political Research Quarterly*, Vol. 54, No. 1.

Unger, Noam. 2010. *The QDDR : Following Through on Civilian Power*, Washington D.C. : Brookings.

U.S. State Department. 2010. The First Quadrennial Diplomacy and Development Review (QDDR) : Leading Through Civilian Power.

Welle–Strand, Anne. 2010. "Foreign Aid Strategies : China Taking Over?" *Asian Social Science*, Vol. 6, No. 10.

Wetson, Jonathan et al. 2011. "China's Foreign Assistance In Review : Implications For the United State." Staff Research Backgrounder, US–China Economic and Security Review Commission.

Zacher, Mark W. and R. A. Matthew. 1995. "Liberal International Theory : Common Threads, Divergent Strands." in Charles W. Kegley Jr. (eds.) *Controversies in International Relations Theory : Realism and the Neoliberal Challenge*. New York : St. Martins' Press.

Zhang, Baohui. 2010. "Chinese Foreign Policy in Transition." *Journal of Current Chinese Foreign Affairs*, Vol. 2.

저자 소개(가나다순)

강석훈

서울대학교 경제학과를 졸업하고 위스콘신 대학-매디슨(University of Wisconsin-Madison) 경제학과에서 경제학 박사학위를 받았으며, 주요 논문으로 "경제위기 극복을 위한 정책과제 ; 미국발 금융위기와 한국의 대응 방안"(2008), "개방화, 기술진보와 노동소득분배율"(2006) 등이 있다. 성신여자대학교 경제학과에서 계량경제학 등을 가르쳤으며, 현재 새누리당 국회의원이다.

박성우

서울대학교 외교학과를 졸업하고 시카고 대학(University of Chicago) 정치학과에서 "Politics of Soul-Care : Socratic and Platonic Political Life and its Modern Reclamations"란 논문으로 박사학위를 받았으며, 주요 논문으로 "국익 추구의 도덕적 한계와 아리스토텔레스의 좋은 삶의 정치"(2011), "지구화와 민주적 정당성 : 새로운 민주주의 담론을 위한 예비적 고찰"(2011), 현실주의 국제정치이론에서 "투키디데스 읽기"의 한계와 대안의 모색"(2008) 등이 있다. 2005년부터 현재까지 중앙대학교 정치국제학과에서 정치사상을 담당하여 가르치고 있다.

박인휘

성균관대학교 정치외교학과를 졸업하고 노스웨스턴 대학(Northwestern University) 정치학과에서 박사학위를 받았으며, 주요논문으로 "한반도 안보-안보부재의 정치학"(2011), "Korea-U.S. Alliance under the Obama Administration On the Perspectives of Alliance Strategy and North Korea Problem"(2009) 외 다수가 있다. 현재 이화여자대학교 국제학부에서 국제안보, 동북아정체, 미국외교정책 등을 가르치고 있다.

유웅조

중앙대학교 정치외교학과(현 정치국제학과)를 졸업하고 뉴욕주립대(빙햄턴)(SUNY-Binghamton) 정치학과에서 "The Relationship Between The Stated Goal Of Foreign Policy And Foreign Policy Outcome"이란 논문으로 박사학위를 받았으며, 주요 논문으로는 "미국 대외원조 성격에 대한 실증분석"(2010), "한국 공적개발원조 정책에 대한 실증분석"(2011) 등이 있다. 2007년부터 현재까지 국회 입법조사처에서 입법 및 정책에 대한 분석업무를 담당하고 있다.

유현석

연세대학교 정치외교학과를 졸업하고 노스웨스턴 대학(Northwestern University) 정치학과에서 "Capitalism, the New World Economy and Labor Relations: Korean Labor Politics in Comparative Perspective"란 논문으로 박사학위를 받았으며, 주요 저서로 『국제정세의 이해 : G2 시대 지구촌의 어젠다와 국제관계』(2013), 『동아시아 지역주의 : 평화, 번영, 인간안보의 지역적 모색』이 있다. 현재 경희대학교 정치외교학과에서 국제정치를 담당하여 가르치고 있으며, 국제교류재단 이사장을 맡고 있다.

이승주

연세대학교 정치외교학과를 졸업하고 캘리포니아 버클리 대학(University of California at Berkeley) 정치학과에서 "Technological Change, Sectoral Institutions, and Policymaking : Japanese Responses to U.S. Pressure in High Technology Industries"란 논문으로 박사학위를 받았으며, 주요 논문으로 "글로벌 금융위기와 동아시아의 대응"(2011), "한국의 무역 자유화 : 개방 · 보호 · 보상의 정치경제"(2011) 등이 있다. 2005년부터 현재까지 중앙대학교 정치국제학과에서 정치경제를 담당하여 가르치고 있다.

이혜정

서울대학교 외교학과를 졸업하고 노스웨스턴 대학(Northwestern University) 정치학과에서 "The Making of American Hegemony from Great Depression to the Korean War"란 논문으로 박사학위를 받았으며, 주요 논문으로 "9/11의 (탈)안보화와 미국패권 :

대테러전쟁의 구성과 해체"(2011), "오바마의 전쟁 : 미국의 경제위기와 대테러전쟁의 해체"(2010) 등이 있다. 2002년부터 현재까지 중앙대학교 정치국제학과에서 국제정치를 담당하여 가르치고 있다.

장훈

서울대학교 정치학과를 졸업하고 노스웨스턴 대학(Northwestern University) 정치학과에서 "Toward an theory of party change : a comparative study of ideological changes in Western European political parties"란 논문으로 박사학위를 받았으며, 주요 저작으로 『20년의 실험 : 한국 정치개혁의 이론과 역사』 (2010)가 있다. 1996년부터 현재까지 중앙대학교 정치국제학과에서 정당정치와 미국정치를 담당하여 가르치고 있다.

한국 민주주의의 도전과 극복

발행일 1쇄 2013년 6월 20일
지은이 장훈 외
펴낸이 여국동
펴낸곳 도서출판 인간사랑
출판등록 1983. 1. 26. 제일-3호
주소 경기도 고양시 일산동구 백석동 1178-1번지 2층
전화 031)901-8144(대표) | 977-3073(영업부) | 031)907-2003(편집부)
팩스 031)905-5815
전자우편 igsr@naver.com
블로그 http://blog.naver.com/igsr
인쇄 인성인쇄 **출력** 현대미디어 **종이** 세원지업사

ISBN 978-89-7418-312-7 93340

* 책값은 뒤표지에 있습니다. * 잘못된 책은 바꿔드립니다.

이 도서의 국립중앙도서관 출판시도서목록(CIP)은 e-CIP홈페이지(http://www.nl.go.kr/ecip)와
국가자료공동목록시스템(http://www.nl.go.kr/kolisnet)에서 이용하실 수 있습니다.
(CIP제어번호: CIP2013007195)